Vanguardia y tradición

Vanguardia y tradición

Vicky Richardson

BLUME

Agradecimientos

Mis agradecimientos a todo el equipo de Laurence King Publishing, especialmente a Simon Cowell, Jennifer Hudson, Philip Cooper, Susan Lawson, Helen McFarland, Laura Willis y Kerstin Peter. También deseo dar las gracias a Margaret y Tony Richardson, Sally Goble, Dave Cowlard, James Heartfield, Volker Welter, Penny Lewis, Claire Fox y al Institute of Ideas por su inspiración.

Este libro está dedicado a Adrian y a Agnes.

BLUME

Título original:
New Vernacular Architecture

Traducción:
Margarita Kirchner
Interiorista
Miembro de ARQ-IN-FAD
(Arquitectura e Interiorismo del
Fomento de las Artes Decorativas, Barcelona)

Diseño:
Hans Dieter Reichert
Peter Black

Coordinación de la edición en lengua española:
Cristina Rodríguez Fischer

Primera edición en lengua española 2001

I.S.B.N.: 84-89396-74-4

Impreso en China

Contenido

Introducción. La arquitectura desmentida

Seguramente hablar de arquitectura vernácula es una contradicción terminológica; eso dijeron la mayoría de los arquitectos invitados a formar parte de este libro. Estrictamente hablando, tienen razón. Lo vernáculo es el trabajo espontáneo de los artesanos, basado en el conocimiento acumulado a través de generaciones –justo lo opuesto a la arquitectura, que implica un proceso premeditado de diseño con una dependencia consciente del intelecto–. Sin embargo, el término es un atajo cómodo para describir un modo de enfocar obras que adoptan el espíritu de lo vernáculo, aunque no sus formas reales. No tiene la intención de mostrar un estilo nuevo –de hecho, la mayoría de los arquitectos que aquí se describen rechazaron el concepto de estilo–. En cambio, describe la intención de éstos es de reflejar las características de los edificios locales «a través de una inspiración análoga», en particular la escala, tanto si han elegido concentrarse en el uso de materiales o en el paisaje, como si se centran en la cultura local o incluso únicamente en la idea de continuidad con el pasado.

En su introducción a *Un esbozo de la arquitectura europea*, Nikolaus Pevsner conseguía que la distinción entre arquitectura y edificio pareciera muy simple.[1] Explicaba que ésta era la diferencia entre un cobertizo para bicicletas y la catedral de Lincoln. «Casi todo lo que delimita un espacio a una escala suficiente para cobijar un ser humano es un edificio; el término arquitectura se aplica sólo a edificios diseñados con una intención de atracción estética.» Sin embargo, su definición no refleja la ocasional ambivalencia sentida por los arquitectos acerca de su papel como generadores de «atracción estética» o como urbanizadores conscientes del medio. Desde que el arquitecto inglés A. W. N. Pugin rechazara en la década de 1840 los estilos historicistas importados en favor de un gótico más artesano, los arquitectos han intentado difuminar la distinción entre arquitectura y manufactura artesana.

Durante el siglo XX, el interés por los edificios como manufactura artesana nunca desapareció absolutamente, a pesar del tremendo impacto de la tecnología en la industria y en la construcción. Sin embargo, en los últimos años ha habido un resurgimiento de lo vernáculo que recuerda el movimiento inglés Arts & Crafts, que tuvo su momento álgido justo hace un siglo. En 1997 apareció el primer estudio internacional sobre edificios vernáculos, publicado en tres volúmenes. *The Enciclopedia of Vernacular Architecture of the World*, editado por Paul Oliver, incluía la obra de unos 250 investigadores de 80 países.[2] La motivación de Oliver para producir esta obra épica fue su preocupación por la supervivencia de los edificios indígenas nativos frente a la «inexorable marcha de la modernización». No obstante, tal como explica en la introducción, lo más importante es que todavía queda mucho por aprender de ellos. Explica que la arquitectura vernácula comprende «las viviendas y el resto de edificios de las personas. Relacionados con su contexto ambiental y con los recursos disponibles, están construidos a gusto del propietario –o comunidad– y utilizan tecnología tradicional. Todas las formas de arquitectura vernácula se construyen para dar respuesta a necesidades específicas y adaptan los valores, la economía y los sistemas de vida de las culturas que los producen».

En varios aspectos, la preocupación de Oliver es un eco de las ideas de los arquitectos Arts & Crafts, que, en la década de 1860, empezaron a documentar los edificios locales de los condados ingleses de Kent, Surrey y Sussex dibujándolos en sus libretas y fotografiándolos posteriormente, temerosos de que la industrialización los hiciera desaparecer. Naturalmente, el estudio de Oliver tiene una escala y un nivel de complejidad muy diferente y es de ámbito internacional.

Tiene algún aspecto en común con el trabajo de los grupos de presión occidentales que buscan la protección de las culturas indígenas frente al desarrollo mundial. Oliver quiere proteger lo vernáculo porque cree que todavía es la mejor solución a la escasez de vivienda. «La sabiduría y la tradición locales en la construcción, con la utilización de fuentes renovables y técnicas indígenas, todavía pueden ofrecer soluciones gestionadas con sensatez, económicamente efectivas y culturalmente apropiadas para las crecientes necesidades de vivienda mundiales.» A diferencia de los arquitectos Arts & Crafts –y los arquitectos descritos en este libro–, que toman prestadas algunas ideas de lo vernáculo y las reinterpretan, Oliver defiende la reproducción a gran escala de los edificios tradicionales locales.

Un precursor de la obra de Paul Oliver fue la innovadora exposición «Arquitectura sin arquitectos» en el Metropolitan Museum of Art de Nueva York en 1964. Por primera vez, los habitáculos autoconstruidos por sus mismos moradores, particularmente en el Tercer Mundo, se presentaron como obras «de arquitectura» bellas y funcionales. En el libro que se publicó a raíz de la exposición, su comisario, el antropólogo Bernhard Rudofsky, escribió: «De algún modo el hombre prehistórico tenía mayor inteligencia práctica que el hombre moderno, pues lo que llamamos sus "primitivos" habitáculos eran viviendas dirigidas por factores ecológicos.»[3] Rudofsky vio lo vernáculo como el equivalente arquitectónico de la medicina alternativa –en armonía con la naturaleza y en contraste con la artificialidad de la Modernidad, que, según pensaba, creaba más problemas de los que resolvía–. Su investigación coincidió con el fin de la visión autocomplaciente del *boom* de la posguerra y con el comienzo de un profundo sentimiento de malestar acerca del impacto de la humanidad sobre el planeta.

Durante los años setenta, una perspectiva conservacionista y antiutópica empezó a tomar cuerpo frente al telón de fondo de la recesión mundial y a los orígenes del movimiento ecologista. En Gran Bretaña hubo un cambio de actitud que desplazó la construcción de nueva planta en favor de la rehabilitación de los edificios antiguos: esta moda empezó por la reconversión de granjas en segundas residencias. En 1975, el movimiento conservacionista se inició con la creación de Save Britain's Heritage, fundado para proteger las casas solariegas inglesas. Los historiadores de la arquitectura empezaron a interesarse profundamente por la evolución de la Modernidad y descubrieron sus raíces en el siglo XIX. No fue hasta 1979 cuando se tradujo al inglés por primera vez el influyente libro de Hermann Muthesius *Das Englische Haus*, publicado en Berlín en 1905, que había transportado las ideas Arts & Crafts al norte de Europa.

Existen fuertes paralelismos entre la nueva arquitectura vernácula actual y los arquitectos del movimiento Arts & Crafts de finales del siglo XIX. Un predecesor de este movimiento de artistas, de diseñadores y de arquitectos fue el revivalista del gótico Augustus Welby Northmore Pugin (1812-1852). Aunque las creencias religiosas de Pugin dominaban en su obra, lo que la respaldaba era su creencia en el gótico vernáculo. Consideraba el gótico como el único estilo verdaderamente inglés, claramente opuesto a las importaciones extranjeras que los arquitectos adoptaban en sus viajes por Europa, en su *Grand Tour*. Como muchos de los arquitectos de este libro, iba contra los estilos en boga –en su caso, el omnipresente clasicismo y gótico de «cartón piedra» de su época– e intentaba utilizar materiales y tradiciones locales. Por ejemplo, la iglesia de Saint Augustine de Ramsgate, en Kent, se construyó entre 1845 y 1852 con piedra negra local tallada y con bandas de piedra marrón de Whitby que habían transportado en barco hasta Kent siguiendo la tradición.

Pugin también subrayó el enfoque funcional de la arquitectura, que iba a influir en gran medida sobre los arquitectos Arts & Crafts. En su libro *The True Principles of Pointed or Christian Architecture*, Pugin describe las dos leyes principales del diseño como: «primero, en un edificio no debe haber elementos que no sean necesarios para la comodidad, para la construcción o para la corrección; segundo, que todos los ornamentos han de formar parte de la construcción básica del edificio».[4] Sus ideas eran el resultado de una reacción romántica a los brutales efectos de la industrialización, y él idealizaba la vida comunitaria medieval. Su oposición a la industrialización incluía un llamamiento al renacimiento de las técnicas constructivas tradicionales con la incorporación de la forja, de las vidrieras y de la cerámica. Su objetivo era conseguir el efecto de las iglesias del siglo XIV que, según creía, eran el resultado de la labor de unos artesanos que trabajaban juntos y que creaban sus propios acabados, en vez de seguir los diseños de un arquitecto. Sin embargo, esto dio lugar a una paradoja que, en gran medida, es la paradoja de la «arquitectura vernácula» referida anteriormente: con el objetivo de conseguir el efecto de unos edificios hechos artesanalmente, tuvo que diseñarlo todo, incluso el más mínimo detalle.

En la Europa continental, un movimiento antiinternacional similar iba tomando forma bajo la influencia del arquitecto y teórico francés Eugène-Emmanuel Violet-le-Duc (1814-1879), que defendía un retorno a las tradiciones constructivas regionales. Aunque sus opiniones representaban una reacción conservadora frente a la Ilustración, Violet-le-Duc ofreció una salida a la vanguardia de finales del XIX y tuvo un efecto importante en arquitectos como el catalán Antonio Gaudí (1852-1926), el belga Víctor Horta (1861-1947) o el holandés Hendrik Petrus Berlage (1856-1934); todos ellos promovieron el desarrollo de una forma de arquitectura nacional.

En Inglaterra, el crítico de arquitectura John Ruskin (1819-1900) subrayó con un énfasis moralizador la adopción del gótico y de lo vernáculo. Creía que la arquitectura clásica era la arquitectura de la esclavitud, porque sus líneas precisas y sus leyes definidas sólo las podían producir hombres convertidos en máquinas. Por otro lado, la imperfección o «salvajismo» del trabajo basado en lo artesano era realmente humana y humanista.

Refugios construidos por sus propios moradores, como esta casa de paja y troncos de Africa, fueron reconocidos como edificios bellos por primera vez en 1964, en la exposición «Architecture Without Architects», en Nueva York.

Esta creencia lo emparentaba con el naturalismo gótico, cuyos trabajos no sólo estaban hechos por la mano del hombre, sino que además expresaban la imperfección del tema natural. Otro aspecto del gótico que atraía a Ruskin –y que, en diferente forma, iba a influir en generaciones posteriores de arquitectos– era la «ductibilidad». Con esto se refería a la capacidad de la arquitectura de adaptarse para satisfacer su propósito. Ruskin pensaba que los constructores góticos nunca permitieron que las ideas de simetría y de consistencia formal interfirieran en lo que estaban haciendo.[5] «Si querían una ventana, abrían una; una habitación, la añadían; un contrafuerte, lo construían; totalmente ajenos a cualquier convencionalismo establecido sobre la apariencia externa, sabiendo que [...] estas atrevidas interrupciones del planteamiento formal iban a añadirle interés a su simetría en vez de perjudicarla.»

En 1877, el diseñador William Morris (1834-1996) fundó la Sociedad para la Conservación de los Edificios Antiguos (SPAB), que popularizó la doctrina de un arreglo digno en lugar de una restauración total hasta la perfección. La SPAB defendió los edificios utilitarios campesinos del mismo modo que las catedrales y las iglesias. Una de sus causas célebres fue la conservación de la Great Coxwell Barn, en Gloucestershire, que Morris consideraba «tan bella como una catedral». Posteriormente, la SPAB se convirtió en una especie de escuela de construcción de edificios tradicionales. En la década de 1860, arquitectos como William Eden Nesfield (1835-1888) y Richard Norman Shaw (1831-1912) ya habían reconocido la belleza sin pretensiones de los edificios vernáculos y viajaron para dibujar granjas y tiendas de Kent y Sussex. Sus proyectos de casas de campo, aunque no totalmente vernáculas, se distanciaban de la utilización de estilos extranjeros en favor del Old English, una mezcla de pisos altos con vigas de madera o tejas y bajos de piedra o ladrillo.

Los arquitectos Arts & Crafts eran un grupo diverso que nunca escribió un manifiesto ni constituyó una «escuela» al estilo de los movimientos modernos posteriores, que intentaron definirse ellos mismos. De hecho, tal enfoque era ajeno a su visión de la arquitectura, y muchos de ellos incluso eran reticentes a describirlo como «arquitectura». Preferían los términos *construcción* o *hacer*, y consideraban la arquitectura más como artesanía que como profesión. De modo similar, también se oponían a la enseñanza de la arquitectura en escuelas, ya que consideraban que impelía a los alumnos a aprender simplemente una serie de estilos. En la década de 1890, cuando el Royal Institute of British Architects intentó estandarizar el sistema educativo, se opusieron a él basándose en que los aprendices de arquitecto debían aprender de los artesanos mayores y ensuciarse las manos en la obra.

El término Arts & Crafts no fue una invención propia de los arquitectos, sino que surgió de la Arts & Crafts Exhibition Society, que hizo su primera exposición en 1888. La sociedad consideraba que el declive del arte y el diseño era resultado de un énfasis excesivo en el aprendizaje académico, de la separación entre diseño y producción, y se originaba por artesanos o artistas impersonales que producían su obra para un público impersonal. Los arquitectos Arts & Crafts implicados no seguían una única línea, sino que elegían diferentes aspectos de lo vernáculo, incluyendo el uso de materiales locales, el reflejo de la función del edificio en los planos y en los alzados y el trabajo en armonía con el paisaje, y adoptaban la forma de

Página anterior
La iglesia de Saint Augustine de Ramsgate, Kent (1845-1852): Pugin utilizó materiales locales y métodos vernáculos como declaración contra la internacionalización de su época. La aguja y el campanario que aquí se muestran no se llegaron a construir.

Superior izquierda
El granero para diezmos del siglo XII de Great Coxwell en Gloucestershire, Gran Bretaña, fue muy admirado por William Morris por su diseño funcional.

Izquierda
Un dibujo esquemático de Hut en Munstead Wood (1892) de Edwin Lutyens, para Gertrude Jekyll, con detalles inspirados en el Surrey vernáculo.

Superior
Primera casa de William Richard Lethaby, Avon Tyrrell, en Hampshire, Gran Bretaña (1891), en la que utilizó materiales locales, como ladrillo rojo, piedra y baldosas en la pared, e incorporó formas tomadas de pequeñas granjas.

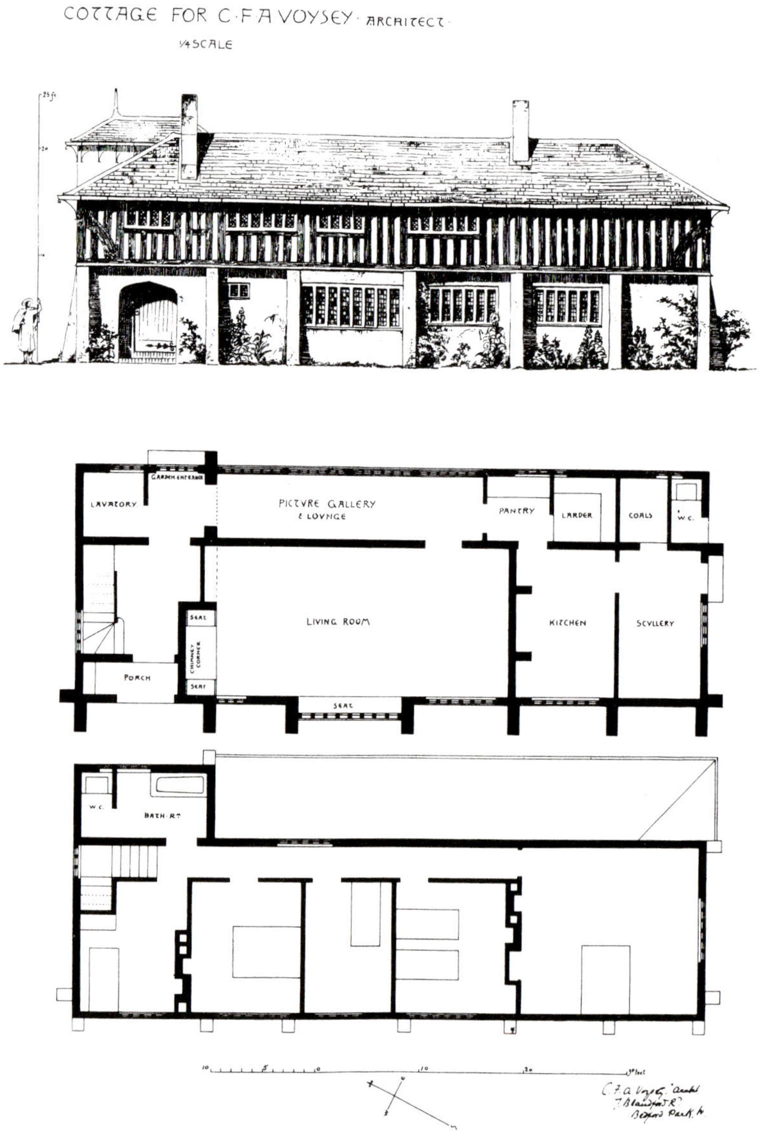

Superior derecha
El dibujo de C. F. A. Voysey de su propia casa de campo (publicado en *The Architect*, XL, en 1888) muestra una simple secuencia de habitaciones distribuidas a lo largo de la planta. El alzado era asimétrico, y la planta baja se retiraba para enfatizar la horizontalidad del edificio.

Página siguiente
Los Leys en Hertfordshire, Gran Bretaña (1910), de George Walton, que describió Hermann Muthesius en su libro *Das Englische Haus* y se convirtió en una influencia importante en la obra del arquitecto alemán Peter Behrens.

estructuras funcionales simples. A menudo, las líneas comunes de su obra eran más visibles en lo que decían que en lo que construían.

Los seguidores del movimiento Arts & Crafts nunca se referían a su obra como seguidores de un «estilo vernáculo», sino que preferían hablar de «sistemas locales». Sus modelos eran estructuras pequeñas y sin pretensiones –en particular granjas rurales y graneros– en oposición a los edificios clásicos monumentales de Italia o las grandes iglesias de Francia o España. Durante la década de 1880, muchos de estos arquitectos se convirtieron en expertos en edificios locales y empezaron a basar sus detalles en lo que veían a su alrededor, en vez de en ejemplos de libros sacados de las bibliotecas. Sus obras expresaban el miedo a que la tradición local desapareciera a causa de la estandarización, y se esforzaba en la documentación de edificios rurales como posadas, granjas y construcciones tradicionales campesinas. La jardinera Gertrude Jekyll, por ejemplo, creía que la vida de la granja estaba desapareciendo y, por esta razón, formó una colección de objetos que incluía mobiliario tradicional y objetos domésticos. Creía que «la tradición local constructiva es la cristalización de la necesidad, del material y del ingenio local».[6]

Aunque el objetivo del movimiento era una naturaleza simple y funcional de las cosas, los edificios resultantes tendían a ser casas bastante lujosas, destinadas a la clase media alta. Uno de los líderes del movimiento, William Richard Lethaby (1857-1931), quería volver a las prácticas de la Edad Media, cuando, según él, «el arte estaba tan íntimamente ligado a la producción que su divisibilidad nunca se había tomado en consideración. Todo se hacía según la costumbre, del mismo modo que el cocinero hace los pasteles».[7] Esto reflejaba una visión ampliamente apoyada por los arquitectos Arts & Crafts, según la cual los dibujos obstruían el trabajo de los artesanos, quienes debían ser los autores reales de los detalles. Irónicamente, como Pugin, Lethaby tuvo que prestar más atención, si cabe, a los detalles para conseguir crear la impresión de que sus edificios eran «sin planos». Para su primera casa, Avon Tyrrell, en Hampshire, que se terminó en 1891, produjo unos 229 dibujos. Allí utilizó materiales locales, como ladrillo rojo y piedra y también baldosas en la pared, e incorporó formas de granjas pequeñas –por ejemplo, un tejado sobresaliente en el alzado sur–. Conseguir el aspecto artesano local resultaba caro, y el lujo de los edificios terminados tenía poco que ver –más allá de la artesanía de calidad– con los edificios que los habían inspirado. El mismo Lethaby estaba de algún modo alejado de la realidad; de hecho, tenía un conocimiento escaso de los procesos vernáculos –incluso recordaba haber admirado un carro de una granja en Devonshire y preguntarle al artesano si había hecho algún dibujo antes de construirlo.

Este romanticismo de clase media no debe empañar el hecho de que el movimiento Arts & Crafts conllevó un cambio fundamental en la arquitectura doméstica. Por primera vez los arquitectos utilizaron términos como *sala de estar* en vez de *despacho*, y se produjo la regularización de la planta del edificio, lo cual implicó un sistema de vida más práctico y formó las bases del funcionalismo de los años veinte. El movimiento también mostró que las ideas conservadoras sobre la tecnología y sobre la sociedad no necesariamente se traducen en una arquitectura conservadora. Incluso de un modo bastante inintencionado, arquitectos como C. F. A. Voysey

Superior
El pabellón de Finlandia en la Exposición de París de 1900, obra de Gesellius, Lindgren y Saarinen, combinaba elementos vernáculos finlandeses en un claro resurgimiento del romanticismo nacional.

Derecha
Con sus torres decoradas, el Ayuntamiento de Östberg, en Estocolmo, Suecia, mezcla aspectos vernáculos suecos con detalles más ornamentales bizantinos y góticos.

Extremo derecha
En la Bolsa de Amsterdam, Holanda, Berlage utilizó el ladrillo tradicional holandés; sin embargo, en el interior, la estructura era una innovación con un entramado metálico que soporta el techo de vidrio.

Derecha
La capilla de Notre Dame du Haut en Ronchamp, Francia (1954), con su utilización libre del hormigón, muestra la desilusión de Le Corbusier con la era de la máquina.

Inferior derecha
El Monasterio de Sainte-Marie-de-la-Tourette en Eveux-sur-Arbresle, cerca de Lyon, Francia (1960), obra de Le Corbusier, está inspirado en los monasterios del siglo XII y utiliza el hormigón visto para expresar un sentimiento de primitivismo.

(1857-1941), que subrayaba la gloria de la naturaleza y la vida sencilla, ayudaron a crear los cimientos del Movimiento Moderno. En 1936, Nikolaus Pevsner reflexionaba sobre la obra de Voysey en su libro *Pioneers of Modern Design*; sin embargo, el arquitecto se hubiera horrorizado de que lo asociaran a algunas de las ideas del Movimiento Moderno como la estandarización y la utilización del vidrio.

Mientras que muchos de los arquitectos del movimiento Arts & Crafts volvieron al clasicismo después de 1905, en Inglaterra sus ideas sobrevivieron en las *new towns* y en la construcción de los suburbios, y se tradujeron en tejados con vigas de madera, tejados a cuatro aguas y paredes con baldosas en las casas unifamiliares construidas entre la primera y la segunda guerra mundial. La estrecha relación entre Gran Bretaña y Alemania a principios del siglo XX permitió que sus ideas se trasladaran a zonas más amplias. Uno de los relatos más exhaustivos del período fue el producido por Hermann Muthesius, un arquitecto alemán residente en Londres cuyo libro *Das Englische Haus* se publicó en 1905, como hemos mencionado anteriormente. En él, Muthesius animaba a Alemania a «enfrentarnos a nuestras condiciones tan abierta y francamente como los ingleses se enfrentan actualmente a las suyas, a adherirnos a nuestras tradiciones artísticas con igual franqueza, a plasmar nuestras costumbres y hábitos en nuestras casas con el mismo cariño».[8]

Alemania tenía su propia reacción de conservación contra la urbanización y la industrialización: el Bund für Heimatschutz, fundado por el arquitecto Paul Schultze-Naumberg (1869-1949) en 1904, que se oponía a la cultura de las grandes ciudades y defendía la construcción con materiales locales para conservar los modos de vida tradicionales. Treinta años más tarde se convirtió en una base útil para la arquitectura *völkisch* de los nazis, que proveyó a la masa de viviendas basadas en los edificios vernáculos de la Alemania rural.

Por todo el norte de Europa existían paralelismos con el movimiento Arts & Crafts, aunque la influencia del movimiento a menudo no se reconocía a causa de la contradicción inherente en la idea de que lo nuevo vernáculo estaba inspirado desde el extranjero. En Finlandia, en la década de 1870, la Finnish Antiquarian Society organizó expediciones de investigadores y estudiantes de arquitectura para que documentaran los edificios más antiguos del país. El nacionalismo finlandés se había despertado en la década de 1820, puesto que el país había estado bajo dominio ruso desde 1809 hasta 1917. Así, dirigido por el compositor Jean Sibelius, emergió un dinámico movimiento romántico nacional, que se fortaleció con el Arts & Crafts inglés, así como las respectivas conversiones del movimiento en Francia, Bélgica y Viena. En arquitectura, lo que mejor representó el romanticismo finlandés fueron las obras de Herman Gesellius (1874-1916), Armas Lindgren (1874-1929) y Eliel Saarinen (1873-1950), que diseñaron el pabellón de Finlandia en la Exposición de París de 1900.

En Suecia, el Ayuntamiento de Estocolmo, de Ragnar Östberg (1866-1945), era una reinterpretación del mito sueco, y la tradición emergió con una lectura moderna de los materiales. De modo similar, la Bolsa de Amsterdam (1898-1908) de Berlage fue un rechazo consciente del clasicismo y un intento de volver a las raíces de las técnicas holandesas del ladrillo.

El internacionalismo real que los arquitectos artesanos rechazaban permitió que sus ideas viajaran al extranjero

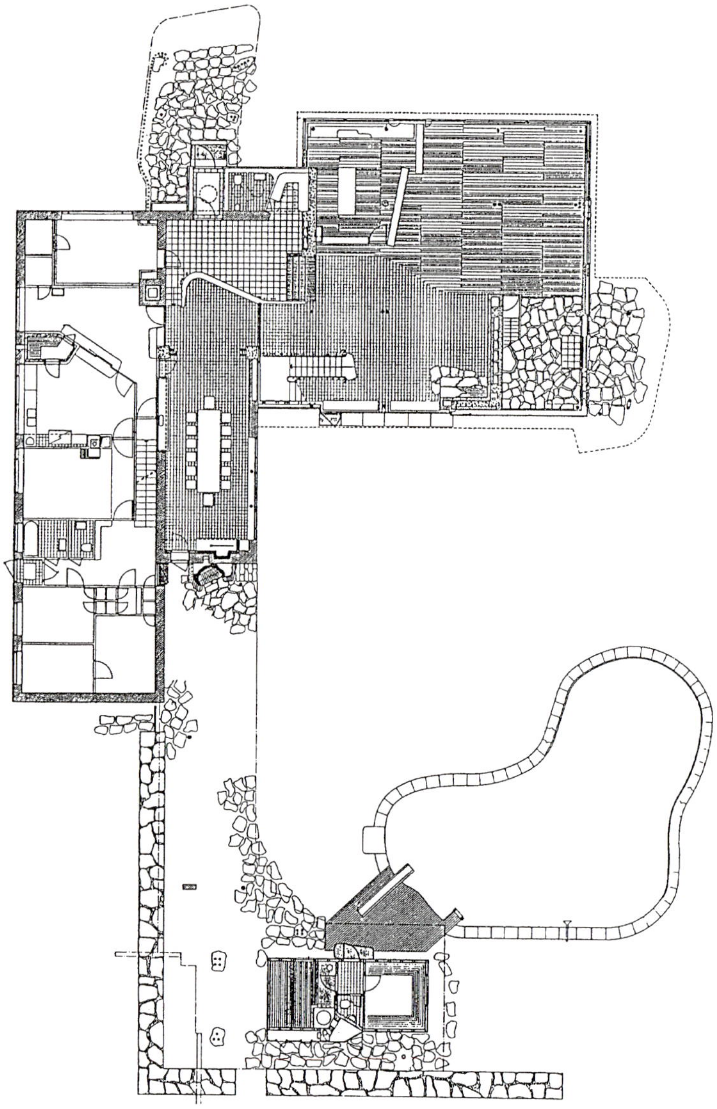

y que influyeran en arquitectos con ideas similares por todo el mundo. En Estados Unidos, la producción en masa de edificios había empezado en la década de 1830 con la invención de una nueva forma de construcción: el entramado de madera. Esto implicaba la utilización de planchas delgadas de madera y tacos unidos con clavos, en oposición a las antiguas técnicas de troncos a base de uniones de entalle y espiga. La técnica del entramado de madera respondía a unas circunstancias específicas de Estados Unidos –abundante suministro de material, pero escasez de mano de obra de calidad–, y su amplia adopción fue posible por las mejoras de la maquinaria maderera y la producción seriada de clavos. Hacia la década de 1850, entre el 60 y el 80 % de las casas se construían con esta técnica, y emergió un estilo de arquitectura popular que combinaba las influencias coloniales con la estructura lógica del entramado de madera.

La Prairie School, con base en Chicago, estuvo fuertemente influida por el movimiento Arts & Crafts. En 1900, el arquitecto inglés de Arts & Crafts Charles Robert Ashbee (1863-1942) dio una serie de conferencias en la ciudad y se hizo amigo de Frank Lloyd Wright (1867-1959), que construía casas particulares en un suburbio de Chicago llamado Oak Park. Otras influencias inglesas de la emergente Prairie School fueron revistas como *House Beautiful* y *The International Studio*, que ilustraban la obra de arquitectos como Voysey. A principios de siglo, la Prairie School desarrolló su propia dinámica con una serie de casas construidas por Wright, incluida la Robie House en 1906. Características comunes eran la impresión de horizontalidad o poca altura, el techo bajo que implica la intimidad doméstica; el hogar y la chimenea en el centro del proyecto, como recuerdo de los tradicionales pabellones de caza, y alzados asimétricos. Sin embargo, había diferencias fundamentales entre la obra de Wright y la de los arquitectos artesanos ingleses. Mientras que los últimos rechazaban los materiales modernos y fantaseaban sobre las épocas pasadas, Wright quería encontrar un lenguaje arquitectónico apropiado a su tiempo y adoptaba con entusiasmo las nuevas tecnologías.

Después de la salida de Wright de Oak Park en 1909, la Prairie School empezó a inclinarse hacia el clasicismo y otros estilos históricos a causa de la presión de los clientes, que querían respetabilidad o que, simplemente, no podían permitirse acabados de artesanía. Esto discurrió paralelo al declive del movimiento Arts & Crafts en Inglaterra, aunque Wright continuó adaptando la mayoría de sus ideas para su amplio público y para proyectos comerciales.

En Inglaterra, el movimiento Arts & Crafts no fue el vehículo viable y apropiado para grandes edificios públicos, aunque su pragmatismo en la estructura y en los detalles tuvo una influencia importante en la emergente construcción de principios del siglo XIX. En Escandinavia, las ideas vernáculas continuaron adaptándose a los edificios públicos como parte del estilo nacional romántico. No obstante, aparte de un breve período en la década de 1920, cuando el funcionalismo celebraba la era de la máquina, durante la mayor parte del siglo XX la tensión continuó existiendo entre las dos corrientes dentro de la arquitectura –lo regional y lo internacional–, en la forma del clasicismo tanto a principios de siglo como, más tarde, con el movimiento moderno. El crítico arquitectónico William Curtis ha indicado que la explicación de la arquitectura moderna como única ruptura con el pasado es un mito. También es un mito el hecho de que el movimiento moderno se haya interesado por el respeto al contexto regional. Curtis escribe: «El concepto de estilo internacional tiende a oscurecer la riqueza y la diversidad regional del movimiento moderno en el período de entreguerras».[9]

El historiador de la arquitectura Sigfried Giedion defiende en *Space, Time and Architecture* que el primer movimiento moderno emergió de las tradiciones primitivas. «Los medios de expresión usuales de los maestros de principios del siglo XX –por ejemplo, abstracción y transparencia– estaban próximos al arte primigenio», dice. Esto representaba «la necesidad de probar lo elemental, lo irracional y las fuentes de la expresión simbólica, y llevaba el deseo de contrarrestar el daño de la mecanización».[10] Para Le Corbusier (1887-1969), la desilusión con la época de la máquina había aparecido ya en los años treinta, y la mayor parte de su trabajo entre 1930 y 1960 se basaba principalmente en métodos primitivos, en materiales naturales y en interpretaciones del pasado –por ejemplo, Sainte-Marie-de-la-Tourette, en Eveux-sur-Abresle, cerca de Lyon, que se terminó en 1960 y estaba inspirado en los monasterios franceses

Página anterior, superior
La planta de Villa Mairea, en Noormarkku, Finlandia (1937-1939), muestra la influencia directa del paisaje finlandés de bosques y lagos en la forma de la piscina y en el dibujo y la textura de las superficies de pavimento.

Página anterior, inferior
La escalera en Villa Mairea recuerda a los árboles que crecen en la naturaleza; sin embargo, el suave acabado de la madera se basa en técnicas de fabricación modernas.

Superior
El trabajo de Glenn Murcutt, por ejemplo esta casa en Glenorie, al norte de Sídney, evoca las estructuras agrícolas al responder a circunstancias objetivas del mismo modo que lo hacen los constructores de arquitectura vernácula.

del siglo XII. Su arquitectura doméstica de este período también se nutría de aspectos vernáculos mediterráneos, y utilizaba la yuxtaposición de materiales «crudos» como sistema de expresión. En sus últimas obras, entre 1945 y 1965, el *beton brut* o cemento visto simbolizaba un sentimiento de primitivismo tosco. La capilla de Ronchamp, terminada en 1954, fue rotundamente condenada por críticos como Pevsner de «irracional».

Gideon indicó el peligro que suponía que los arquitectos se inspiraran en lo vernáculo.[11] «La aproximación al pasado sólo resulta creativa cuando el arquitecto es capaz de entrar en su significado y en su contenido más profundo. Degenera en un peligroso pasatiempo cuando sólo se va a la caza de formas: es una arquitectura playboy.» Para él, la mejor arquitectura contemporánea estaba generada por «el respeto que se tiene por lo eterno cósmico y por las condiciones terrestres de una región en particular».

Quizá el arquitecto más importante del siglo XX que ha traducido las características del lugar en arquitectura moderna fue Alvar Aalto (1898-1976). La obra de Aalto, que se hizo famosa en los años treinta, mostraba que el conflicto entre las ideas universales del Movimiento Moderno y las características específicas del lugar se podía resolver a través de la arquitectura. Mientras que sus edificios estaban directamente inspirados por los contornos curvos de los lagos finlandeses y por la utilización de materiales locales, también atraían a la sensibilidad moderna internacional y aplicaban la estandarización.

La obra de Aalto, caracterizada como «nuevo regionalismo» por Giedion, mostraba que la arquitectura puede adoptar el espíritu de lo vernáculo sin recurrir al mimetismo de sus formas. Este punto de vista era defendido por el crítico de arquitectura Kenneth Frampton en un influyente ensayo de 1982, aunque él prefería utilizar el término de regionalismo crítico.[12] Frampton respondía al problema al que se enfrentaban los arquitectos occidentales de encontrar una forma de arquitectura apropiada para los países del Tercer Mundo. Era un reconocimiento de una visión relativizada de la civilización occidental que se estaba poniendo de moda en las universidades americanas. El dilema lo expresaba el filósofo Paul Ricoeur: «Para formar parte de la civilización moderna, es necesario al mismo tiempo tomar parte en la lógica científica, técnica y política, algo que muy a menudo requiere el abandono puro y simple de la totalidad del pasado cultural».[13]

El regionalismo crítico también era el modo de defender la modernidad contra la posmodernidad, que a principios de los años ochenta estaba totalmente establecida. Al reconectar el Movimiento Moderno con un sentimiento autóctono, Frampton deseaba encontrar una salida hacia delante. Utilizaba la palabra «crítica» para distanciar su visión de la nostalgia regresiva del posmodernismo, que adoptaba lo vernáculo y otras formas históricas familiares como un gesto populista.

Sin embargo, tal como escribe escépticamente el arquitecto Alan Colquhoun, la idea de un regionalismo crítico todavía contiene un «modelo esencialista».[14] Según este modelo, todas las sociedades contienen un núcleo o esencia que debe descubrirse y conservarse. Un aspecto de esta esencia reside en la geografía local, en el clima y en las costumbres, e incluye el uso y la transformación de materiales «naturales» locales. Mientras rechaza el mimetismo de las formas vernáculas, el regionalismo cree en una relación causal entre el medio ambiente y las formas arquitectónicas. El australiano Glenn

Murcutt, cuyos edificios tienen una similitud sorprendente con los cobertizos para lana, explica esa semejanza como resultado de «una inspiración análoga» –refiriéndose a que él ha respondido simplemente a las mismas circunstancias objetivas de los granjeros que las construyeron–.

No obstante, como Colquhoun indica, «el concepto de regionalismo depende de su posibilidad de correlacionar códigos culturales con regiones geográficas. Se basa en un tradicional sistema de comunicaciones en el que el clima, la geografía, las tradiciones artesanales y la religión son absolutamente determinantes.»[15] En un mundo globalizado y que se urbaniza rápidamente, el regionalismo, tanto crítico como no, parece cada vez menos apropiado. De hecho, cuanto más se distancia lo vernáculo de la experiencia urbana, más se convierte en un vehículo idealizado de expresión del sentimiento de confusión.

Si en los años ochenta Frampton estaba preocupado porque la modernización global socavaba la cultura tradicional, a finales de los años noventa la globalización se había convertido en un demonio hecho y derecho. El término *vernáculo* empezó a asociarse no con la nostalgia sino con la resistencia a la fuerza homogenizadora del capitalismo global. En términos arquitectónicos, las fuerzas globalizadoras continúan siendo representadas por los ubicuos edificios de oficinas con aire acondicionado, típicamente diseñados por ordenador desde Nueva York y mandados por correo electrónico al solar en Europa del Este o Asia. Esta práctica insensible se hace cada vez más inaceptable para los despachos occidentales –incluso McDonald's tiene un programa multicultural para su cadena global de restaurantes.

A mediados de los años noventa el término *global* y la expresión *actúa globalmente, piensa localmente* parecían resumir el punto de vista de los gobiernos y de las empresas multinacionales, que empezaban a reconocer que ya no resultaba aceptable imponer el programa occidental sin ningún tipo de consideración con respecto a las diferencias culturales. En 1997, British Airways presentó una nueva imagen «global» al encargar a artistas de todo el mundo que crearan imágenes indígenas para las alas de cola de sus aviones. En la misma época, Renzo Piano construyó el Centro Cultural Tjibaou en las islas de Nueva Caledonia, en el Pacífico Sur, que integraba perfectamente el deseo de utilizar arquitectura contemporánea global para expresar la cultura local.

A pesar de la protesta popular contra del Banco Mundial y el Fondo Monetario Internacional en Seattle, Estados Unidos, en 1999, y en Praga, República Checa, en 2000, se cuestiona la idea de que estemos asistiendo a una globalización en arquitectura. Con el colapso de ideologías bien definidas y puntos de vista estrictos acerca de la filosofía del diseño, la arquitectura es si cabe más variada de lo que nunca antes había sido. Además, firmas arquitectónicas comerciales como Zeidler Roberts o HOK consideran la sostenibilidad y el localismo como su preocupación principal (aunque el resultado pueda ser una arquitectura corporativa convencional con detalles vernáculos añadidos, y dé lugar a un pastiche). Como eco de los temores de las pequeñas empresas, algunos arquitectos han expresado su preocupación por el hecho de que grandes firmas comerciales estén saturando el mercado y anulando las ciudades con edificios *high-tech*. Sin embargo, la realidad es que los arquitectos comerciales están cada vez más desprovistos de nuevas ideas, y los clientes se dirigen cada vez más a los pequeños despachos más creativos para que se las produzcan. El resultado es la mayor colección de edificios exóticos conocida hasta ahora.

El malestar de finales del siglo XX acerca de la globalización tiene ciertos paralelos con la utopía de William Morris y John Ruskin un siglo antes. Sin embargo, lo «nuevo vernáculo» actual no es un retorno directo al movimiento Arts & Crafts. Una diferencia clara es que en 1892, cuando Morris publicó su novela utópica *News from Nowhere*, era una voz en el desierto –condenado como retrógrado por el nuevo capitalismo, que avanzaba confiadamente a grandes zancadas hacia lo que consideraban un futuro mejor–. Actualmente, por el contrario, las elites que controlan la sociedad comparten la visión prudente de la mayoría de los nuevos arquitectos vernáculos. La actitud de estos últimos queda inequívocamente expresada por el arquitecto italiano Vittorio Magnano Lampugnani en su ensayo *¿Qué queda del proyecto del Movimiento Moderno?*:[16] «El sueño del hombre nuevo se ha hecho pedazos con la pesadilla de la llamada «limpieza étnica», que alcanzó su punto álgido con la exterminación sistemática de población en los campos de concentración nazis. La sociedad de masas ha contribuido por doquier a la uniformidad y a la destrucción del territorio y de la cultura.» Mientras que el siglo XX se recuerda por sus fracasados experimentos sociales, no sorprende que algunos arquitectos sean ambivalentes acerca de su papel y prefieran adoptar lo «inconsciente» de lo vernáculo.

Otra explicación del renovado interés por las influencias tradicionales y locales es que los arquitectos mismos se encuentran sin una estructura ideológica en la que moverse. Desde el final de la guerra fría y el colapso de una alternativa al capitalismo, ha habido un creciente pluralismo de ideas y valores. Esto podría haber sido liberador, pero coincidió con una profunda crisis de confianza y falta de fe en el progreso. El resultado es que, a falta de una estructura filosófica, la arquitectura se reduce al estatuto de moda, en el que nuevos materiales y estilos van y vienen a la misma velocidad en que se acortan o se alargan las faldas.

Los edificios que aquí se analizan intentan de varios modos introducir una base más estable y sólida para la arquitectura. Los nuevos arquitectos vernáculos usan a menudo el término *universal* para relacionar su trabajo con una tradición que corta completamente con la moda en arquitectura. Implica que el retorno a un modo de construir más particular y primitivo hace aflorar los aspectos comunes de la humanidad. Sin embargo, hay problemas con la idea de que lo vernáculo es intemporal y universal. En primer lugar, se apoya en la posibilidad de definir la auténtica tradición constructiva de la región, que no siempre es evidente –las migraciones durante miles de años han producido movimientos de ideas–. En segundo lugar, la búsqueda de aspectos particulares de las tradiciones constructivas a menudo lleva a parroquialismos en vez de al interés universal deseado por los arquitectos.

Esto es un eco del largo debate acerca del lenguaje que contrapone la lengua y el habla. Los revivalistas populares defienden que el habla vernácula está más cerca de la gente porque es más inmediata y auténtica, mientras que una forma estructurada y abstracta de lenguaje se considera alejada. Otro punto de vista es que la versión abstracta es efectivamente más democrática porque es resultado de la interacción social, mientras que el habla auténtica es coto de una minoría exclusiva. Estas opiniones tienden a convertirse en más pertinentes, ya que una vez más la arquitectura se utiliza para expresar la esencia de la identidad –por ejemplo, en Europa del Este, donde parece que el romanticismo nacional parece estar vivo y con buena salud.

Si los nuevos arquitectos vernáculos expresan ambivalencia acerca de la noción de progreso de la sociedad del Movimiento Moderno y consideran las ideas universales sólo en las formas de construcción más primitivas, es porque esto refleja la realidad de la sociedad contemporánea. La arquitectura vernácula, o arquitectura desmentida, es quizá el modo de expresión más apropiado para una época que carece de un sentimiento de cambio de transformación histórica. Los arquitectos de este libro tienden a poner más énfasis en la historia y en la investigación arquitectónica, lo que es poco usual en una época donde el mayor valor generalmente se asocia a las nuevas formas y tecnologías. Como ha probado la obra de los arquitectos ingleses del Arts & Crafts, aprender del pasado no excluye la invención de ideas estimulantes.

Página anterior, izquierda
El hotel Marriott en el centro de Varsovia, Polonia, es un ejemplo de cómo se ha transformado la silueta de la ciudad a lo largo de los últimos diez años a causa de las torres de cristal.

Página anterior, derecha
En 1997, British Airways intentó presentar una nueva identidad multicultural pintando el ala de cola de sus aviones con imágenes indígenas.

Inferior
El Sheraton Timika de Irian Jaya, Indonesia, de HOK (1994), muestra que los arquitectos globales son conscientes de la necesidad de la comprensión de la cultura local, incluso si el resultado es una arquitectura occidental con detalles vernáculos «pegados».

1

Innovación desde la tradición

Walter Gropius dejó la historia de la arquitectura fuera del programa de la School of Design de Harvard, a finales de la década de 1930. Era tan optimista acerca del futuro que pensaba que los ejemplos del pasado eran irrelevantes e incluso podían distraer a los alumnos para centrarse en el presente. Actualmente, la historia de la arquitectura se enseña en las escuelas de arquitectura, pero los arquitectos casi nunca se refieren a ella una vez que han empezado a trabajar. Es como si los arquitectos hubieran adoptado la postura de Gropius acerca de la historia, pero sin sus ideas progresistas.

Los arquitectos contemporáneos tienen una relación incómoda con el pasado. El eclecticismo histórico posmoderno, que llenó las fachadas de los edificios con elementos clásicos y vernáculos, ha hecho que los arquitectos sean cautelosos al utilizar referencias históricas, por miedo a que se los etiquete como revivalistas o conservadores. También hay un progresivo interés por la arquitectura contemporánea por parte del público en general, mientras que los edificios modernos se convierten en espacios de moda para apartamentos tipo loft, restaurantes e incluso anuncios de coches. Tal como dice una revista de arquitectura británica, «El sobresalto de lo nuevo es sólo una sorpresa suave».[1]

Los arquitectos descritos en este capítulo son excepcionales porque tienen una sensibilidad histórica. No están interesados particularmente en encontrar nuevas formas arquitectónicas o en utilizar la última tecnología; sin embargo, a menudo sus edificios son más sugerentes que los ejemplos de arquitectura supuestamente vanguardista. El ubicuo énfasis en la modernidad y en la novedad no se circunscribe a la arquitectura contemporánea. La escritora de arquitectura Helen Castle, de Londres, dice: «El entusiasmo por la innovación ha quedado condensado por la determinación del gobierno laborista británico de modernizar las instituciones y la legislación. Desde las elecciones generales británicas de 1997, la «modernización» se ha convertido en un estribillo demasiado común».[2] Ahora que las viejas ideologías de derecha e izquierda están desacreditadas, el único territorio seguro para los políticos es el presente.

Al mismo tiempo, se cuestionan las nociones convencionales sobre el progreso. Adam Caruso, socio de Caruso Saint John, que diseñó la New Art Gallery en Walsall (*véase* página 38), indica que: «el diseño desempeña un papel cada vez más importante. Mientras que el progreso sustancial cada vez se vuelve más difícil de conseguir, la novedad formal se convierte en el nuevo objetivo».[3] El punto de vista de Caruso es que la arquitectura y el diseño se convierten en productos modificantes sujetos a la fuerza tiránica del mercado, ya que continuamente desarrolla nuevas áreas. Desde otra perspectiva, la arquitectura y el diseño modernos proporcionan un brillo tecnológico que esconde la falta de dinamismo y el progreso social real.

La versión actual de la modernidad está vacía y fracasa al ofrecer algo nuevo porque, al contrario que el movimiento moderno, no se basa en el desarrollo social y económico. Despojada de su programa social, la modernidad se ha convertido en lo que el arquitecto Stephen Bates, de Sergison Bates (*véase* página 20), describe como un «catálogo de formas».[4]

Los edificios de este capítulo muestran que nos hemos desplazado más allá de la batalla familiar entre lo moderno y lo posmoderno. Caruso Saint John se describe como «posmoderno» al mismo tiempo que rechaza el conservadurismo: «No vemos nuestros edificios como auténticos herederos de la tradición arquitectónica», dice Peter Saint. John.[5] La New Art Gallery de este despacho presenta una interpretación totalmente nueva de su contexto y sólo podía haberse construido en la actual época postindustrial.

La casa prototipo de Sergison Bates, en Stevenage, empezó con una forma tradicional, la casa pareada, porque era «una buena tipología de vivienda para absorber el cambio», no por un deseo de volver a un pasado mejor. La casa es simultáneamente familiar y nueva, y casi por virtud de su familiaridad, los aspectos nuevos y diferentes de la casa –por ejemplo su planta achaflanada y su fachada inclinada hacia dentro– resultan más sorprendentes.

Caruso Saint John y Sergison Bates cuestionan la idea del Movimiento Moderno de la «honestidad de los materiales», que, según dicen, se ha convertido en la ortodoxia de la arquitectura contemporánea. En esto han sido influidos por las primeras obras y escritos del arquitecto americano Robert Venturi, particularmente por su libro *Complexity and Contradiction*, que fue uno de los primeros libros que cuestionaban los principios del Movimiento Moderno.[6]

La arquitectura no tiene que copiar lo vernáculo para inspirarse en él. La New Art Gallery de Walsall está influida por el acercamiento a lo vernáculo sin tomar sus formas literalmente. A diferencia de Sergison Bates, que usa una forma reconocible como medio de comunicación («una casa con forma de casa»), Caruso Saint John está menos interesado en la galería como símbolo, y sus referencias son más inmediatas. «Lo vernáculo» –escribe Caruso– «no se refiere a la apariencia sino a la presencia. Es un objeto físico que contiene en sí mismo la situación social y tecnológica continuamente en evolución en la que fue construido».[7]

La Casa Zachary de Stephen Atkinson (*véase* página 32) evoca recuerdos del individualismo americano y del espíritu de la frontera en sus técnicas constructivas, y reproduce la función de una tipología regional de vivienda en vez de su apariencia visual. La casa es una construcción muy celebrada en la que, dice Atkinson, «cada pieza de un puzzle tiene una razón para estar allí».[8] Ningún detalle es superfluo –de hecho, hay pocos detalles de los que hablar–. Sin embargo, dice, la casa «no es minimalista sino reductivista». Esto distingue la obra del estilo arquitectónico minimalista descontextualizado, descrito por el teórico holandés como «supermodernismo».[9] Es un planteamiento compartido por Hawkins Brown en su galería para la Henry Moore Foundation (*véase* página 44). El despacho es más pragmático que otros mencionados aquí, y describe su sistema como «arquitectura sensible». Hawkins Brown dice que el modo en que responde al cliente, el emplazamiento, el clima y el programa es «similar a lo vernáculo y tiene más cosas en común con la tradición que con la moda».[10]

Ninguno de los arquitectos aquí citados dice haber inventado ningún lenguaje nuevo. Están más interesados con lo que Caruso describe como «comprometerse críticamente con una situación existente». No obstante, a pesar de las pretensiones radicales de los arquitectos *high-tech* y otros autoproclamados innovadores, tal vez los arquitectos incluidos en este capítulo son verdaderos inconformistas en una época en que la vanguardia se ha convertido en una forma de conformidad social.

Página anterior
Sheep Field Barn, diseñada por Hawkins Brown. El arquitecto dice que el modo en que responden al cliente el emplazamiento, el clima y el programa es «similar a lo vernáculo y tiene más en común con la tradición que con la moda».

Izquierda
Stephen Atkinson se inspiró con los silos locales de cereales y las casas «shot-gun» en su diseño para una sencilla casa de fin de semana en Louisiana, Estados Unidos.

Superior
La New Art Gallery en Walsall, Inglaterra, de Caruso Saint John no se inspira directamente en las formas vernáculas, pero interpreta su antiguo contexto industrial con nuevos métodos.

Prototipo de viviendas sociales

Fecha de finalización
2000
Localización
Stevenage, Inglaterra
Arquitecto
Sergison Bates Architects

Si pensamos en la casa pareada inglesa, imaginamos un hogar. Ésta era la propuesta del despacho londinense Sergison Bates cuando se presentó al concurso de arquitectura «Innovación desde la tradición» con un programa para reinventar la tipología de vivienda británica más conocida, la «pareada» suburbana. La mayoría de los participantes ignoró la forma tradicional, pero Sergison Bates la estudió y decidió que la pareada tenía, según se señaló, «un valor profundo en nuestra memoria cultural».[1]

La casa que construyó para el William Sutton Housing Trust en 2000 está situada en el límite noreste de Stevenage, en Hertfordshire. El solar elegido para construir la casa no beneficiaba a los arquitectos: alrededor sólo había anodinas casas de ladrillos estándar, y, al norte, había una carretera que a la larga servirá a más casas nuevas. Sin embargo, el diseño prototípico tenía que poder adaptarse a muchos emplazamientos distintos. A Stevenage, una ciudad nueva de 1952, no le resultan extrañas las viviendas experimentales.[2] Recientemente, en la misma zona se han construido viviendas a un ritmo increíble, con promotores y cooperativas de viviendas que lanzaron diseños que parecían sacados de un manual.

Para Sergison Bates, conservar la tipología de la pareada era algo más que un simple ejercicio de forma o «hacer una casa como una casa».[3] Era un intento de estudiar la esencia de la forma y descubrir el secreto de su éxito como respuesta al modo de vivir de la gente. La investigación sobre el contexto social y constructivo es una característica común en la obra de Sergison Bates, y el despacho se considera parte de un ciclo de la historia: trabaja con las condiciones que encuentra en vez de empezar de cero.

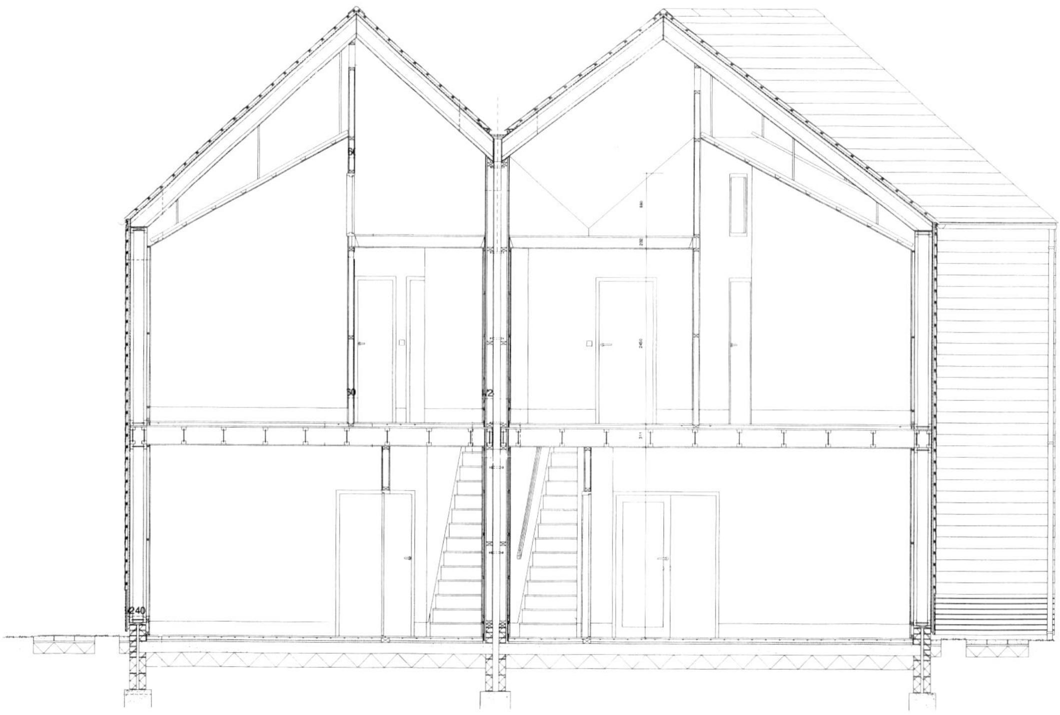

Superior
La típica «pareada» suburbana, que se hizo popular en Gran Bretaña entre la primera y la segunda guerra mundial, estaba inspirada en las casas del movimiento Arts & Crafts.

Derecha
Sección en la que se muestran los espacios de vivienda separados por la escalera; las rutas de circulación están situadas a lo largo de la pared medianera.

Página siguiente
La doble inclinación del prototipo de Sergison Bates refleja su doble ocupación, mientras que las casas pareadas tradicionales generalmente están cubiertas por un único tejado.

1
2

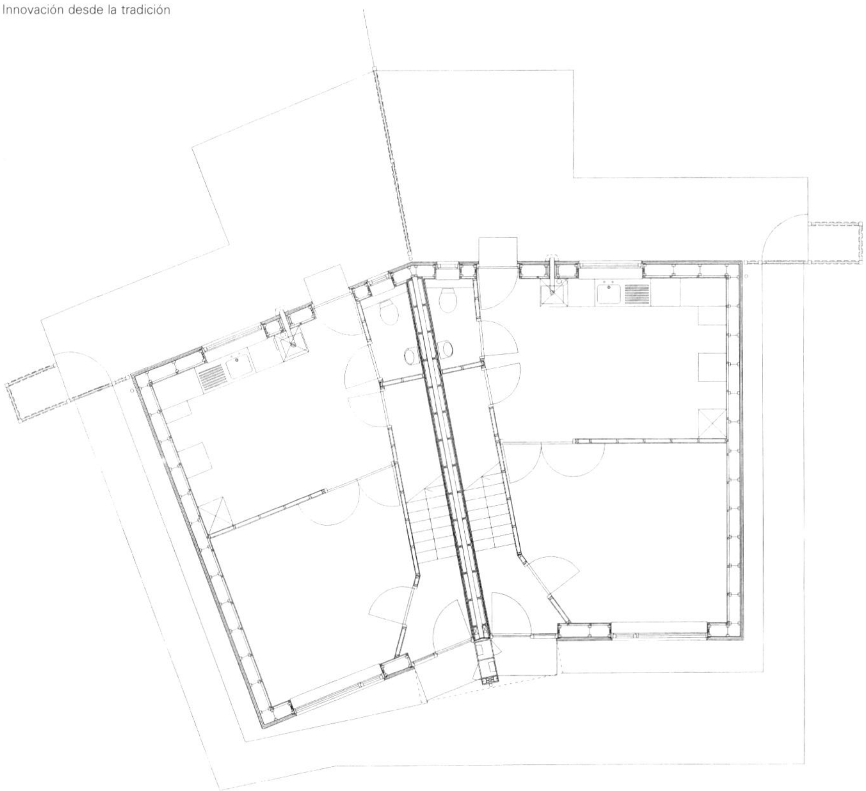

Izquierda e inferior
Las plantas (planta baja, izquierda; primera planta, inferior) están en ángulo para crear dos fachadas distintas de la casa: la frontal es íntima, con las puertas de entrada que comparten un único porche, mientras que la de detrás es más expansiva y proporciona unos jardines con mayor privacidad.

Inferior
Dibujos que muestran cómo el arquitecto se planteó la reproducción de la casa para crear barrios. Al repetir el proceso también abarataría los costes de cada una hasta un 30 %

Página siguiente
Unos paneles de ladrillo forman una «falda» protectora a lo largo de la base de la casa y se extienden hasta el primer piso en la fachada posterior.

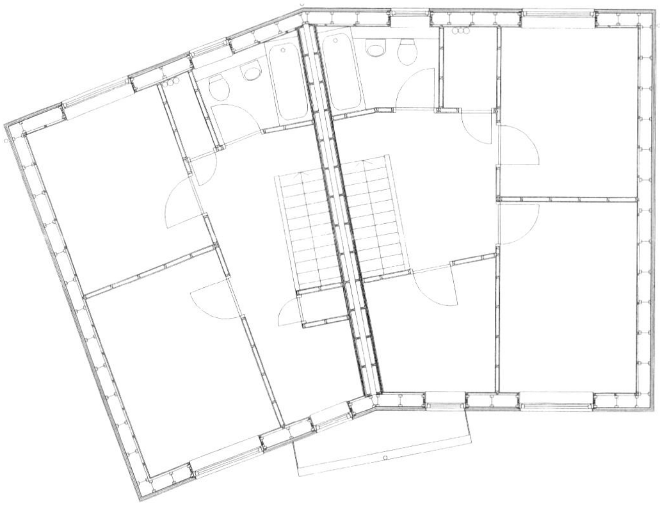

Alrededor del 60 % de la población británica vive en suburbios –una gran parte de ellos en casas pareadas construidas entre la primera y la segunda guerra mundial–. La belleza de las pareadas, y parte de la razón de su larga popularidad, es que combinan privacidad con un cierto grado de comunidad: dos familias que viven una al lado de la otra con la privacidad de jardines frontales y traseros separados –suficientemente cerca para charlar por encima de la valla, pero bastante recluidos para conservar la creencia del antiguo dicho «la casa de un inglés es su castillo».

El tejado a dos aguas de la casa de Sergison Bates –una variación de la pareada tradicional, con un único tejado a lo largo– enfatiza la individualidad de los ocupantes, mientras que la inclinación de la fachada encarándose una a otra y el porche frontal compartido las unen. Ampliándose hacia fuera por la parte de detrás, la planta crea un espacio añadido en el interior, y provoca en la parte trasera dos fachadas que se separan una de otra, lo cual subraya el sentimiento de privacidad.

La desalineación de las ventanas en la parte frontal insinúa que algo distinto pasa en el interior. Al poner en ángulo las paredes de los lados y, por el contrario, conservar los ángulos rectos en las esquinas exteriores, el arquitecto crea dos casas distintas: una con tres dormitorios y la otra con dos. Mientras que las casas conservan la distribución tradicional (la sala de estar en la parte frontal y la cocina orientada al jardín trasero), con los dormitorios en el piso de arriba, algunos elementos rompen el modelo tradicional.

Para mucha gente, la casa es una pareada normal construida con materiales extraños. Se asienta sobre una base de ladrillo –nada inusual hasta aquí– pero,

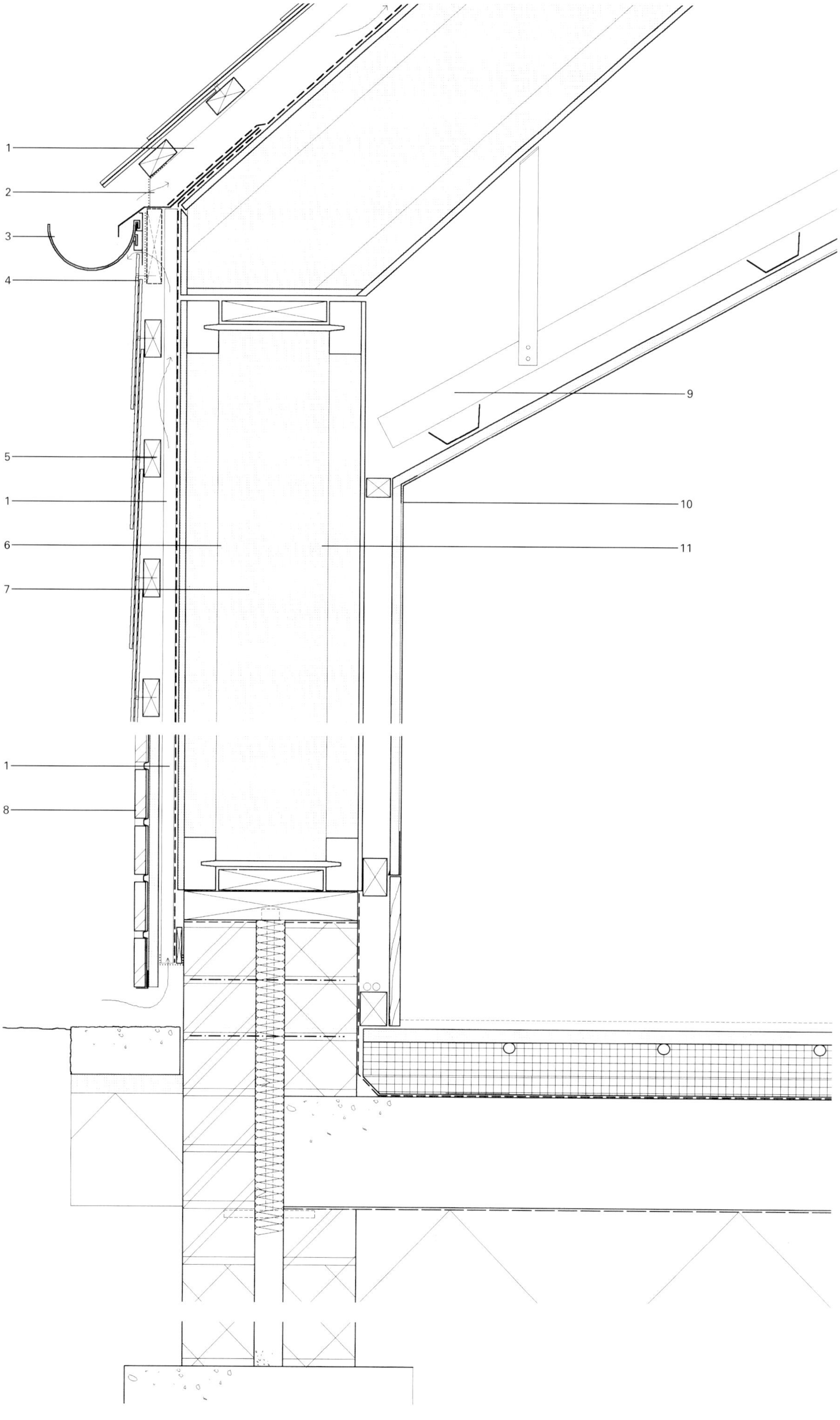

Izquierda
Sección detallada del tejado y de la pared en la que se muestra la estructura de los paneles prefabricados de madera que se manufacturan en fábrica y se montan en el solar. Un buen aislamiento es un envoltorio energéticamente. muy eficiente

1 cubrejuntas
2 rejilla de ventilación con mosquitera
3 revestimiento de baldosas de pizarra
5 juntas
6 viga de madera compuesta
7 aislante de celulosa
8 sistema de sujeción del revestimiento de ladrillo
9 sistema de suspensión del techo metálico
10 revestimiento de yeso
11 panel prefabricado de madera

Página siguiente, izquierda
Grandes ventanas se distribuyen en la fachada según la distribución interior de las habitaciones, enfatizando la individualidad de cada vivienda.

Página siguiente, superior
Siguiendo la tradición de las casas británicas embaldosadas, tanto el techo como las paredes están revestidas por baldosas industriales de pizarra con una presencia mínima de las junturas.

Página siguiente, inferior
En la primera planta los dormitorios dan a un recibidor amplio, de forma irregular, que refleja la planta en ángulo.

al cabo de ocho líneas, el ladrillo se termina y las paredes, construidas a partir de paneles de madera prefabricados, están revestidas de baldosas de color tierra, que forman una protección para la lluvia. Las mismas baldosas continúan en el tejado y el espacio entre ellas es mínimo, puesto que siguen la creencia de Sergison Bates de que «la calidad tiene que estar igualada por la modestia». El arquitecto comenta acerca de las viviendas de bajo coste que «hay una humilde equivalencia entre todos los componentes, que además está comprometida por la presunción de que las junturas deben ser elaboradas».

La estructura incorpora las últimas técnicas de prefabricado, que se montan en el solar en diez días a partir de paneles de madera que contienen una capa de aislante de celulosa hecha a partir de papel de periódico reciclado. Esto forma un envoltorio que «respira», evita la usual barrera de vapor y permite que la humedad circule a través de las paredes y del techo. En el interior, la calefacción bajo el pavimento crea un sentimiento de lujo que no se asocia a la vivienda social.

No está claro si este prototipo tendrá la misma longevidad y efectividad en relación al coste que las pareadas tradicionales. Se calcula que la reproducción de las casas debería reducir los costes en un 25 o 30 % (sobre un coste inicial de £ 199.000); sin embargo, la complejidad estructural, que abandona la simplicidad de las pareadas, puede perjudicarle.

Casas cerca de Sarzeau

Año de finalización
1995

Localización
Sarzeau, Francia

Arquitecto
Eric Gouesnard

En esta casa, las formas y materiales tradicionales se parodian hasta tal punto que parece como si Eric Gouesnard estuviera buscando un juego arquitectónico con urbanistas conservadores. La leyes urbanísticas francesas estipulan un tejado de pizarra con pendiente. Gouesnard hizo algo más que aplicarlas a su trabajo, y extendió o «deslizó» el material del tejado para revestir las paredes y crear dos formas monolíticas, que, desde la distancia, parecen dos bloques macizos de piedra.

El emplazamiento es un espacio bastante desolado en la desembocadura del río Pernef, en la costa sur de Bretaña, Francia. Rodeado por lo que Gouesnard describe como «un páramo espinoso», la casa no responde al paisaje sino a las esperanzas contrapuestas del cliente y de los urbanistas. El primero quería una casa radical y los segundos un edificio un poco más convencional. Superficialmente, la construcción es totalmente estándar: los dos edificios unidos que forman la casa tienen unas proporciones convencionales; están construidos con ladrillos de cemento enyesados y cubiertos con tejados de pizarra a dos aguas. Sin embargo, escondiendo los detalles y la estructura detrás de una fina capa exterior de baldosas de pizarra atornilladas sobre una estructura metálica en cada esquina, las proporciones y el perfil de la casa se convierten en una parodia de la vivienda tradicional.

Gouesnard también practicó el juego de la geometría y situó los dos volúmenes en ángulo recto depositándolos sobre un círculo perfecto de arena. Unos puentes de madera comunican la casa con el agreste paisaje que la rodea, y separan simbólicamente la casa del paisaje y enfatizan la intimidad y la privacidad de sus ocupantes. Desde el lado norte, el alzado de baldosas de piza-

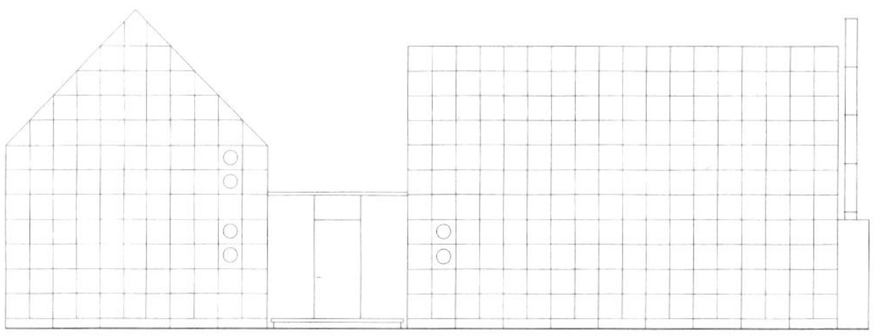

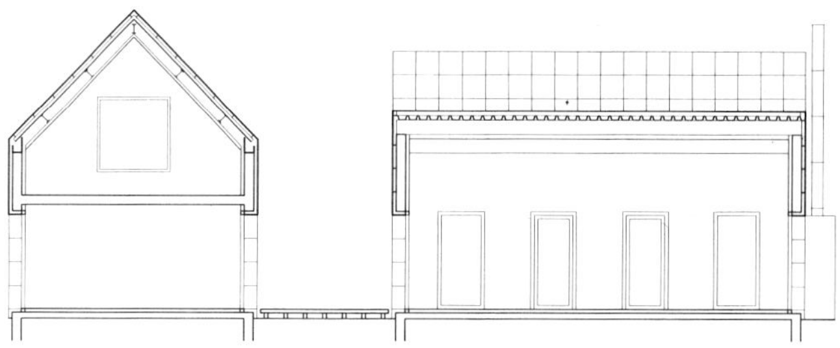

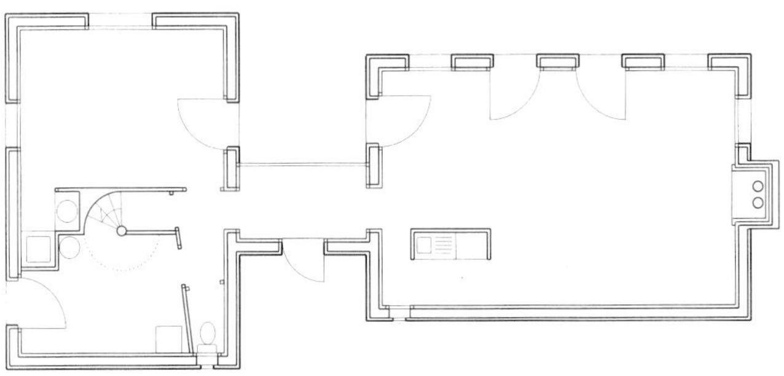

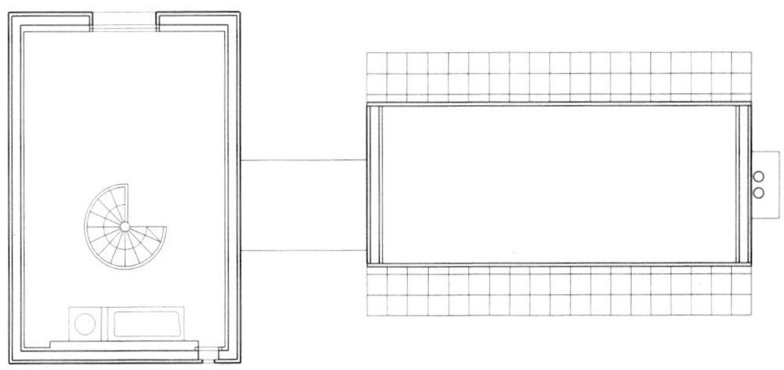

Página anterior, superior
A la izquierda, los alzados, y a la derecha, las secciones muestran la precisión geométrica de la casa que se basa en baldosas de pizarra de 50 cm^2 que cubren el tejado y las paredes.

Página anterior, inferior
Las plantas simples muestran una doble altura en la sala de estar en un edificio, conectada con los dormitorios en la planta baja y el primer piso en la otra.

Inferior
Un diagrama de la planta en que se muestra la posición de la casa dentro de un círculo de arena que se conecta con el paisaje mediante unos puentes.

Derecha
Un camino desigual de madera conduce desde la fachada abierta del sudeste hasta el río cercano.

Página siguiente
Se entra a la casa a través de una puerta en un pasaje que conecta los dos volúmenes de pizarra.

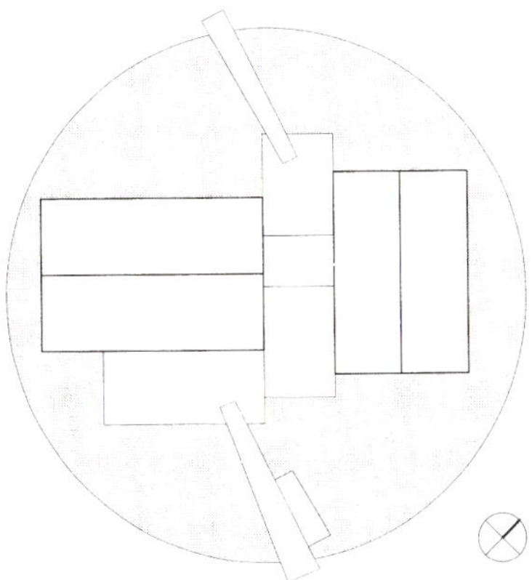

Página anterior
En contraste con el austero exterior, la sala de estar está inundada por la luz y pintada con colores cálidos.

Derecha
Las únicas separaciones entre las habitaciones están en la planta baja del edificio pequeño, que está dividido entre dormitorio y trascocina.

Inferior derecha
Detalle de la sección de la pared y el tejado.

1 tejado de pizarra
2 soporte del tejado de pizarra
3 lámina de aluminio
4 balancín transversal
5 sustrato
6 canalón
7 chambrana de pizarra

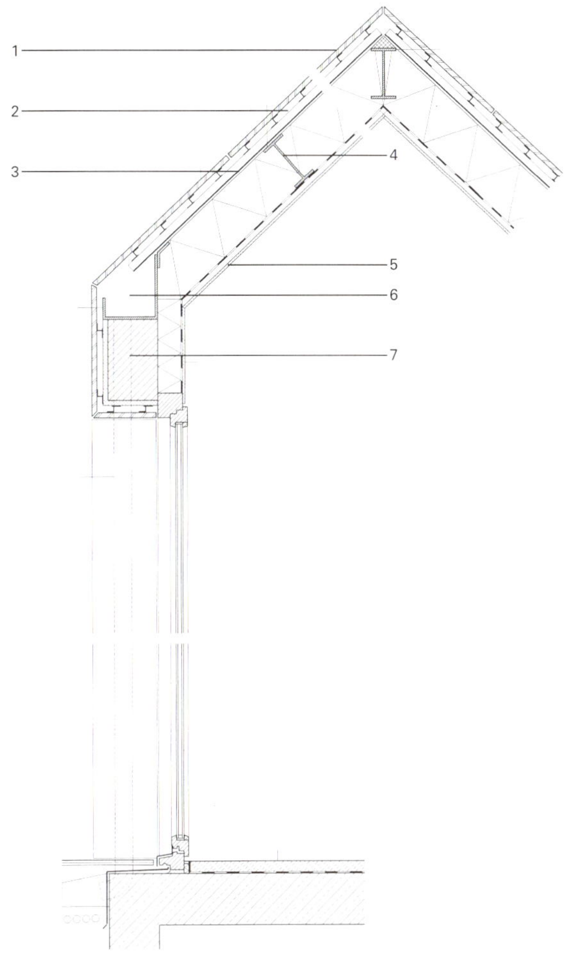

rra es continuo, excepto en dos pequeñas aberturas circulares que proporcionan focos de luz provenientes de las ventanas del lado sur del edificio. La entrada es a través de una puerta en un túnel de hierro ondulado y de vidrio que conecta los dos volúmenes. Por el lado sur, la casa se abre con vistas sobre el río, a través de unos ventanales de vidrio distribuidos a lo largo de la pared a intervalos regulares.

Toda la composición se basa en una retícula de 50 × 50 cm determinada por las dimensiones de las baldosas de pizarra. Este módulo determina (y está determinado por ello) el ángulo del tejado, el tamaño de las aberturas y la altura del techo. No se permite que nada interfiera en la claridad de la retícula –el agua del tejado se canaliza entre las baldosas hacia una chapa de aluminio y desagua en un canalón escondido detrás de la piel de pizarra–. La ausencia de detalles que normalmente determina el carácter de un edificio, como el marco de las ventanas y los canalones, realza el sentimiento de materialidad de la pizarra. Las baldosas están atornilladas de modo ligeramente irregular, con el brillo de la textura orientado hacia diferentes direcciones, y las aberturas retrasadas y sin marco ayudan a crear la ilusión de un bloque monolítico de piedra.

En el interior, el sentimiento es muy distinto. El volumen más alto alberga dos niveles de dormitorios y una habitación de servicio, mientras que el otro, que es más bajo, concretamente de dos módulos de un metro, contiene una sala de estar abierta y la cocina. En contraste con el exterior oscuro y austero, las paredes interiores son de color naranja brillante y violeta.

Casa Zachary

Año de finalización
1999

Localización
Zachary, Louisiana, Estados Unidos

Arquitecto
Stephen Atkinson

Sombreada por árboles de pacana y refrescada por corrientes de aire, la casa que Stephen Atkinson diseñó para sus padres proporciona el refugio perfecto para los veranos subtropicales de Louisiana. La ciudad de Zachary está situada 25 kilómetros al norte de Baton Rouge y 150 kilómetros al norte de Nueva Orleans, en la zona más septentrional del delta del Mississipi, no muy lejos de donde el paisaje se convierte en onduladas colinas, un poco más río arriba.

Los padres de Atkinson, recién jubilados, querían una casa sencilla que pudieran construir ellos mismos y que les permitiera pasar fines de semana en estrecho contacto con la naturaleza. El solar de 18 hectáreas, formado por prados abiertos y bosques espesos, era propiedad de la familia desde hacía muchos años, y proporciona un estilo de vida en claro contraste con el de la ciudad, a una distancia de media hora en coche.

Construir su propia casa era algo más que una necesidad financiera para los Atkinson (el presupuesto era de 45.000 USD); también les permitía conectarse con la noción americana de individualismo y confianza en uno mismo. En el siglo XIX, la construcción del ferrocarril y la fabricación en masa de madera y clavos cambiaron las técnicas de construcción de viviendas desde la estructura de troncos a la estructura de listones, y se usaron habitualmente traviesas de 2 × 4, una técnica que puede dominar todo el mundo.

Con su tejado a dos aguas y alerones sobresalientes, es una casa arquetípica que intenta crear lo que Atkinson describe como una unión con «las nociones universales de domesticidad», particularmente cuando se cierra como una caja durante la semana.[1] El lado informal de esta atracción universal es que la casa hace referencia específica a los sistemas constructivos y a las tradiciones del sur.

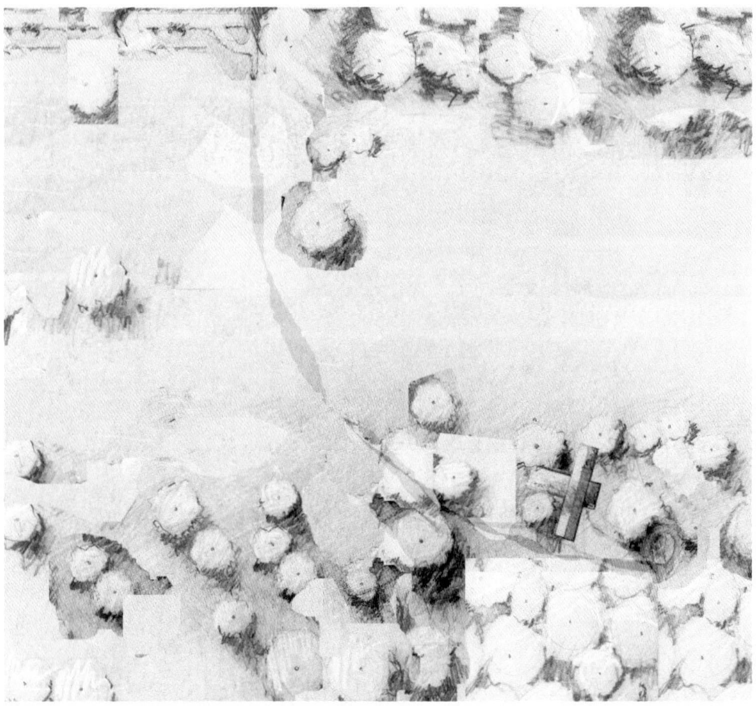

Izquierda
Plano de emplazamiento en que se muestra la casa de fin de semana de Stephen Atkinson diseñada para sus padres en un terreno formado por prados abiertos y bosques espesos del árbol de la pacana.

Página siguiente, superior
Los espacios interiores y exteriores se sobreponen con una plataforma de madera que atraviesa la casa, lo cual permite a los ocupantes sentirse próximos a la naturaleza.

Página siguiente, inferior
Sección de la casa en la que se muestra la estructura de madera elevada ligeramente sobre el suelo, como un recuerdo de las casas tradicionales *shot-gun*.

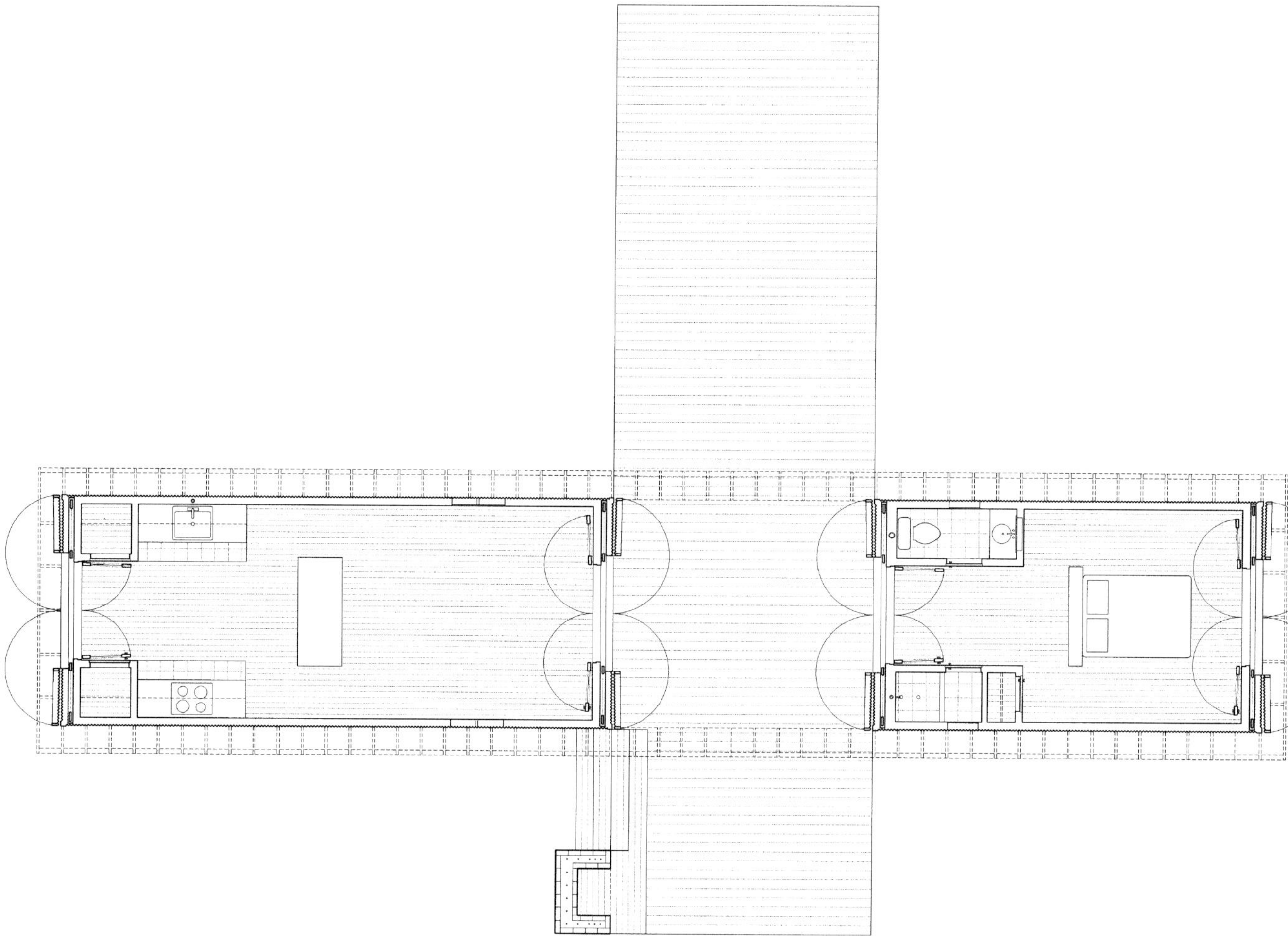

Superior
La planta es una reinterpretación de la tipología tradicional de la casa sureña, con el *dog-trot*, que tiene una plataforma exterior que absorbe el aire caliente del interior.

Página siguiente, superior
Con sus aleros salidos y sección regular, la casa es la imagen universal de la domesticidad.

Página siguiente, inferior
La chimenea de ladrillo está separada del cuerpo de la casa para facilitar que la vida continúe al aire libre, y para romper la rígida simetría de la planta.

Recuerda a lo que en el sur se conoce como *dog-trot*; en una casa vernácula tradicional, esto es una plataforma exterior que refresca las habitaciones del interior sacando el aire caliente por convección. En la versión de Atkinson del *dog-trot*, la plataforma corta la casa en dos, y el tejado inclinado pasa por encima de la abertura, en lo que él describe como «una expresión poética de la dispersión del calor». El flujo de aire a través de la casa se refleja simbólicamente en el suelo, con una superficie de madera elevada –la versión moderna de la galería sureña donde la familia está casi en público–. Como se ha de cruzar esta superficie para ir de una a otra de las habitaciones principales, la sala de estar y el dormitorio, la vida realmente se vive al aire libre.

La superposición entre el espacio interno y el externo se refleja en el uso de los materiales. Las puertas de vidrio con marcos de madera están enigmáticamente tapadas por persianas hechas del material exterior, plancha de acero ondulado, mientras que el tejado intradós sobre el pasillo abierto está enyesado, como continuación del enyesado de los techos del interior.

Otra sugerencia de que la vida sucede en el exterior la proporciona la chimenea de ladrillos, que está a un lado de la casa, junto a la plataforma de madera. Esto recuerda la tradición sureña según la cual las cocinas, construidas de piedra o de ladrillo, están separadas de los espacios de madera de la vivienda (principalmente por razones de seguridad) y actúan como un elemento formal para suavizar la rígida simetría de la planta de la casa. También forma un punto de entrada, con cuatro escalones que conducen hasta la superficie. A nivel práctico, proporciona un fuego abierto para calentar los atardeceres frescos y continúa desdibujando la división entre el interior y el exterior.

Inferior
La casa se inspira en una casa *shot-gun* de la década de 1940 de los alrededores, una tipología de casa sureña larga y estrecha para facilitar las corrientes de aire.

Página siguiente, superior
El acero ondulado galvanizado cubre las paredes y el techo y forma las contraventanas, que cierran la casa. La tierra se conecta con los espacios de la vivienda a través de la madera.

Página siguiente, inferior
Los silos para secar el grano están construidos con acero ondulado como la casa, un material icónico utilizado en graneros y cobertizos.

En sus detalles y en el uso de los materiales, la casa tiene la simplicidad y la crudeza de los edificios campesinos locales. Sin embargo, en vez de reproducir la imagen visual de esos edificios, la casa adopta sus cualidades abstractas: es lo que Atkinson llama «su modestia, su intemporalidad y la expresión directa de su función».

Igual que la de los cobertizos locales, la estructura es extremadamente simple –estructuras de 5 × 10 cm revestidas del acero ondulado galvanizado más barato tanto en las paredes como en el techo–. Los detalles son mínimos (los padres de Atkinson tenían que poder construir la casa ellos mismos), y mimetizan el «modo de pensar» vernáculo. Atkinson va más lejos y dice que diseñar la casa fue un ejercicio de «ingeniería a la inversa» y de suprimir la mano del arquitecto. Irónicamente, esto resultó ser más difícil y cerebral que el proceso tradicional de diseño, ya que los elementos de la casa tenían que reducirse conscientemente a los mínimos esenciales. El resultado, así lo deseaba, es una potente y profunda conexión con el pasado.

New Art Gallery

Año de finalización
2000

Localización
Walsall, Inglaterra

Arquitecto
Caruso Saint John Architects

La New Art Gallery de Walsall está cuidadosamente situada donde la ciudad moderna se encuentra con el antiguo paisaje industrial de canales, de almacenes y de fábricas. El emplazamiento era un recuerdo deprimente de una época industrial más dinámica y próspera; actualmente, con la llegada de la galería –el primer edificio público en Walsall en casi cien años– se respira un nuevo optimismo en la vida de la ciudad.

La financiación proviene de los fondos de la Lotería Nacional de Gran Bretaña y les fue otorgado, en parte, porque había la esperanza de que un proyecto de este tipo podría iniciar el proceso de regeneración. Sin embargo, la galería también tiene una función genuina, que es albergar una colección de obras de arte de calidad, donada a Walsall por Kathleen Garman, esposa del escultor Jacob Epstein.

Después de ganar el concurso de arquitectura en 1995, el joven despacho Caruso Saint John dedicó todos sus esfuerzos a este proyecto. La galería estaba inspirada en gran medida por los almacenes industriales y las fábricas del sur y del este, y también por el ayuntamiento victoriano de Walsall; Caruso Saint John lo define como una «interpretación nueva y abierta del contexto»[1]. Con un parecido muy similar al que tenía cuando se inauguró en 1902, el ayuntamiento tiene una grandeza y solidez que los arquitectos querían plasmar en su galería –que, desean, dure al menos cien años, mientras cambian muchas cosas en los alrededores. Esta visión a largo plazo permite a Caruso Saint John tener una actitud relajada frente a las tiendas sin gracia construidas por promotores junto a la galería.

Izquierda
Aunque situada en el centro de Walsall, la galería está claramente separada de la ciudad, tanto en términos de su dominante posición como por el contraste de color.

Página siguiente, superior
Plano de situación que muestra el nuevo edificio en un espacio público, Gallery Square, diseñado con tiras alquitranadas por Lynne Kinnear y Richard Wentworth.

Página siguiente, izquierda
Mientras se construía la galería, unos promotores construyeron en el solar de al lado un centro comercial desangelado: ambos tienen poco en común.

Página siguiente, derecha
El diseño listado une Gallery Square con la calle peatonal, y el edificio tiene vista sobre la cuenca del canal igual que una estación de término victoriana.

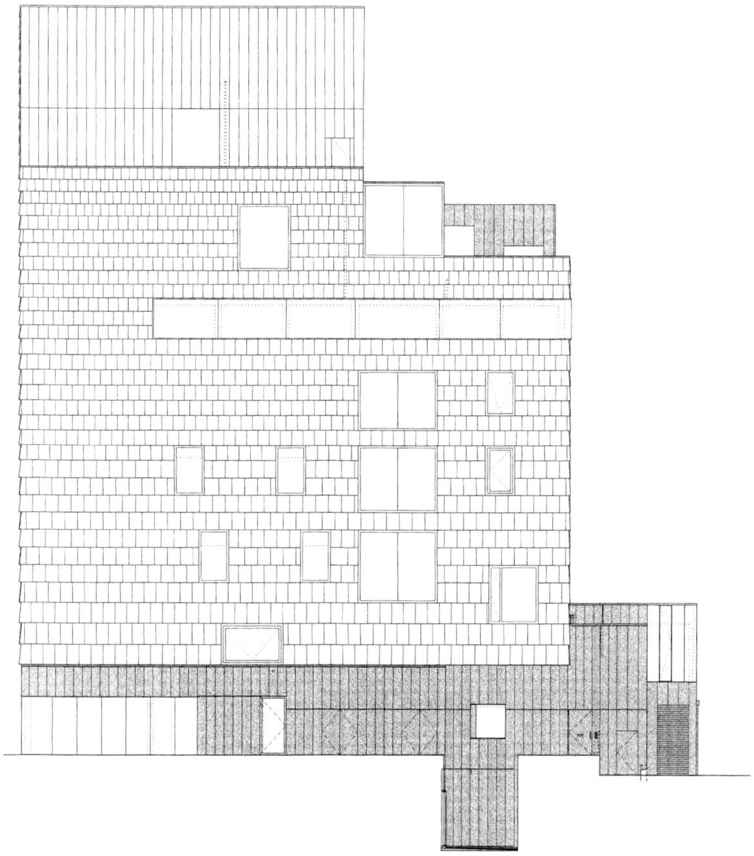

Al conseguir un equilibrio entre los colores apagados y la imponente masa, la galería se ha convertido en el centro focal de sus alrededores, y estaba provocando que la heterogénea colección de tiendas, oficinas de la década de los sesenta y aparcamientos de pisos formen un grupo coherente. Como estructura más alta de la ciudad, la torre de la galería remite a la torre de la iglesia de Saint Matthew y forma con ella un eje; sin embargo, también toma detalles de los almacenes de menor altura y de las fábricas del sur. «No buscan la elegancia», dice Peter Saint John, «sino que tienen una especie de fuerza callada, que es lo que buscábamos».

Recubierta de baldosas de terracota y con unas ventanas cuya posición parece no seguir ninguna pauta concreta, el edificio deja ver muy ligeramente lo que ocurre en el interior. «Queríamos un volumen simple, pero una superficie muy cargada», dice Saint John. Está previsto que las baldosas vitrificadas duren muchos años sin decolorarse. El color arena natural es intencionadamente apagado, y la superficie brillante uniforme hace referencia a la calidad del ladrillo de las construcciones de la región.

Si bien puede parecer un volumen simple, en realidad el edificio es estructuralmente complejo. Para conseguir una composición asimétrica e intuitiva, la torre se situó directamente sobre la entrada en voladizo, con ambos elementos marcando una ruta peatonal desde el centro de la ciudad. Esto crea una composición escalonada, con esquinas cortadas –un reto considerable para el ingeniero de estructuras–. No obstante, al contrario que muchos arquitectos de su generación, en Caruso Saint John no están interesados en estructuras atrevidas por sí mismas. Por el contrario, adoptan el argumento de Adolf Loos de que la arquitectura debe interesarse por cómo se siente el edificio en el interior y qué aspecto tiene el exterior, y no en lo que pasa entremedio.

En el interior, Caruso Saint John hace una analogía con una casa, con su variedad de escala y sentimientos, desde la intimidad del dormitorio hasta la ampulosidad de los espacios de estar. En particular, los arquitectos se inspiraron en uno de sus edificios favoritos, Hardwick Hall en Derbyshire, Inglaterra, de Robert Smythson (1590-1997) que, dice Saint John: «intenta intencionadamente confundirte con su extraño orden volumétrico». De modo similar, la galería es de espacios complejos y, al contrario que los espacios de exposición convencionales tipo «caja blanca», expone la colección permanente en salas diseñadas a escala doméstica, cuyo sentimiento de calidez queda incrementado por el recubrimiento de las paredes con madera de abeto Douglas. Las ventanas, también infrecuentes en las galerías de arte, proporcionan vistas enmarcadas del paisaje de la ciudad y crean extrañas yuxtaposiciones entre la sutilidad de las obras de arte y los llamativos anuncios luminosos de las tiendas del exterior.

Entrando a través de dos pesadas puertas correderas, el visitante llega al mayor espacio abierto del edificio. Los pisos están conectados por ascensores, pero también aquí y allá hay escaleras, casi secretas, para lograr una visita más relajada. Encima de las galerías para la colección permanente, con una dimensión más íntima, la altura de techo se amplía y un espacio blanco a doble altura más convencional alberga las exposiciones temporales. En el piso superior, contenido en el interior de la torre, hay un café con vistas a través de grandes ventanales de vidrio, sobre los tejados del centro de la ciudad de Walsall. Aunque la vista no es convencionalmente espectacular como, por ejemplo, la de Londres desde la Tate Modern, que se extiende sobre el río Támesis, sí revela aspectos fascinantes de Walsall.

Superior
Alzado con la situación de las ventanas determinada por la distribución de los espacios interiores.

Página siguiente
Las paredes están revestidas de baldosas de terracota de color arena, que disminuyen de medida en los pisos superiores para crear la ilusión de una mayor altura.

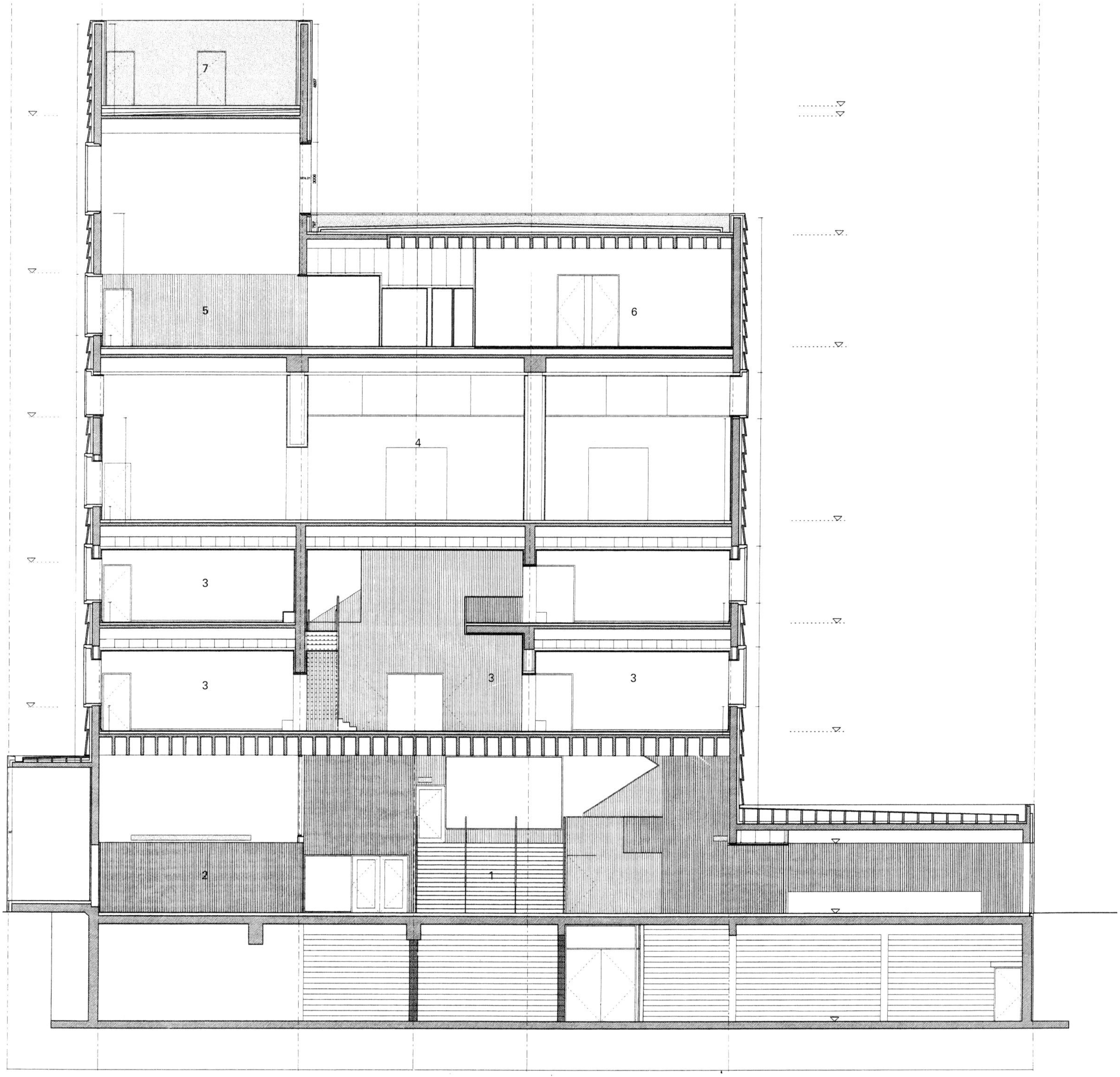
7
5
6
4
3
3
3
3
2
1

Página anterior
Sección que muestra el espacio a doble altura en el centro del edificio, sobre el que se abren las galerías de la Garman Ryan Collection, a una escala más doméstica. En la tercera planta, la altura de techo se amplía para formar un espacio más neutro dedicado a las exposiciones temporales.

1 foyer
2 vestíbulo
3 Garman Ryan Gallery
4 espacio para las exposiciones temporales
5 restaurante
6 sala de conferencias
7 planta

Derecha
Una amplia escalera conduce desde el foyer de la entrada hasta el nivel intermedio. Las paredes están forradas con madera de abeto Douglas; las superficies desnudas de cemento conservan la textura del encofrado.

Inferior
La doble altura del vestíbulo crea un punto central para las salas que albergan la Garman Ryan Collection, distribuidas alrededor del perímetro del edificio.

Inferior derecha
Los cuadros de la colección están junto a las ventanas que enmarcan las vistas de Walsall.

Sheep Field Barn

Fecha de finalización
1999

Localización
Perry Green, Inglaterra

Arquitecto
Hawkins Brown

Durante 50 años, el escultor Henry Moore vivió y trabajó en el tranquilo retiro de Perry Green, un pequeño pueblo en Hertfordshire, Inglaterra, después de que su casa y su estudio de Londres quedarán destruidos por los bombardeos. La finca Moore, que consiste en su casa y una ecléctica colección de cobertizos, está actualmente abierta al público y atrae a alrededor de 10.000 visitantes al año. Uno de los mayores edificios del lugar es el establo, donde trabajó durante muchos años y donde guardaba sus ovejas. Sheep Field Barn empezó su vida como un cobertizo de estructura porticada enclavijada, recubierto de amianto, comprado y colocado en el solar en 1977. Actualmente se ha convertido en una galería con todas las prestaciones para exponer las esculturas de tamaño mediano de Moore.

La sede londinense Hawkins Brown se vio involucrada en el proyecto después de que la propuesta de Dixon Jones no consiguiera la aprobación de los urbanistas. Hawkins Brown sugirió que un planteamiento más modesto sería apropiado para el emplazamiento, situación y recuerdo de Henry Moore, a quien, a pesar de su obra vanguardista, le gustaba rodearse de objetos domésticos familiares y tenía una afición particular por las granjas y los cobertizos vernáculos.

En contraste con muchos proyectos culturales recientes, la arquitectura del establo no tenía la intención de ser una atracción en sí misma; se acordó de que no debía dominar por encima de las obras de arte del interior. A Moore le gustaba que su obra se viera en los típicos días ingleses lluviosos o nublados. Hawkins Brown intentó captar este sentimiento de normalidad en su diseño para la reconstrucción del establo.

De hecho, para cumplir las estrictas condiciones de la Comisión de Museos y Galerías, los colores apagados y los detalles simples esconden elementos muy sofisticados de seguridad y de mantenimiento. La galería también consigue un alto nivel de eficiencia energética, con una masa térmica proporcionada por bloques de cemento de 15 centímetros de aislamiento, emparedada entre paredes blancas de yeso en el interior y paneles de madera en el exterior. La estrategia de mantenimiento es pasiva, de acuerdo con la situación del edificio en medio de un campo. Con tiempo cálido, unos res-

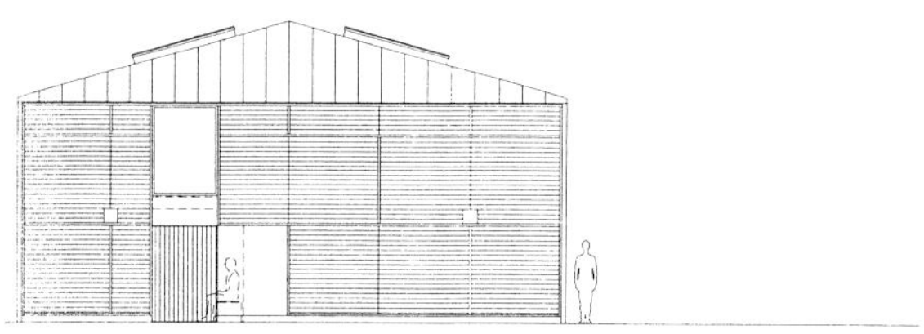

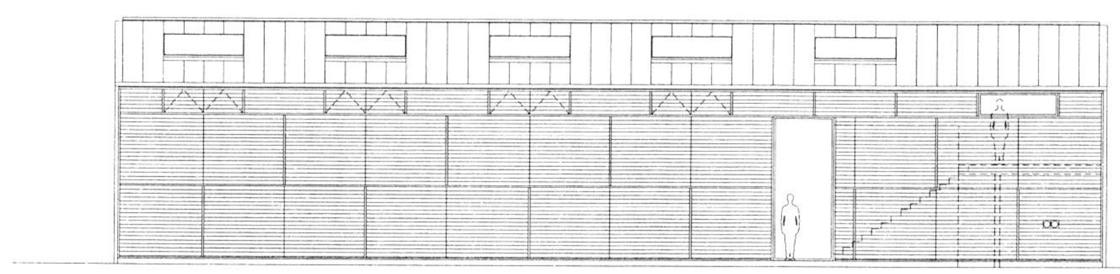

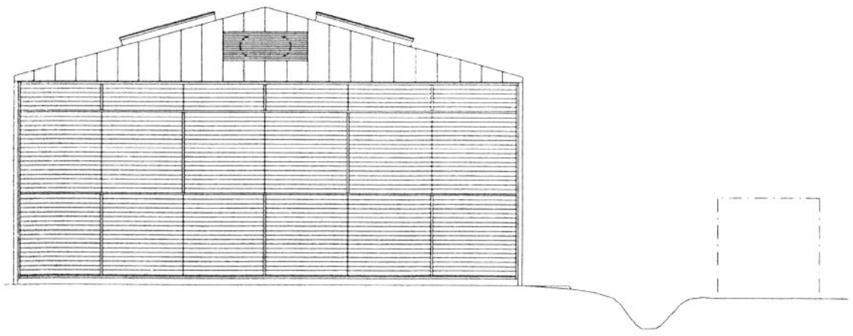

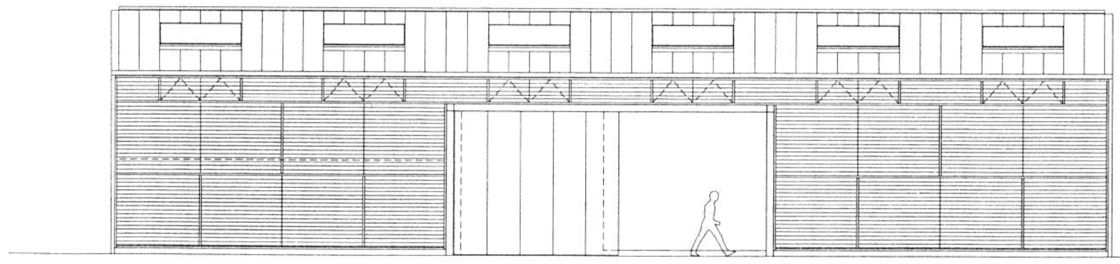

Superior
El establo convertido en galería de arte está situado en el borde de un campo donde en su día habían pastado las ovejas de Henry Moore.

Página anterior
Alzado con las paredes revestidas de madera negra teñida como recuerdo de los establos locales de madera entablillada.

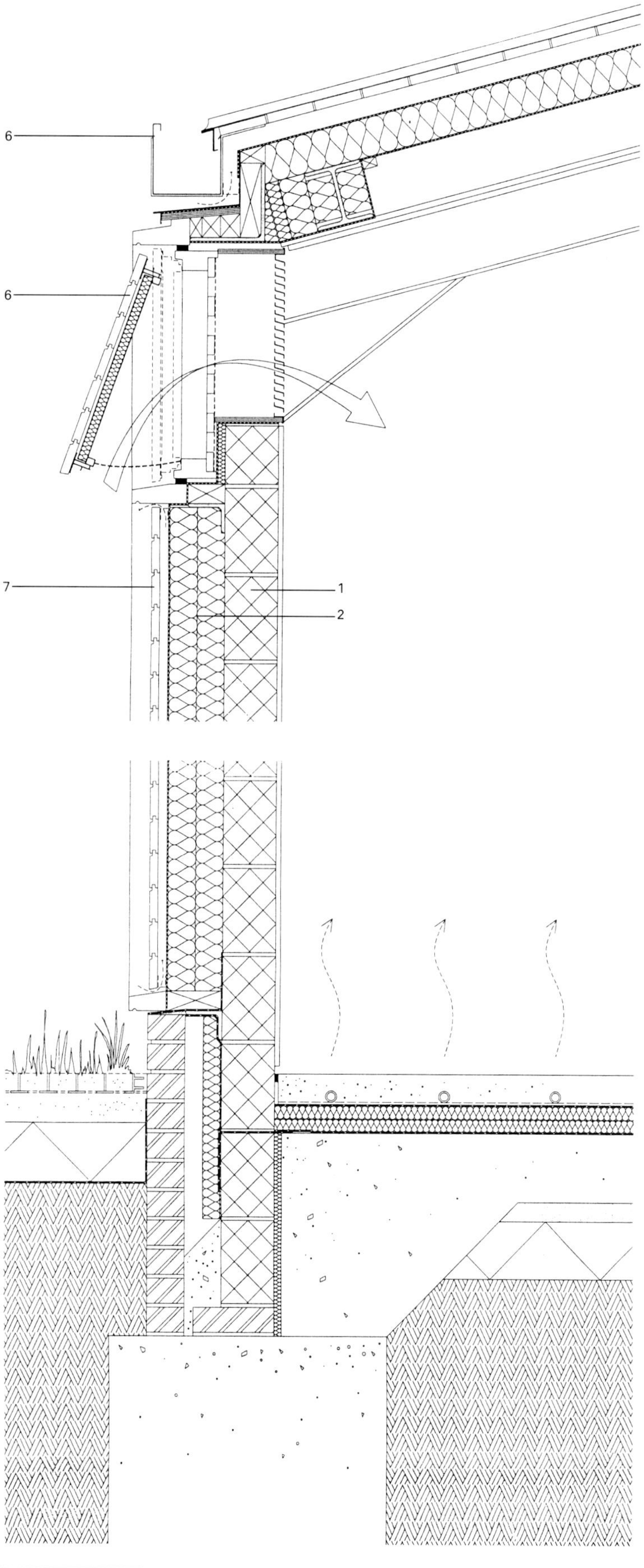
6
6
7
1
2

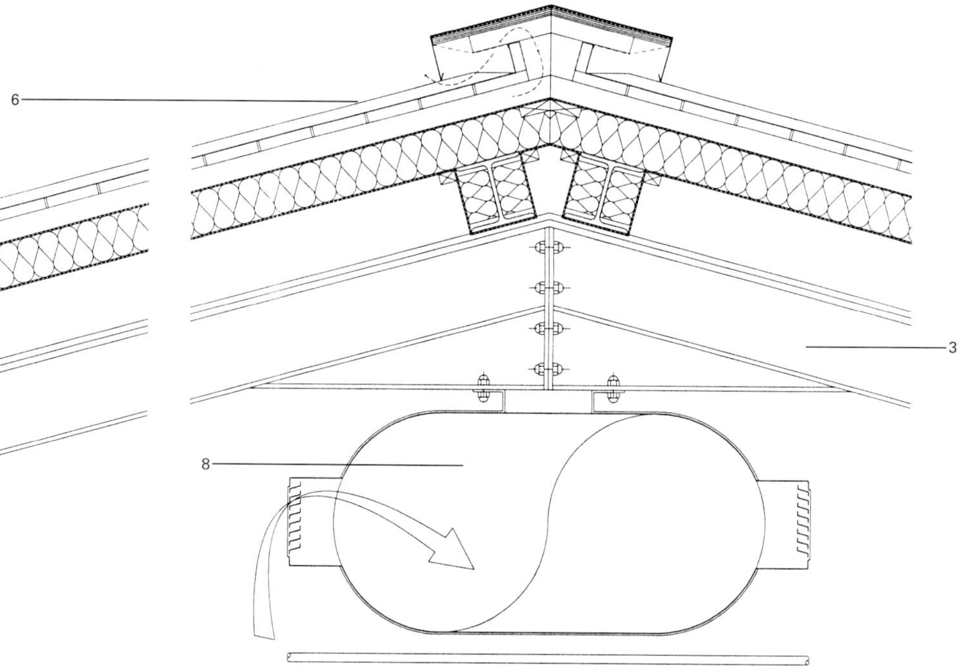
6
3
8

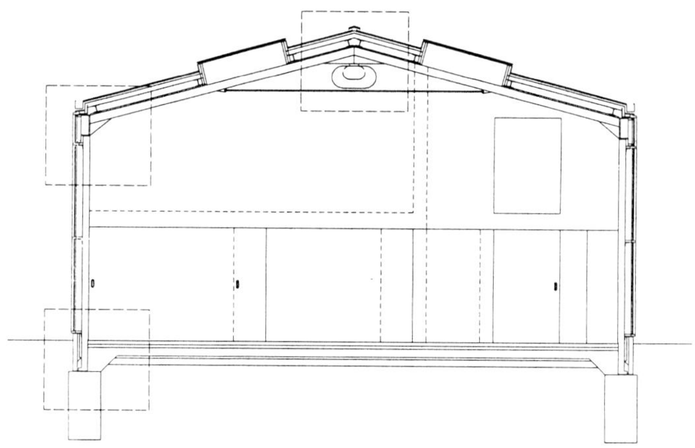

piraderos mecánicos situados bajo los aleros dejan pasar aire fresco durante la noche; en los días fríos, los respiraderos están cerrados, y el edificio se calienta a través de tuberías calientes instaladas en el suelo de cemento.

En el interior hay un espacio blanco neutro, con el objetivo de sorprender al visitante, que quizá espera encontrar balas de paja y ovejas. Sin embargo, con sus suaves paredes blancas, con un suelo de cemento pulido y con elementos de control del aire a la vista, el único recuerdo del cobertizo agrícola es la estructura porticada, que se muestra en el nivel del techo. En la época de Moore, un tercio del edificio se utilizaba para guardar el forraje de las ovejas; el escultor solía sentarse en su estudio y alimentar a los animales a través de la ventana. Este recuerdo se conserva en la distribución interna de los espacios: dos tercios del granero son una galería a toda altura, mientras que el restante tercio está dividido en dos pisos que contienen galerías más pequeñas para exponer los dibujos y las maquetas.

Después de desnudar el establo hasta su estructura, Hawkins lo recubrió utilizando tablas teñidas de negro, un material elegido inspirado por los edificios agrícolas locales y, en particular, por una cercana granja de chapa negra. La distribución de los paneles de madera en cada fachada es un guiño a las cajas de embalaje de madera que Moore utilizaba para transportar su obra.

El tejado bajo a dos aguas está recubierto por láminas de zinc, y el agua de lluvia se recoge en canalones de sección cuadrada en las «esquinas negativas» del edificio.[1] Hawkins Brown puso mucho interés en el funcionamiento diario del edificio; reflejó lo que Roger Hawkins describe como «el obsesivo interés del equipo en el detalle. Éste es un interés pragmático en constructibilidad. Estar inspirados por Mies no es algo que mencionemos», dice. Conseguir los detalles correctos también es un modo de superar lo «popular» y formar una conexión natural entre lo viejo y lo nuevo.

Una característica atractiva de Sheep Field Barn es que parece simple allí donde ha habido mayor intervención. También ocurre lo mismo con el paisajismo, que crea la impresión de un establo situado casualmente en el borde de un campo. El campo aparece unido sin brechas al centro de recepción, aunque los animales están separados de los visitantes por una verja para el ganado instalada cerca de la entrada del establo. Como en los días de Moore, las ovejas pastan justo enfrente del edificio y, cuando pasan cerca, dejan huellas de fango en la amplia puerta blanca.

Página anterior
Sección detallada de la pared y del tejado en la que se muestran los respiraderos mecánicos, que se abren para que entre aire fresco por la noche. En los días fríos se enciende la calefacción del suelo y se cierran los respiraderos.

1 obra de cemento macizo
2 fibra mineral aislante
3 estructura porticada original
4 tejado de zinc con junturas verticales
5 canalones de zinc montados en soportes
6 respiraderos mecánicos
7 plancha horizontal teñida
8 conducto de extracción

Derecha
En el alzado sureste, una ventana alta proporciona una vista al jardín de esculturas y da luz a la escalera.

10
LH482
PACKED

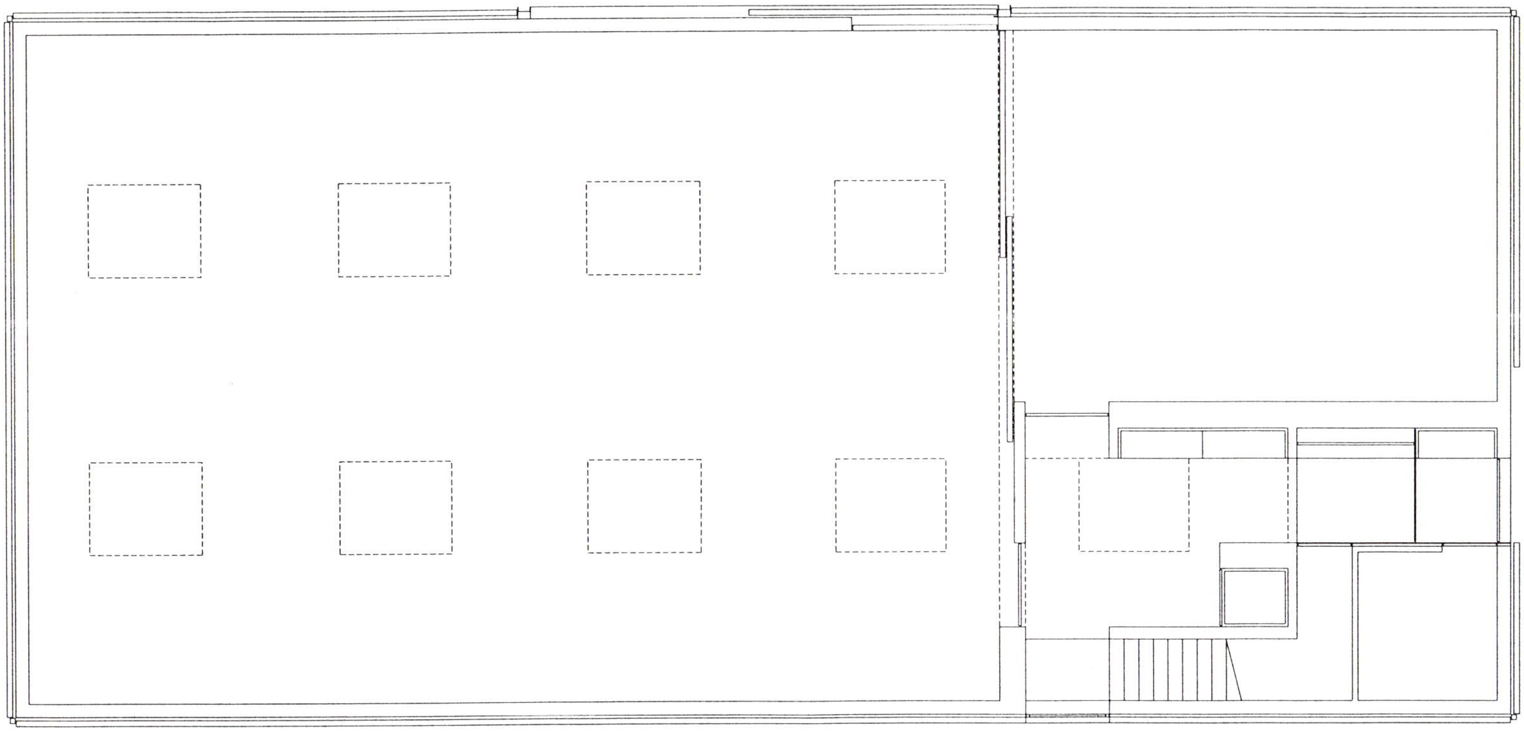

Página anterior, superior
El diseño de los paneles externos se inspiró en las cajas de madera creadas para transportar la obra de Moore.

Página anterior, inferior
La galería principal alberga las esculturas de tamaño medio de Moore, mientras que las dos habitaciones más pequeñas proporcionan un espacio íntimo para las maquetas y para los dibujos.

Superior
Plano de la planta baja que muestra la división de un tercio del espacio principal como recuerdo de la vida pasada del establo, cuando un tercio se utilizaba para almacenar el forraje de las ovejas.

Izquierda
Una línea de cobertizos disimulados pero catalogados se distribuye a lo largo del establo; Moore los utilizaba para almacenar y mostrar su obra.

Casa Flawil

Año de finalización
2000

Localización
Flawil, Suiza

Arquitecto
Markus Wespi y
Jerome de Meuron

Sin ventanas para dar la escala, esta casa de tres pisos parece casi como un pequeño cobertizo de madera al lado de la carretera –como era la intención de los arquitectos de Caviano, Markus Wespi y Jerome de Meuron–. «Queríamos que tuviera un aspecto evidente en sí mismo, que todo el mundo lo entendiera. Debe parecer que siempre ha estado allí», dice De Meuron.[1] Sin embargo, existe una cierta parte de engaño, ya que detrás del exterior artesano de madera hay un interior moderno y sofisticado diseñado especialmente para el cliente, un profesor y su esposa que es música.

La forma reductiva y simple de la casa esconde una historia muy distinta. Cuando el cliente compró la casa, situada en una zona agrícola justo fuera de la ciudad suiza de Flawil (con la intención de convertirla para adaptarla a sus necesidades), era una típica casa suburbana tipo chalé de la década de los cincuenta, con unas ordenadas ventanas con persianas y un tejado a dos aguas con aleros. En un principio, los arquitectos pensaron que la estructura principal del edificio era de ladrillos cubierta con una gruesa capa de pintura. Sin embargo, detrás de esta superficie áspera encontraron madera, que probablemente correspondía a una construcción anterior hecha con madera prefabricada.

El cliente quería crear una planta abierta amplia, pero ampliar la casa iba a resultar problemático: el extremo del solar llegaba cerca del lado norte de la casa y detrás de los árboles había una propiedad industrial. El lado sur de la casa (fachada) parecía ser igualmente problemático, con una calle que pasaba sólo a unos pocos metros de distancia. Las ordenanzas urbanísticas locales presentaban otro desafío, ya que no permitían ampliar la casa más de un tercio de la superficie existente.

La solución de Wespi y De Meuron estuvo, muy convenientemente, inspirada en los edificios agrícolas vernáculos de la zona, que utilizaban paredes pantalla de listas de madera que permiten circular el aire para secar la hierba. Después de desmontar el edificio hasta llegar a la estructura, reconstruyeron las paredes con capas de alerce y dejaron un hueco en el lado sur, que se convirtió en una superficie totalmente acristalada. Se extendió la casa 1,5 metros hacia la calle y toda la fachada de vidrio se disimuló con una pantalla de

Izquierda
Una caja de vidrio añadida al extremo sur de la casa se sombrea con tablillas de madera para evocar la construcción de las granjas vernáculas locales.

Página siguiente, superior
La casa está situada cerca de la carretera, pero unas pantallas de madera protegen el interior de miradas curiosas y de la luz solar, mientras que una pared de troncos de madera y un cobertizo de cemento blanco para bicicletas protegen el jardín.

Página siguiente, inferior
Sección en la que se muestra el hogar abierto con su chimenea que se eleva como un elemento distintivo a través del dormitorio superior.

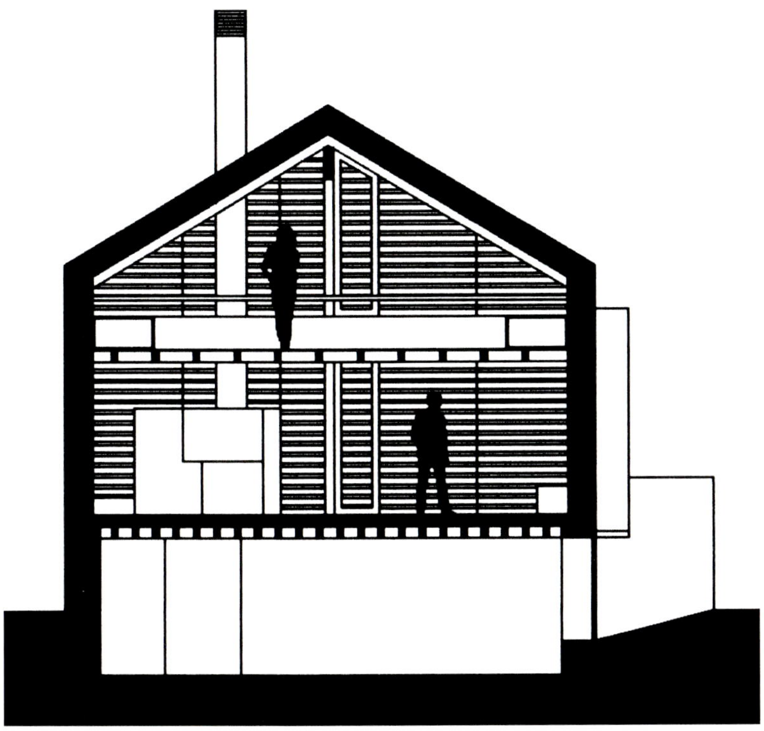

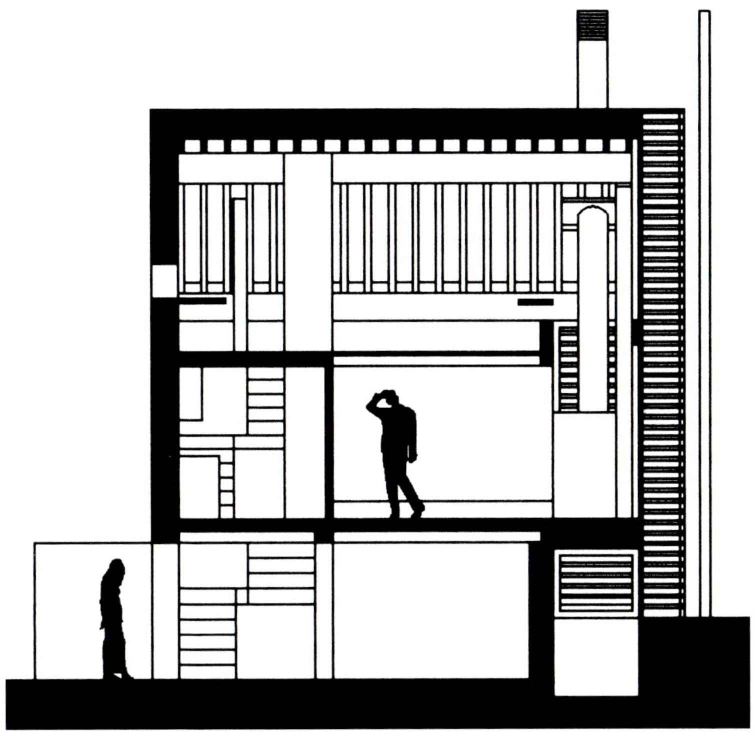

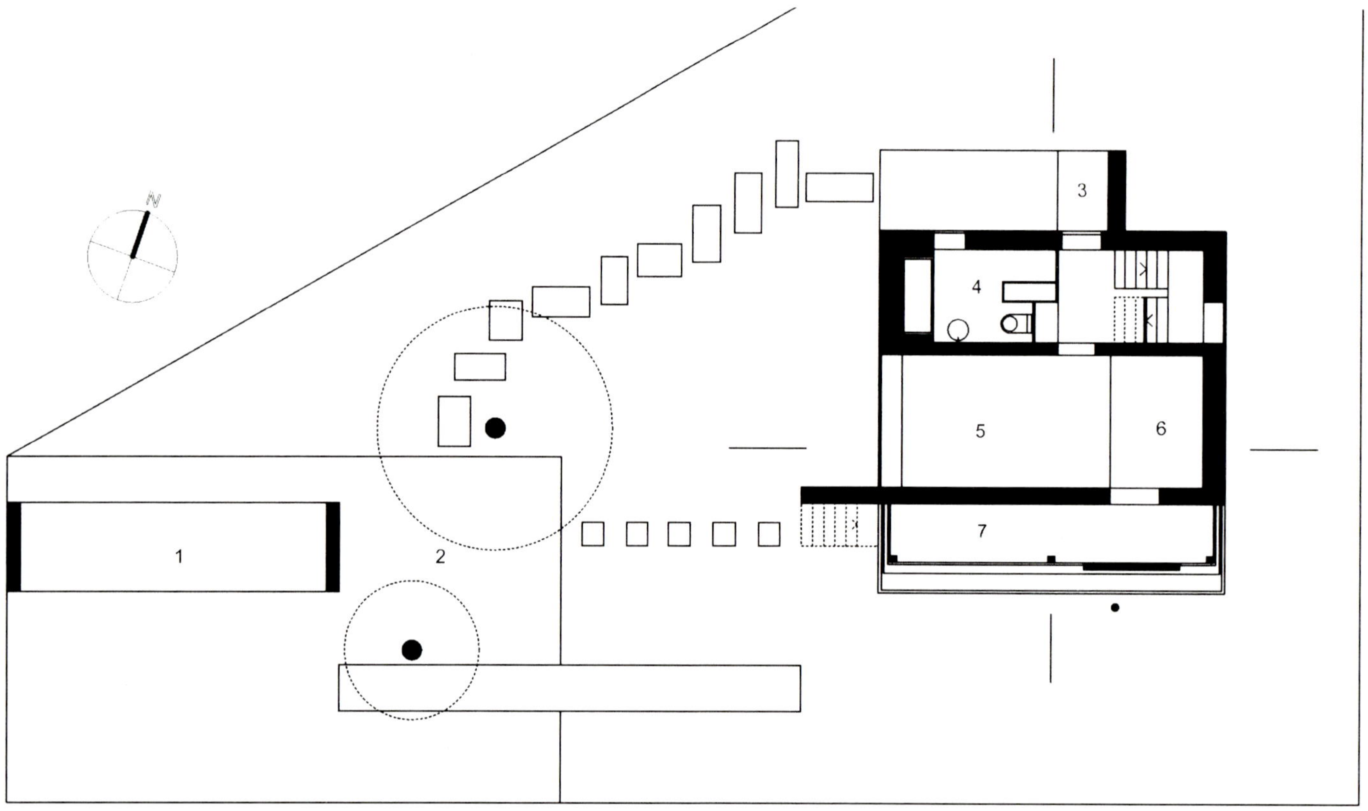

Derecha
Contigua a la puerta trasera hay una pared de cemento blanco; las ventanas alargadas enmarcan vistas seleccionadas desde la cocina y el estudio.

Superior
Plano de la planta baja

Página siguiente, superior
Plano de la primera planta

Página siguiente, inferior
Plano del piso superior

Clave
1 cobertizo de bicicletas
2 jardín
3 entrada
4 cuarto de baño/lavabo
5 habitación de los invitados
6 almacén
7 despensa
8 cocina
9 sala de estar
10 chimenea
11 estudio
12 dormitorio
13 terraza

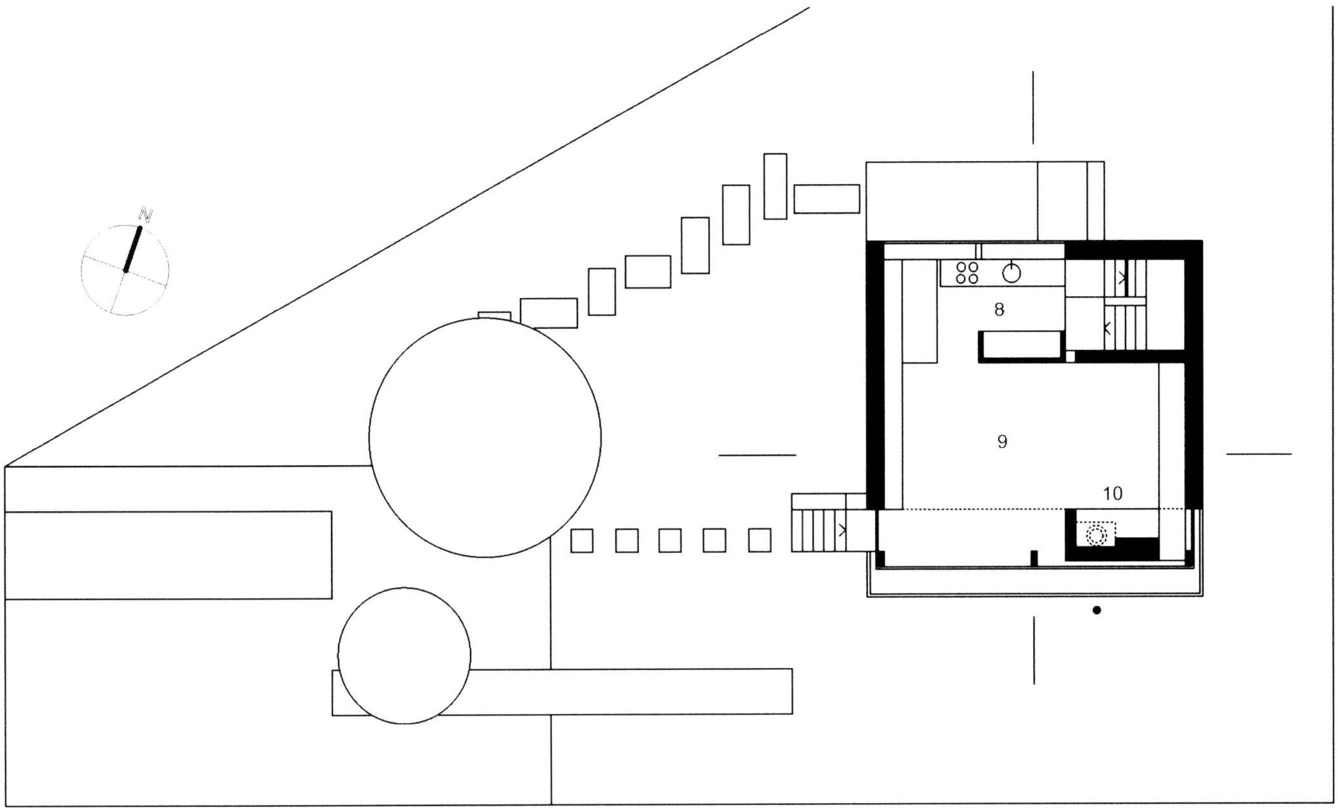
N
8
9
10

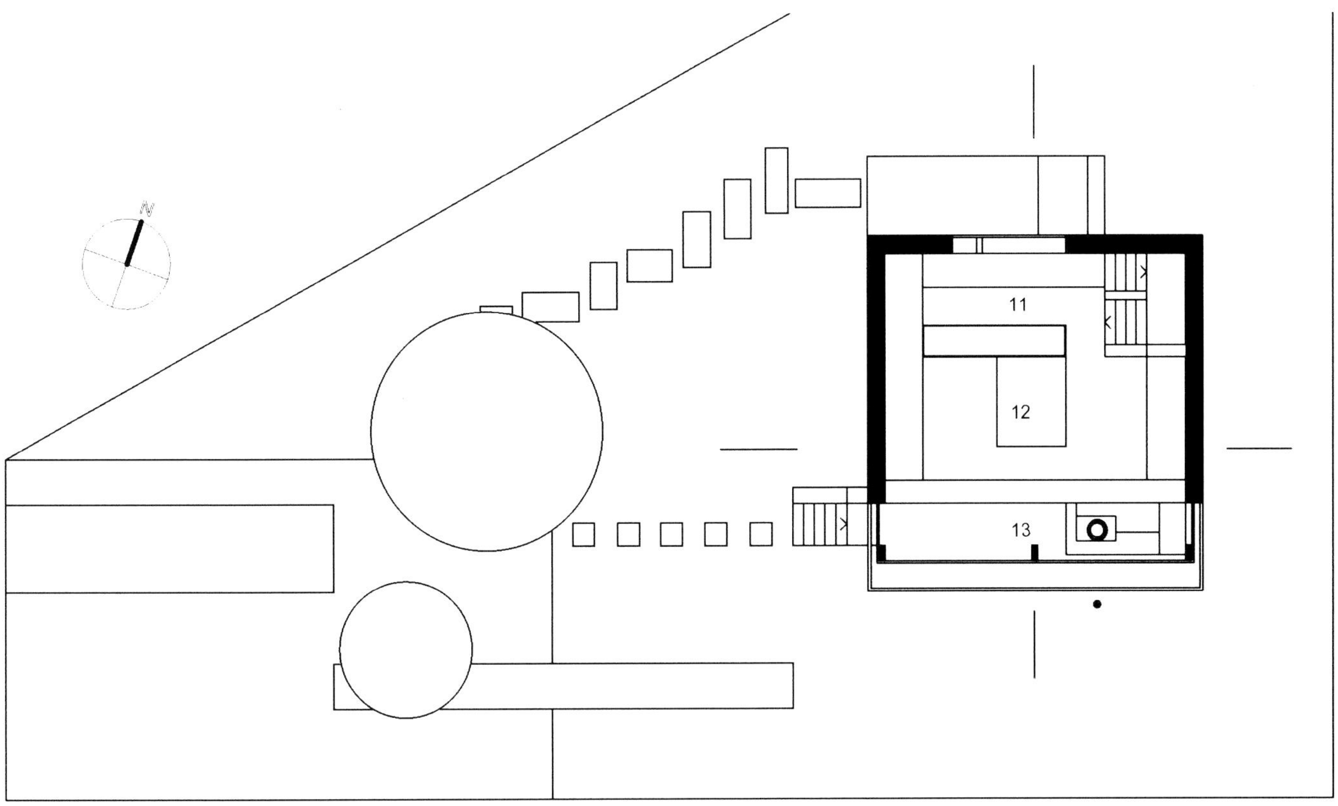
N
11
12
13

listas de madera para conseguir privacidad. Esto es una continuación del revestimiento de madera que envuelve toda la casa, pero utiliza sólo un tercio del largo de la madera. La pantalla envuelve simbólicamente la parte nueva de la casa, e impide que los peatones puedan ver la sala, y proporciona sombra en verano, a la vez que permite que en invierno pasen los rayos del sol.

El resto de las paredes no tienen ventanas, aparte de dos rayas acristaladas en la fachada norte, que enmarcan la vista desde la cocina y el estudio de encima. El tejado sobresaliente de la casa anterior se ha recortado para enfatizar la geometría de la forma tipo granero. Las tejas de terracota se han sustituido por láminas de zinc con raíles hechos de tubos de acero para impedir que la nieve resbale. Se ha prescindido de canalones, y el agua de lluvia cae directamente desde el tejado sobre el drenaje de grava de alrededor de la base de la casa. Una chimenea de acero y una única tubería de purga del calentador de gas del sótano completan el tejado de zinc.

En el interior, una madera blanda de tono suave reviste las paredes, el suelo y los techos, lo cual proporciona una caja absorbente de ruidos con una acústica perfecta para la práctica de piano del cliente. Siguiendo la tradición de la arquitectura doméstica suiza, la cocina se relega a la parte posterior de la casa, lejos de la amplia extensión de la sala de estar. Un hogar abierto en la sala de estar tiene una chimenea que atraviesa el dormitorio superior, y lo calienta.

El sótano de la casa original se dejó intacto, pero se construyeron dos nuevas paredes de cemento blanco para marcar las entradas frontal y posterior. Unas losas de cemento en voladizo desde una pared se extienden hasta el porche frontal –una estructura de acero galvanizado como una protuberancia en la pantalla de madera que proporciona una cierta protección al camino de entrada–. El cemento proporciona una unión visual con el cobertizo de bicicletas, una estructura simple de un único nivel situada a pocos metros de la casa. Una pared baja hecha de restos de madera de la casa separa el jardín de la calle y recuerda la precisión de las pilas de madera suizas.

Superior izquierda
En invierno, el sol bajo entra a través de los huecos de la pantalla de madera, mientras que el sol más fuerte del verano queda fuera.

Izquierda
El revestimiento de madera crea una caja absorbente del ruido y excelente acústicamente para las prácticas de piano del cliente.

Página siguiente, superior
El segundo piso tiene un dormitorio en el tejado, en un lado, y un estudio y escalera en el otro.

Página siguiente, inferior
Una cocina con muebles empotrados está relegada a la parte posterior de la casa, detrás del espacio de la sala principal.

Casa prototipo Vistet Fritid

Año de finalización
1999

Localización
Malmö, Suecia

Arquitecto
Thomas Sandell y
Anders Landström

La idea de la casa Vistet se originó en 1995, cuando el Museo Nacional sueco construyó una réplica de una casa de troncos tradicional del siglo XIX en la región de Halsingland. La palabra *vistet* significa algo así como «propiedad». Cuando los visitantes empezaron a decir que aquella casa era su vivienda ideal, el Ayuntamiento de Malmö vio la ocasión de crear una industria local con la artesanía de la madera para fabricar casas de segunda residencia. Reconociendo la necesidad de crear una nueva versión de la casa sin nostalgia, los directores del proyecto se dirigieron a Thomas Sandell, un joven arquitecto suizo conocido como diseñador de mobiliario contemporáneo y edificios públicos, y Anders Landström, un profesor de arquitectura especializado en el arte de la madera, por su experiencia complementaria.

El concepto se basaba en la creencia de que la gente tiene una relación íntima con la madera. «Nos relacionamos con la madera de un modo especial, probablemente heredado a lo largo de miles de años», escribe el director del proyecto Vistet, Bertil Harstrom, en un folleto de promoción.

Sandell y Landström empezaron a trabajar en el prototipo, e intentaron crear una versión moderna y compacta de la casa de troncos. El primer boceto de diseño que realizaron tenía un techo plano y se rechazó como demasiado moderno e imposible de hacer en varias regiones de Suecia, donde tienen leyes urbanísticas que especifican los tradicionales tejados a dos aguas.

En 1998, la casa Vistet se presentó en una exposición en Estocolmo. Incorporaba aspectos tradicionales de la casa familiar sueca, utilizaba la técnica de la madera en horizontal de un modo nuevo y añadía características contemporáneas, como las puertas y las ventanas. En respuesta a la demanda del mercado para una casa más pequeña y compacta, en 1999 rápidamente surgió el prototipo de la casa Vistet Fritid (que significa «propiedad de vacaciones»); se construyó por primera vez para H99, una feria de diseño de Malmö. Esta versión más pequeña está ahora en producción con la intención de que se venda en Europa por unos € 99.000 como series de elementos prefabricados que se puedan levantar rápidamente en el lugar elegido.

El lado comercial de Vistet Fritid se desarrolló con el World Wildlife Fund, y la casa es la primera de Europa en tener el certificado del Forest Stewardship

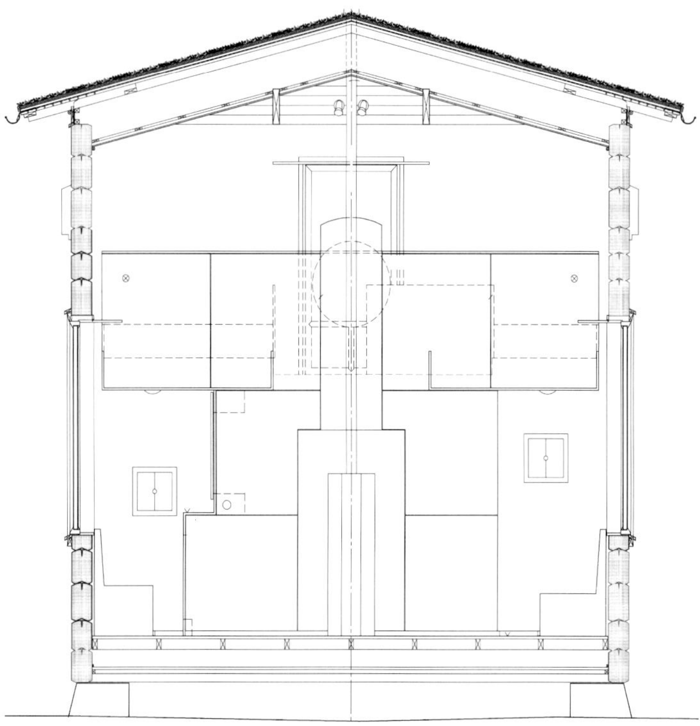

Izquierda
Sección transversal de la casa, que es un cubo de una dimensión de 5,5 metros, como resultado de las medidas funcionales de la industria maderera sueca.

Página siguiente
La casa se construyó en principio como prototipo para la feria de diseño H99 de Malmö, Suecia.

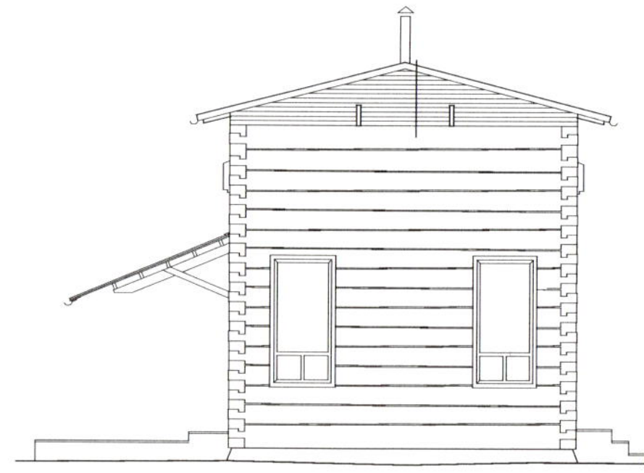

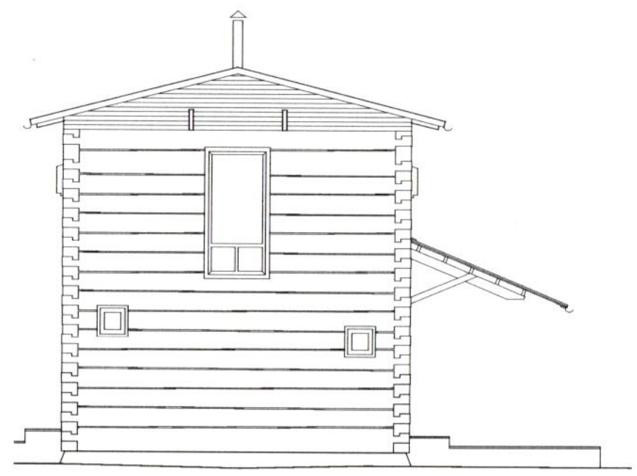

Council, que asegura que los bosques de pinos de donde procede la madera son cultivados y regenerables, para promocionar la tala responsable.

Vistet Fritid es una casa compacta prefabricada que tiene como objetivo funcionar como una caravana o un barco. Se puede montar y desmontar fácilmente, para que la gente se la pueda llevar cuando se cambie de casa, o la traslade de un lugar a otro. Constituida fundamentalmente por un cubo de 5,5 metros, la casa utiliza las medidas funcionales de la industria maderera sueca, que produce troncos de 5-6 metros de largo. Según el sistema tradicional, los troncos se colocan uno encima de otro y se sellan con una juntura en forma de V rellena de aislamiento. Los clavos de madera mantienen las uniones juntas, y se pueden sacar fácilmente y reutilizarse en el caso de que la casa se tenga que desmontar.

En las esquinas, Landström y Sandell inventaron un acabado contemporáneo para entrelazar las uniones en forma de cuña que, según Sandell, «proporciona una esquina definida más moderna». Esto facilita que la casa se vea más claramente como una forma geométrica simple, en contraste con las casas de troncos tradicionales en las que éstos se prolongan en las esquinas. Exponer la contraveta de la madera al final de cada tronco es un acabado que permite que la humedad salga sin provocar la distorsión del tronco.

El tamaño de Vistet Fritid proporciona espacio suficiente para dos espacios interiores sencillos. Inspirado por el principio de la *gillestuga* (la cocina doméstica o zona de comedor sueca), tradicionalmente el corazón social de la casa, la planta baja tiene una habitación de planta abierta que funciona como sala de estar, cocina y comedor. El cuarto de baño, un pequeño volumen en el centro

Página anterior, izquierda
Las casas de troncos tradicionales suecas estaban pintadas de rojo, pero en este caso los arquitectos eligieron un tono gris más moderno.

Página anterior, derecha
El alzado muestra una superficie sombreada de madera, que proporciona un espacio extra exterior para los meses de verano.

Izquierda
Unos pequeños ojos de buey en la puerta de entrada aumentan la sensación de escala de la casa y permiten ver el exterior al tiempo que minimizan la pérdida de calor.

de la planta, proporciona superficie de pared para la cocina y para la estufa de leña, que se convierte en el centro natural de la habitación. Encima del cuarto de baño un balcón dormitorio proporciona espacio para dos camas y da sobre el espacio de comedor y sala de estar de abajo, de modo que se beneficia del calor que sube de la estufa de madera.

Otra variación de la tradición fue la decisión de Sandell y Landström de pintar la casa de color gris claro en oposición al tono más convencional «rojo Falun», expresión que proviene de las minas de pirita de Falun, de donde es originario el pigmento rojo de las viviendas suecas. Los grandes ventanales se sitúan en posiciones clave para maximizar la luz interior. En las casas típicas de troncos, la cantidad y la medida de las ventanas son mínimas para evitar la pérdida de calor.

Página anterior
En la sala de estar, el mobiliario empotrado proporciona zona de almacenamiento y deja el máximo espacio libre.

Derecha
La construcción de las esquinas está especialmente diseñada y entrelaza las uniones en forma de cuña. Expone la contraveta de la madera, que facilita que la humedad se evapore.

Extremo derecha
El mirador abierto para el dormitorio se beneficia del calor que sube de la sala de estar.

Inferior
El plano de la planta baja muestra la estufa, la cocina y el cuarto de baño agrupados alrededor de la escalera, y el doble nivel para dormitorio en la parte superior.

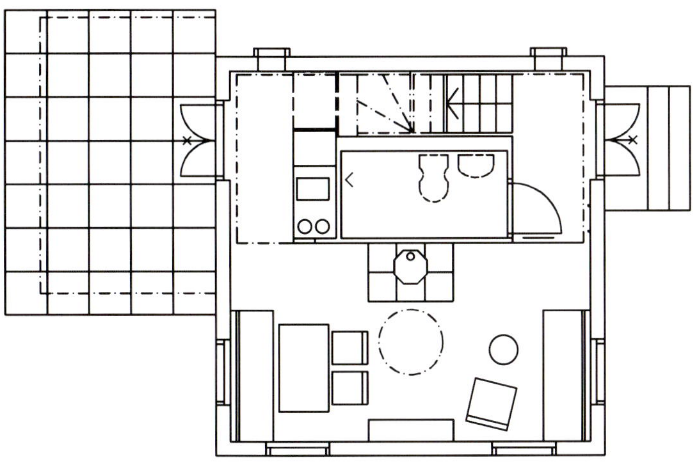

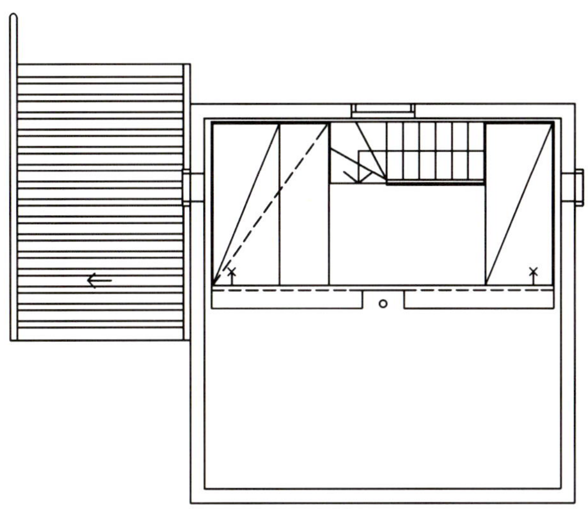

2

Técnicas y materiales

El arquitecto americano Robert Venturi vio un significado arquitectónico en la superficie de los edificios y, en su libro *Learning from Las Vegas* acuñó el famoso término *cobertizo decorado* [1]. Los edificios de este capítulo celebran lo opuesto a la superficie –la propia sustancia y materialidad del «cobertizo». Los arquitectos que aquí se describen no se interesan por la estructura, por las técnicas y por los materiales en sí mismos, sino por las ideas que comunican acerca del lugar, de la luz y del propio proceso constructivo.

La gran mayoría de edificios construidos actualmente no han sido diseñados por arquitectos. Aunque la arquitectura sin arquitectos se puede considerar como la esencia de lo vernáculo, los edificios actuales «no diseñados» carecen de las técnicas artesanales y, normalmente, son simples colecciones de sistemas y de productos constructivos.

El prefabricado –siguiendo la experiencia de la década de los sesenta de sistemas de construcción de viviendas– se está poniendo de nuevo de moda. Muchos diseñadores defienden que la arquitectura debería parecerse más a la industria del automóvil, y la tendencia (particularmente en la vivienda) es eliminar el riesgo de construir en el solar y la irregularidad de la mano de obra especializada en la construcción de los edificios en fábricas. La opinión de muchos es que esto socavará todavía más el papel del arquitecto, que quedará relegado a ser uno más en un gran equipo, en lugar de ser el director de la totalidad del proceso.

Pero, ¿es ésta la realidad, y la nueva tecnología y la prefabricación conducen a una arquitectura intensiva desarraigada? Para muchos de los arquitectos de este capítulo, la arquitectura puede ser muy creativa e intuitiva, tanto si los edificios se crean en el solar como si se hacen en una fábrica a cientos de kilómetros de distancia. El americano Will Bruder (*véase* Biblioteca de Teton County, página 64) es un ejemplo de arquitecto que toma productos vulgares «fuera de norma» y crea edificios extraordinarios altamente contextualizados. Bruder combina una carrera prolífica, representada por más de 300 edificios construidos, con un enfoque verdaderamente «sobre el terreno», a menudo incluso para días en el solar, trabajando junto a los constructores. Es mordaz con los arquitectos que excusan las deficiencias de sus edificios achacándolas a la falta de destreza tradicional, al bajo presupuesto o a la ignorancia del cliente. La habilidad del arquitecto es superar los obstáculos aparentes y crear algo a partir de la situación en que se encuentra.

Construir con la tecnología y los materiales al alcance es una parte esencial de la sensibilidad hacia el contexto del edificio. Esto no significa necesariamente aceptar el dogma de los materiales locales, como defendía Carlos, Príncipe de Gales, en sus intervenciones arquitectónicas a finales de la década de ochenta, que llevó a cabo en Poundbury, un pueblo en la campiña inglesa de Dorset.[2] La economía global significa que no necesariamente hay una lógica que obligue a utilizar sólo materiales locales. La casa construida por Anthony Hoete para el retiro de su padre en una isla remota de Nueva Zelanda (*véase* página 70) se construyó tanto con materiales encontrados a mano como con productos enviados desde el otro lado del planeta. Descrita como «un cóctel desdibujado entre lo pragmático y lo simbólico», la casa surge de lo vernáculo agrícola de Nueva Zelanda de granjas y cobertizos que siguen la tradición local de autoconstrucción –una práctica que se sustenta en la importación internacional de productos baratos fabricados en serie.

David Chipperfield adopta la estética espartana de lo vernáculo en el Museo River and Rowing (*véase* página 98), tomando la forma de un cobertizo para botes junto al río y alargándolo para crear dos elegantes salas donde exponer tecnología fluvial. Chipperfield utiliza materiales tradicionales –roble verde sin tratar–, pero los reinventa; un ejemplo son las innovadoras pantallas contra la lluvia, sujetas a la estructura por un sistema de tornillos de acero inoxidable.

La escuela de Strawberry Vale de Patkau Architects (*véase* página 74) trabaja la relación entre lo artificial y lo natural –sin tomar partido en ningún caso por cuál de los dos es superior y sin imitar la naturaleza–; bien al contrario, acentúa la distinción entre los dos. Es un recuerdo del arte de los *woodbutchers* (los propietarios de las casas autoconstruidas de California), y rechaza el vocabulario constructivo convencional de estructura con acabados añadidos.

El uso de la construcción y de los materiales para definir la riqueza del espacio es lo que el crítico de arquitectura Kenneth Frampton describe como «tectónico». Como continuación a su trabajo sobre el regionalismo crítico, Frampton se muestra contrario a «la tendencia a reducir la arquitectura a escenografía»[3]. Presenta sus argumentos analizando los orígenes griegos de la palabra «arquitecto», compuesta por *archi*, que significa «persona con autoridad», y *tekton*, «artesano o constructor». Si bien reconoce que el significado del término ha evolucionado desde su primer uso en lengua inglesa en 1563, Frampton sostiene que la arquitectura es una técnica estilística. En este marco, lo vernáculo gana importancia porque no representa nada fuera de él mismo y encaja en su definición de edificio como «ontológico más que figurativo» o «presencia en vez de algo que representa una ausencia».

Por el contrario, el Hotel Miramar de Michael Graves, en el Mar Rojo (*véase* página 92), surge de la línea del posmodernismo americano y está diseñado para que los turistas vivan una supuesta auténtica experiencia egipcia. Trabajando junto a dos discípulos del arquitecto egipcio Hassan Fathy, Graves utilizó las técnicas tradicionales de la cúpula de ladrillo para crear una extraña mezcla de escenografía y edificio vernáculo.

Un proyecto más cercano a la filosofía de Fathy, aunque estructural y visualmente diferente de su obra, es el orfanato de Chhebetar, de Nepal (*véase* página 80), en el que se pretendía que su construcción beneficiara el empleo local. Pocos estudiantes de arquitectura se imaginan que sus proyectos puedan hacerse realidad. Sin embargo, los estudiantes noruegos Sixten Rahlff y Hans Olav Hesseberg dejaron su escuela de arquitectura durante un año para viajar a un remoto pueblo del Himalaya y ayudar a llevar a cabo su diseño. Durante seis meses, los dos trabajaron a partir de una pequeña casa, levantando el proyecto y ayudando a los habitantes a construirlo en el solar. El diseño evolucionó a medida que se construía, según las necesidades del orfanato y la disponibilidad de materiales. Resultó clave para el éxito del proyecto descubrir qué técnicas podían resaltar ciertos aspectos del modo de vida del pueblo, al mismo tiempo que respetaban tradiciones importantes. Como Bruder, variaron el diseño a medida que progresaban.

Esta combinación de dos procesos convencionalmente diferentes, el diseño y la construcción, común en varios proyectos que aquí se explican, va contra la noción contemporánea de arquitectura como algo premeditado y consciente, y –para bien o para mal– empieza a parecerse al punto de vista intuitivo y evolutivo de los constructores vernáculos.

Página anterior
Dos estudiantes de arquitectura noruegos diseñaron un orfanato en Nepal y pasaron un año en el lugar para ayudar a los habitantes del pueblo a construirlo.

Superior
El Hotel Miramar, de Michael Graves, se inspira en las cúpulas de ladrillo vernáculas y ofrece a los turistas una experiencia egipcia «auténtica».

Izquierda
Anthony Hoete construyó una casa para su padre en una isla remota de Nueva Zelanda con una combinación de materiales baratos que se encontraban en la zona y otros que trajo desde Europa.

Biblioteca de Teton County

Año de finalización
1997

Localización
Jakson, Wyoming,
Estados Unidos

Arquitecto
Will Bruder

Jackson, Wyoming, es poco más que un cruce de carreteras, sin industria ni ferrocarril. Lo atraviesan tres millones de coches cada año, pero viven allí sólo 7.000 personas. Hasta hace poco, la biblioteca pública que servía a esta comunidad era una vieja cabaña de troncos con una alfombra de lana gastada sin aparcamientos. Sin embargo, la gente del pueblo estaba orgullosa de ella y era reacia a abandonarla por un nuevo edificio diseñado por un arquitecto excéntrico de Arizona.

Descrito como un drogadicto de la arquitectura, Will Bruder empezó como escultor y, posteriormente, estudió arquitectura por su cuenta, mientras trabajó durante un tiempo como aprendiz con el arquitecto visionario Paolo Soleri. Desde 1974 trabaja desde su estudio en el desierto en New River, Arizona, y ha construido más de 300 edificios. No obstante, a pesar de una carrera tan prolífica, consigue mantener un método muy directo, y diseña la mayor parte de los acabados en el solar en vez de en la mesa de dibujo.

El primer encargo de Bruder fuera del desierto fue un grupo de tres edificios en Jackson, incluida la biblioteca. «Después de pasar la mayor parte de mi vida laboral en el mismo sitio, realmente tuve que profundizar para comprender Jackson», explica.[1] Cuando, en 1992, Teton County decidió cambiar la rústica biblioteca pasada de moda, Bruder trabajaba en la Biblioteca Central de Phoenix, que es, al menos, diez veces mayor. Los dos edificios no pueden ser más distintos, aunque los dos demuestran el punto de vista de Bruder de que: «hay que mirar el entorno y hacerse algunas preguntas serias acerca del lugar», en vez de ir con una idea preconcebida.

La Biblioteca Central de Phoenix está influida por los cobertizos y por los silos agrícolas vernáculos de Arizona y por su dinámico paisaje de desierto y de rocas desiguales. Se construyó para servir a una ciudad que actualmente ocupa el quinto lugar en la lista de las ciudades más grandes de América, con más de un millón de habitantes. En contraste, la Biblioteca de Teton County tiene una conexión más íntima con la comunidad y está influida por la tradición rústica romántica del oeste americano. Como Bruder explica, se inspiró en «el paisaje, en las granjas, en la Old Faithful Inn del Parque de Yellowstone, en las pilas de heno y en las largas líneas de las místicas vallas alambradas».[2]

Situada junto a un aparcamiento de remolques con una valla rota de madera, la biblioteca es básicamente un cobertizo de 2.300 metros cuadrados. Construida con un presupuesto modesto y con una utilización extraordinaria de materiales ordinarios, resume perfectamente la definición de Bruder sobre la arquitectura como «un equilibrio entre poesía y pragmatismo».[3] El edificio utiliza principalmente materiales primarios como troncos toscos, planchas y listones serrados para recubrir. Sin embargo, la forma es más inesperada, y trastorna la planta ortogonal con una larga pared en diagonal que crea extra-

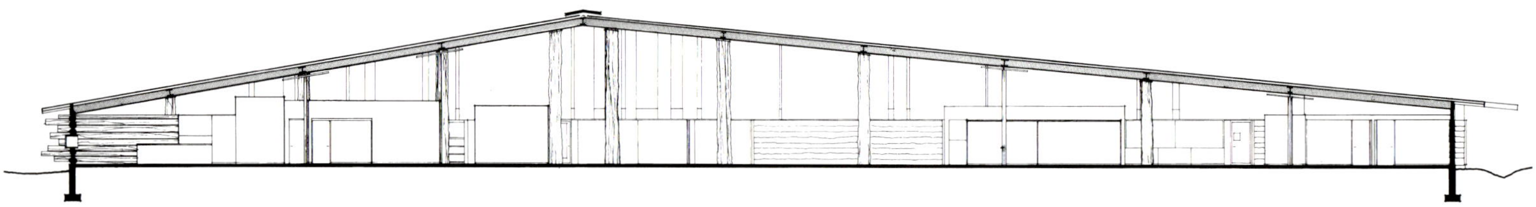

Página anterior, superior
La biblioteca original se construyó en 1947 según el estilo de las cabañas de troncos.

Página anterior, inferior
Sección en la que se muestra la suave inclinación del tejado que ayuda a disimular el edificio en el paisaje.

Inferior
La madera y el tejado de la biblioteca rinden homenaje a la rústica tradición del oeste americano.

Derecha
La pérgola de acero de la entrada principal contrasta con las paredes de troncos de la biblioteca.

Izquierda
Detalle del alzado sur en el que se muestran la zona aterrazada y las plantas del jardín comunitario.

Página siguiente
Una larga pared diagonal rompe la planta ortogonal. Las funciones principales de la biblioteca se sitúan en un gran espacio.

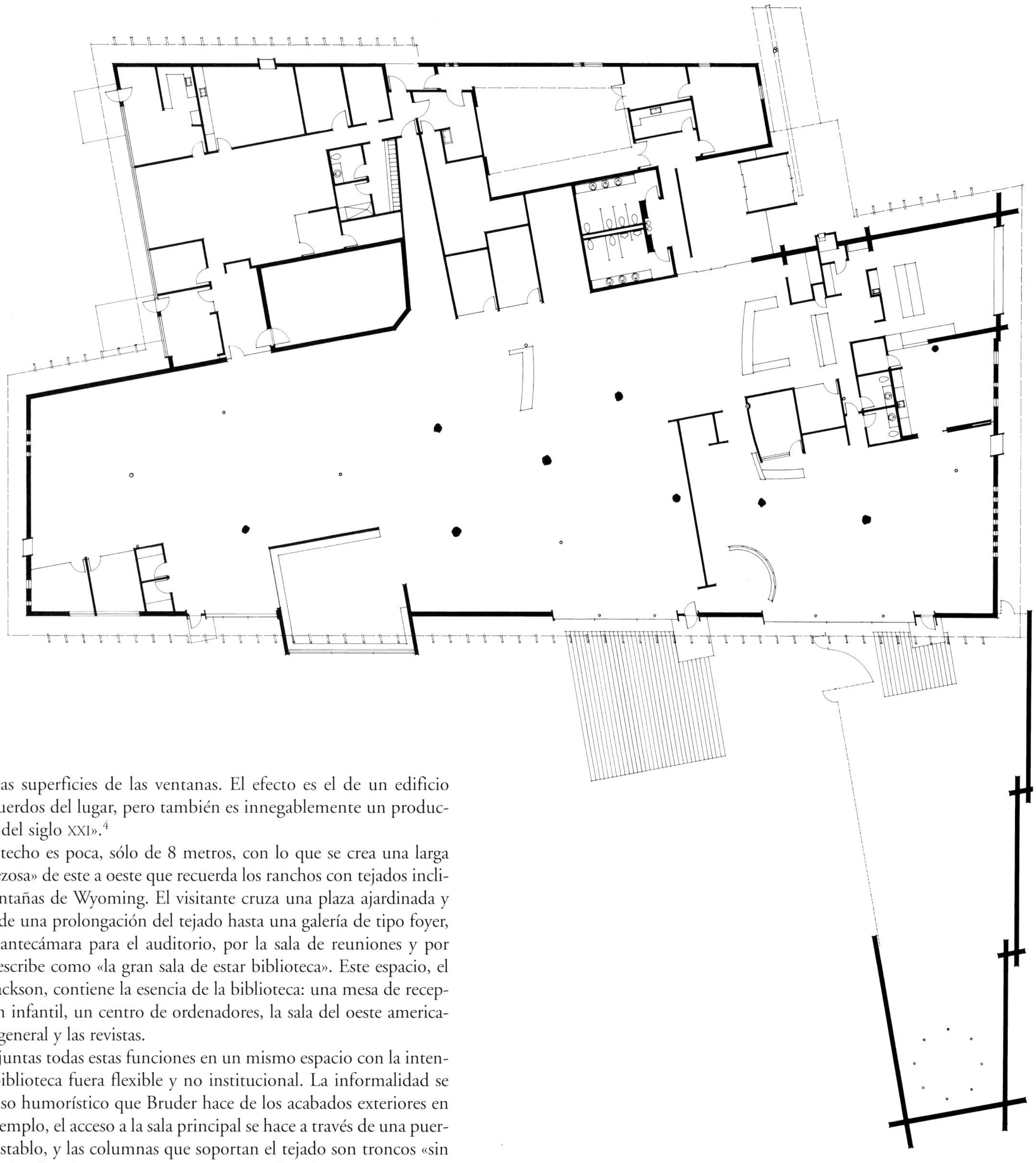

ños reflejos en las superficies de las ventanas. El efecto es el de un edificio «lleno de los recuerdos del lugar, pero también es innegablemente un producto de principios del siglo XXI».[4]

La altura del techo es poca, sólo de 8 metros, con lo que se crea una larga inclinación «perezosa» de este a oeste que recuerda los ranchos con tejados inclinados de las montañas de Wyoming. El visitante cruza una plaza ajardinada y pasa por debajo de una prolongación del tejado hasta una galería de tipo foyer, que sirve como antecámara para el auditorio, por la sala de reuniones y por lo que Bruder describe como «la gran sala de estar biblioteca». Este espacio, el más grande de Jackson, contiene la esencia de la biblioteca: una mesa de recepción, la colección infantil, un centro de ordenadores, la sala del oeste americano, la colección general y las revistas.

Se reunieron juntas todas estas funciones en un mismo espacio con la intención de que la biblioteca fuera flexible y no institucional. La informalidad se refuerza con el uso humorístico que Bruder hace de los acabados exteriores en el interior. Por ejemplo, el acceso a la sala principal se hace a través de una puerta corredera de establo, y las columnas que soportan el tejado son troncos «sin descortezar» distribuidos al azar como si crecieran en el suelo. Con una característica atención hacia el detalle, Bruder insistió en que los troncos de los árboles se situaran de modo que el liquen de la corteza mirara hacia el norte, del mismo modo que pasa en la naturaleza.

El espacio tiene una confortabilidad y un calor que encajan con el sistema de vida retirada de Jackson. El mobiliario es de cerezo, de roble y de piel, con 13 diferentes estilos de sillas y 23 tapicerías distintas; de este modo cada uno puede encontrar la silla que mejor le va. La esencia del ambiente no reside sólo en los materiales, dice Bruder. «La luz define el lugar más que cualquier material físico».[5] La luz natural puede caracterizar también el lugar, y, como recuerdo del tiempo en que se instaló luz eléctrica en las cabañas, Bruder ha inventado unas lámparas de fibra de vidrio que cuelgan bajas en la sala de lectura principal y que irradian una luz cálida y confortable.

western
americana

Página anterior
La sala principal es de una gran flexibilidad funcional y elimina la necesidad de pasillos institucionales.

Inferior
Detalles como las columnas de troncos sin pulir y las lámparas con pantallas colgantes, enraizan el edificio en la historia de la región.

Inferior derecha
Tanto en el interior como también en el exterior se utilizan materiales rústicos, como planchas aserradas y revestimientos de listones de madera natural.

Derecha
Una fuente de inspiración fue la Old Faithful Inn en Yellowstone, diseñada por Robert Reamer en 1902.

Casa autoconstruida

Año de finalización
1998

Localización
Motiti Island,
Nueva Zelanda

Arquitecto
Anthony Hoete

Anthony Hoete explica que la mayor influencia en el diseño de la casa de su padre en Motiti Island, Nueva Zelanda, fue la «ausencia de arquitectura».[1] En Nueva Zelanda, utilizar un arquitecto se considera un lujo innecesario. Así pues, las familias tienden a ensamblar ampliaciones de la casa durante los fines de semana, a levantar cabañas improvisadas en la playa o incluso a cargar (literalmente) sus casas en el remolque de su camioneta cuando se trasladan. La profesión de arquitecto también es relativamente reciente, y siempre ha debido luchar con el hecho de que hay pocos ejemplos de arquitectura tradicional de Nueva Zelanda en que inspirarse.

Motiti está separada de la Isla Norte de Nueva Zelanda por una franja de agua de 30 kilómetros, lo cual marca una división clara entre la vida urbana y la rural. Mientras que la isla grande sufre una explosión turística, con rascacielos que aparecen sin cesar a lo largo de la costa, en Motiti no tienen electricidad ni infraestructura de alcantarillado ni coches.

La isla es tierra maorí. Hay 30 habitantes que se consideran *whanau* (familia) y tienen muy asumido que son los descendientes de la piragua Mataatua, una de las siete tribus que emigró allí procedente de Hawaiiki, en las islas Hawai, alrededor del año 1000 d. C.

En Motiti, los títulos de propiedad no existen, y la tierra no se puede comprar o vender, sólo legar. Hoete eligió su solar en función de las posibilidades de aterrizar con un avión. La mayor parte de la isla está cubierta por hierba salvaje, y otras zonas están valladas para pastos. El único modo de llegar es por mar o por aire y, como la pista de aterrizaje y el muelle están en lados opuestos de la isla, la casa está orientada de modo que queda una puerta exterior orientada hacia cada uno de ellos. «Dos puertas, pero sin puerta principal», explica Hoete.

La casa fue el proyecto de final de carrera de Hoete en la Bartlett School of Architecture de Londres. Creció en la isla Motiti y estudió arquitectura en Auckland; posteriormente se trasladó a Gran Bretaña a principios de la década de los noventa y trabajó en numerosos estudios antes de volver a la universidad para estudiar un máster. Se describe como un maorí que trabaja en una empresa británica en Holanda, pero se muestra cauteloso a atarse a alguna identidad en particular. Su variada carrera implica que la casa de Motiti no es únicamente producto de la cultura maorí. Refleja, por ejemplo, la influencia de la arquitectura holandesa contemporánea, con sus habitaciones de tipo caja y sus columnas delgadas. Lo que es inseparable del contexto de Motiti es el sistema de «autoconstrucción» y el modo de vida sencillo que implica su diseño.

Después de trabajar en la isla principal durante muchos años, el padre de Hoete quería volver a la existencia simple de la isla y usar la energía proporcio-

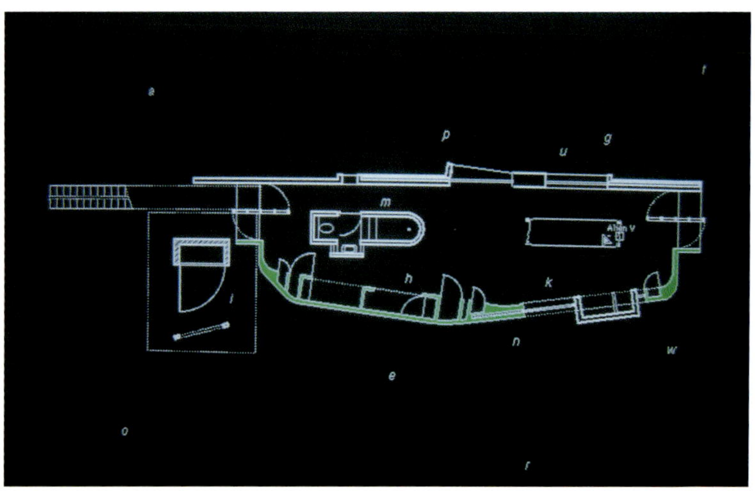

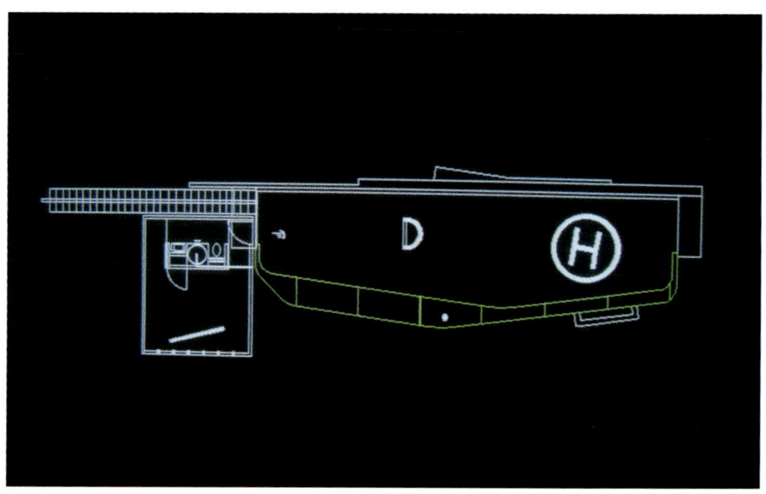

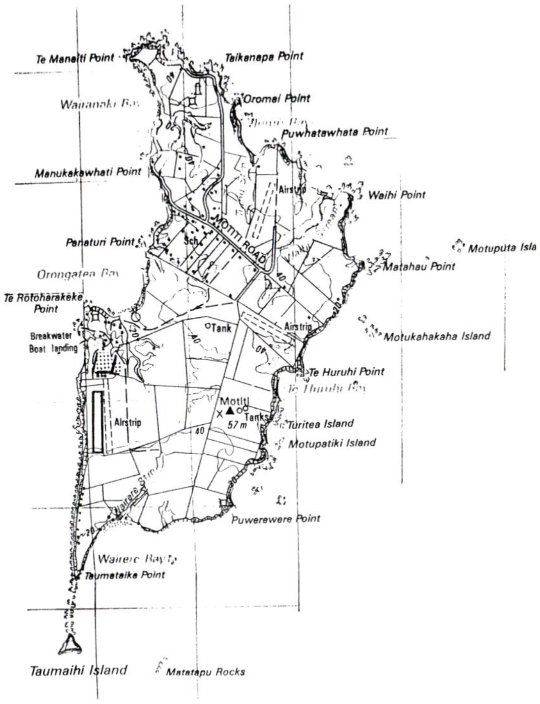

Derecha
La casa en la isla neozelandesa de Motiti está rodeada por un paisaje áspero de hierba *toi toi*.

Superior
La isla Motiti, que está a 30 kilómetros de la isla principal, tiene aproximadamente la superficie de Venecia, pero sólo tiene 30 habitantes.

Página anterior, superior
Los materiales para construir la casa se transportaron desde la isla principal en barcazas de ganado.

Página anterior, inferior
Planos de la planta baja que muestran el espacio habitable, que tiene una vaina para el inodoro y para la ducha; hay, en la primera planta, una habitación de invitados separada, y una pista para helicópteros en el tejado.

nada por el sol y por el viento; deseaba que la tecnología de la información no llegara hasta allí. La casa tiene sólo dos habitaciones principales, separadas entre sí, como se expresa claramente en el exterior. La separación de las dos habitaciones no está únicamente inspirada por cuestiones de sociabilidad; la separación de 10 centímetros entre ellas absorbe las diferentes frecuencias armónicas de las estructuras y tiene en consideración los posibles movimientos tectónicos, pues Motiti está situada en la falla que creó las montañas de Nueva Zelanda, los lagos, los géiseres y los cráteres.

El espacio principal lo describe Hoete como un *wharehouse*: *whare* es el nombre de la vivienda tradicional maorí. El segundo espacio, sobre una escalera de bloques de cemento y sobre unos pilares, es una «habitación de motel» para invitados. En el interior de la *wharehouse* hay un cuarto de baño exento *in situ* de cemento, un depósito para recoger el agua del tejado y una mesa de 4 metros de largo hecha de un tablón de cedro que se mandó a Motiti desde Londres como «pecio cultural». El tablón está suspendido del techo por una viga de acero y tiene empotrado un fregadero, tres fogones de gas y cajones.

La *wharehouse* está cerrada al sur por una pared de plancha de madera doblada y al norte por una pared revestida de perfil de aluminio. Del mismo modo que el barato metal ondulado utilizado en los establos y edificios agrícolas, este material no queda fuera de lugar en el paisaje de Nueva Zelanda. En la fachada norte se han perforado unas ventanas que enmarcan el paisaje agreste de Motiti punteado por grupos de hinojo salvaje y hierbas, y una ventana de tipo periscopio aparece por encima del tejado para recoger el sol y el viento reinantes y dirigirlos hacia el centro de la casa.

Según la tradición doméstica de Nueva Zelanda, Hoete y su padre pidieron ayuda a un par de familiares. Entre ellos excavaron arena y piedra de la playa para construir el cuarto de baño. El resto de los materiales se mandó hasta el solar en barcazas de ganado (las vacas hicieron estragos, pues se comieron muchos materiales, según dice Hoete). Como el presupuesto era limitado, y el coste de los vuelos debía incluirse, en un estilo típicamente Motiti Hoete llegó a un compromiso con el club de vuelo local: hizo los proyectos para los nuevos hangares a cambio de lecciones de vuelo y el uso de su avión.

Derecha
Detalle de los extremos de las viguetas con finales metálicos del tejado.

Extremo derecha
La escalera de acero conduce a la habitación de invitados, que está sustentada por una pared de bloques de cemento y por dos delgadas columnas de acero.

Página siguiente, superior
El lado norte de la casa está revestido de perfil de aluminio, recuerdo de los edificios agrícolas que poblaban el paisaje de Nueva Zelanda.

Página siguiente, centro
El periscopio del tejado dirige la luz y el aire hacia el pequeño cuarto de baño inferior.

Página siguiente, inferior
Una gran ventana con marco de madera capta la espectacular vista del paisaje.

Escuela de Strawberry Vale

Año de finalización
1995

Localización
Victoria, Columbia Británica, Canadá

Arquitecto
Patkau Architects

El primer paso de Patkau Architects siempre es buscar lo que describe el «potencial hallado» del lugar: aspectos del entorno, del clima y de la cultura local que pueden proporcionar claves sobre cómo abordar el diseño. El objetivo del despacho es producir edificios que vayan más allá de las preocupaciones de la modernidad y del clasicismo, para integrar el modo en que la arquitectura vernácula evoluciona a través de un «sutil ajuste con el medio».

La escuela de Strawberry Vale está situada en un suburbio al noroeste de Victoria, en la isla de Vancouver, Canadá. El nuevo edificio está situado en el extremo sur de una secuencia anterior de edificios escolares. La secuencia empieza con una escuela de 1893 de una sola habitación, actualmente utilizada como parvulario; continúa a través de los restos de columnas y vigas del edificio de la escuela de 1950, y termina con la entrada al nuevo edificio.

Los arquitectos querían que Strawberry Vale tuviera una estrecha relación con el mundo natural, por lo cual maximizaron el uso de la luz natural y de la lluvia, y enfatizaron la conexión visual entre los espacios interiores y el exterior. Un bosque de robles Garry muy particulares –una especie exclusiva de la punta sur de la isla de Vancouver que rápidamente se está viendo amenazada de extinción– justo al sur del solar fue otra razón para evitar desbaratar el entorno natural de la escuela.

En vez de inmiscuirse en el paisaje, los cimientos de hormigón y los pisos siguen con precisión la topografía del solar, y producen una pendiente de 2,4 metros de este a oeste. El ajardinamiento del entorno del edificio también mitiga el impacto ambiental. El agua de lluvia, recogida en el lado sur de la escuela en zanjas bajo los aleros del tejado, pasa por cañerías hacia el lado norte de la escuela, más bajo, donde desagua en una zona pantanosa plantada con hierbas resistentes.

Se ha descrito a Patkau Architects como «estructuralistas de la costa lluviosa». John Patkau cree que la elección de los materiales debe referirse directamente al significado de las diferentes partes del edificio. «La riqueza del espacio se desarrolla directamente a partir de la expresión de cómo está construido el espacio», explica. Mientras que la escuela toma en consideración las convenciones constructivas norteamericanas, con el uso de sólidas columnas y vigas de

Derecha
La escuela está situada cerca de un bosque de robles Garry muy especiales, que son endémicos del extremo sur de la isla de Vancouver.

Página anterior
La madera, que es el material renovable que se encuentra con mayor facilidad en la costa norte del Pacífico, se utilizó para enmarcar y revestir las paredes, aunque las columnas y vigas de la estructura son de acero.

Inferior
Sección que muestra una «calle» alta que conecta las salas de clase y otras salas, como la biblioteca, el gimnasio y las oficinas. La inclinación del tejado es escasa, para minimizar el volumen del edificio.

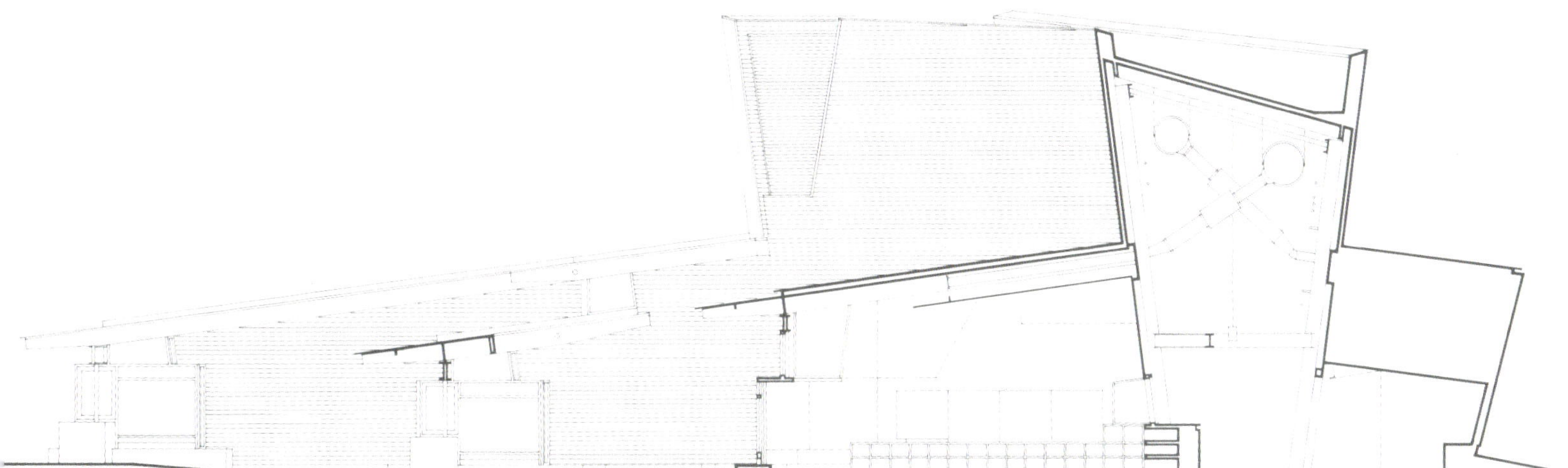

acero como estructura primaria, el uso artesanal de la madera –el principal material de construcción– es un recuerdo del arte de los colonos.

La escuela consta de 16 aulas para 300 estudiantes y fue una de las últimas de una serie de escuelas específicas para cada lugar que encargó el estado de la Columbia Británica. Las aulas están ordenadas en grupos de cuatro alrededor de una vía de circulación central –la antítesis del pasillo tradicional de las escuelas– con cada aula «vaina» orientada hacia el sur y abierta sobre el paisaje en la planta baja. Esta distribución potencia al máximo el uso de la luz del sur y da a los alumnos una vista sobre el bosque de robles Garry, tan escasos.

Aunque la vía de circulación funciona como una calle que va de este a oeste y que implica un movimiento lateral, la entrada al edificio es por el norte, por lo cual, desde un punto de vista espacial, el edificio es multidireccional. En planta, la vía de circulación varía su posición para adaptar intersticios, como el gimnasio, las oficinas y una zona para contar cuentos. En sección, sube 2,4 metros y sigue la topografía del solar.

El espacio más alto del interior de la vía de circulación de la escuela es la parte en que las columnas de acero se inclinan hacia fuera, donde se crea un volumen de 10,5 metros de altura que se ensancha hacia el techo. Aunque se prefirió la madera como material renovable más fácilmente accesible, el acero se utilizó en la estructura principal porque la medida de los troncos que se necesitaban hubiera obligado a la utilización de madera primigenia.

Cuando ha sido posible, se ha tenido en cuenta la energía incorporada de los materiales. La madera se eligió por ser más renovable y fácil de encontrar en la costa norte del Pacífico. Se evitó el revestimiento innecesario, y se dejó expuesta la estructura principal de acero, hormigón y madera. Siguiendo la construcción de pequeña escala en madera vernácula de la costa oeste, el cedro envuelve las paredes. La pendiente del tejado está acabada con diferentes materiales, para reflejar la distribución inferior –los espacios con aislamiento quedan expresados con perfil metálico, y los aleros son más delgados y están revestidos con acero liso.

Con la mínima intervención, se han aprovechado las fuerzas naturales para la calefacción, la refrigeración y la iluminación de la escuela. La escasa pendiente del tejado minimiza el volumen del edificio, y los aleros y las persianas controlan la cantidad de luz solar. Las claraboyas, lucernarios y superficies reflectoras maximizan el uso de la luz natural y crean la relación más próxima entre el espacio interior y el exterior.

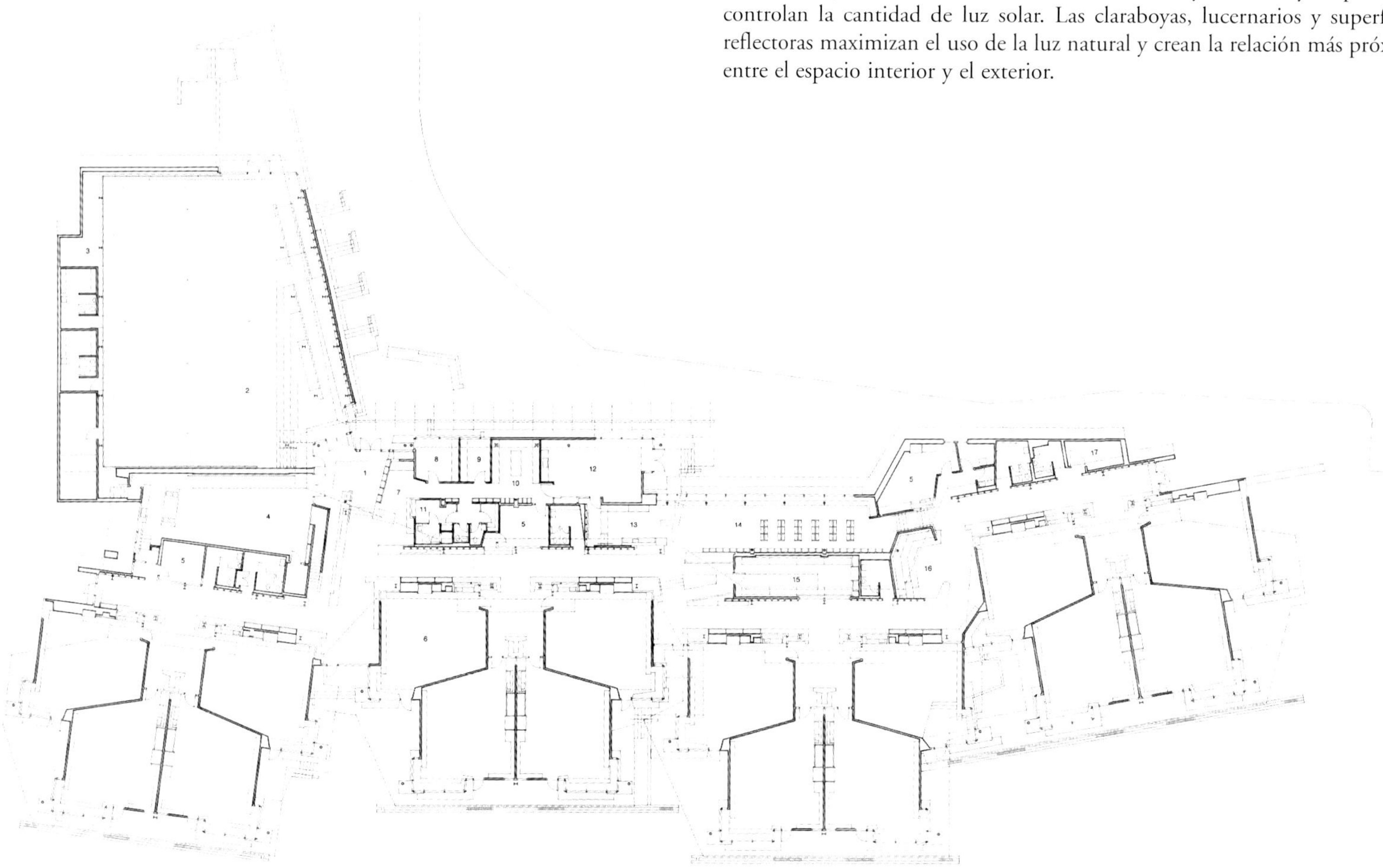

Página anterior
Plano de la planta baja que muestra las vainas de cuatro clases con espacios intermedios, que son para uso informal, individual y en pequeños grupos.

1 entrada
2 gimnasio
3 almacén
4 espacio polivalente
5 educación especial
6 aula
7 recepción
8 director
9 almacén
10 subdirector
11 enfermería
12 personal
13 centro técnico
14 biblioteca
15 ordenadores
16 espacio para contar cuentos
17 reciclaje

Superior
Las aulas, todas orientadas hacia el sur para sacar el máximo partido de la luz natural y ver el parque cercano.

Izquierda
Los aleros sobresalientes impiden que entre el sol del verano, pero permiten que pase la luz del sol cuando está bajo. Los espacios recogidos entre las aulas crean una fuerte conexión entre el exterior y el interior.

Inferior
Una sección horizontal que muestra cómo se usan los diferentes materiales para representar el cambio entre el aislamiento que envuelve el edificio y el tejado sobresaliente sin aislar.

Página siguiente, superior
Los detalles expresan cómo se han mantenido al mínimo la construcción y el revestimiento, de modo que queda expuesta la estructura principal.

Página siguiente, centro
Las canalizaciones de servicio circulan a lo largo de la vía de comunicación del edificio, y el nivel del suelo cambia de acuerdo con la topografía del solar.

Página siguiente, inferior
Las superficies interiores reflectantes conducen la luz al interior de las aulas desde lucernarios y claraboyas cuidadosamente colocados.

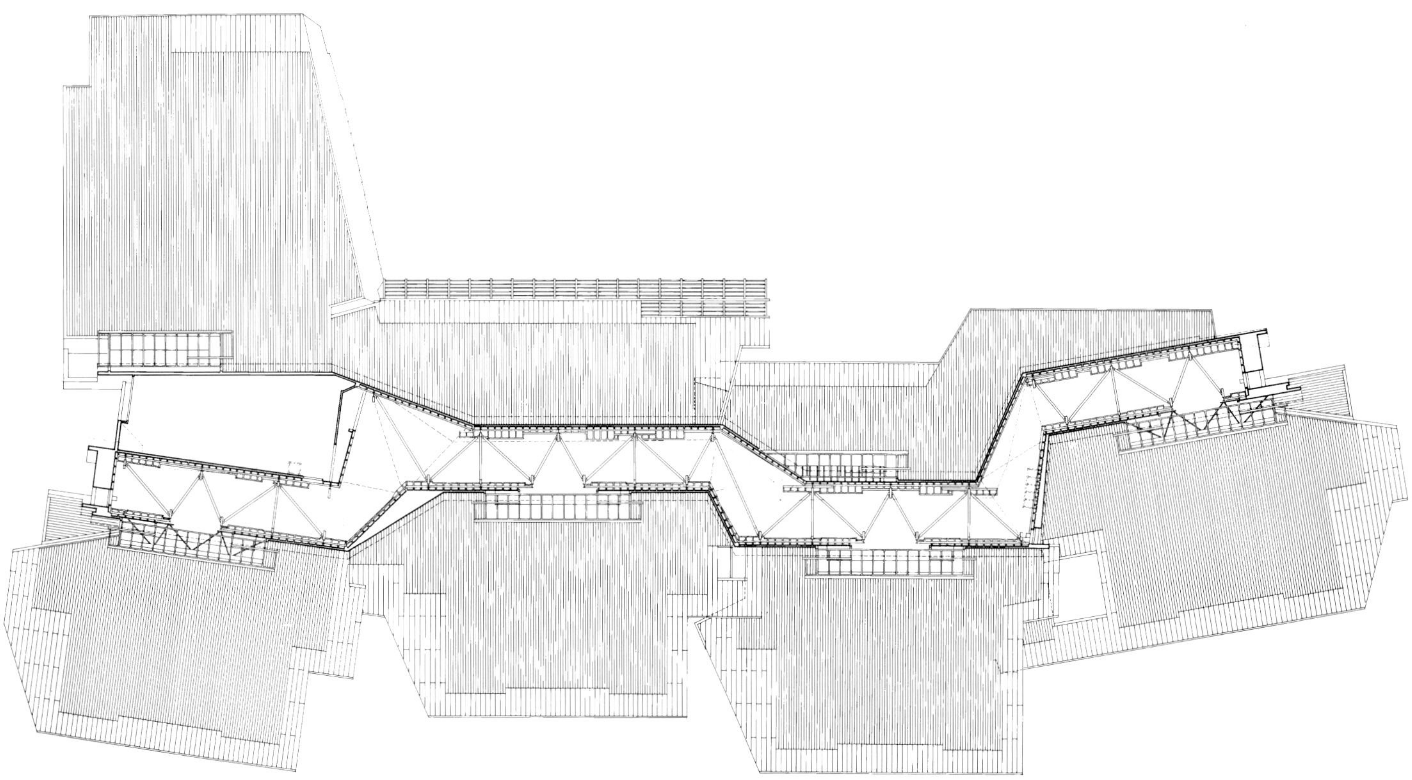

Orfanato

Año de finalización
1996

Localización
Chhebetar, Nepal

Arquitectos
Hans Olav Hesseberg y Sixten Rahlff

Cuando el consejo de una sociedad benéfica de Nepal pidió a la Escuela de Arquitectura de Bergen que llevara a cabo un proyecto con los estudiantes para diseñar un orfanato, dos estudiantes se tomaron la idea muy en serio. En 1994, Hans Olav Hesseberg y Sixten Rahlff viajaron a Nepal y pasaron dos semanas en el pueblo de Chhebetar investigando el proyecto, que en ese momento era puramente hipotético. El solar, un trozo de tierra en pendiente sobre los campos del pueblo, ya había sido elegido, y el diseño había sido llevado a cabo por un importante estudio de ingeniería indio, que pretendía construir una caja de hormigón que contuviera todas las funciones del orfanato bajo un único techo, sin tomar en consideración las necesidades de los habitantes o el espectacular emplazamiento.

Al volver a la escuela en Bergen, los jóvenes arquitectos dibujaron un proyecto preliminar, pero estaban limitados por lo que podían hacer desde tanta distancia. Al año siguiente, con el beneplácito de la sociedad benéfica y el patrocinio de donantes privados, Hesseberg y Rahlff obtuvieron un año de excedencia de la Escuela de Arquitectura para volver a Nepal y construir el proyecto.

Rahlff subraya que no llegaron a Chhebetar con el proyecto acabado. El edificio estaba diseñado y se inspiraba en gran medida en las pequeñas casas que los estudiantes habían alquilado en el pueblo. «No era como construir en Europa», explica. «Pudimos cambiar muchas cosas durante el proceso»[1]. Después de estudiar el modo en que vivía la gente del pueblo, las técnicas de construcción locales y la disponibilidad de materiales, Hesseberg y Rahlff llegaron a un diseño que trataba el orfanato casi como un verdadero poblado: una serie de pequeños edificios agrupados alrededor de un espacio común.

La primera fase –que no llega a la mitad del proyecto y que consiste en la casa del director, los dormitorios y los lavabos– se terminó en 1996. Algún día el orfanato tendrá unos cinco edificios más, con espacios protegidos entre medio formando campos de juego, un jardín y un patio privado. El solar se ha distribuido con los lavabos en la parte alta de la pendiente, de modo que las aguas sucias se puedan tratar y utilizar para regar los cultivos de los campos inferiores durante la estación seca. También hay un depósito de biogás que

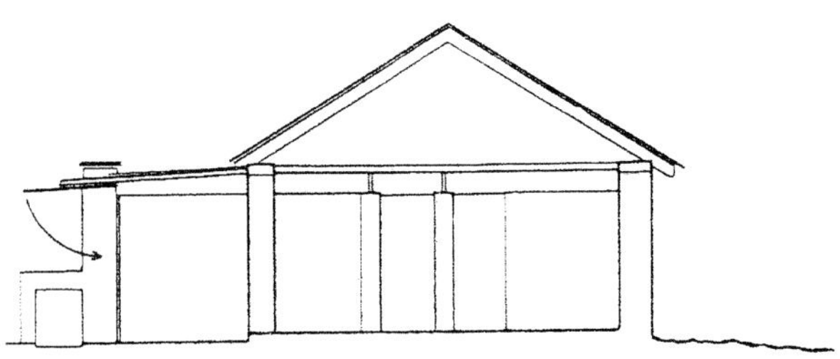

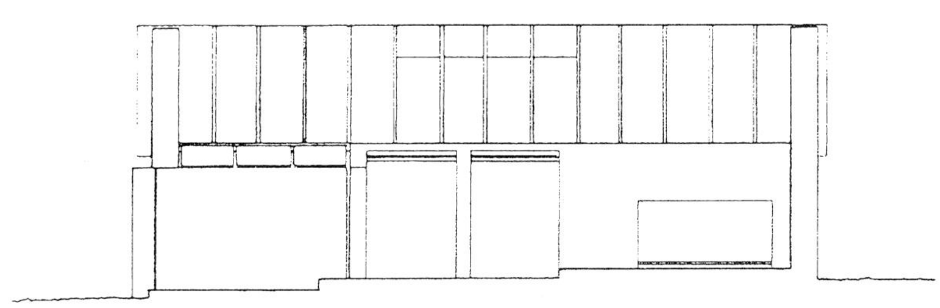

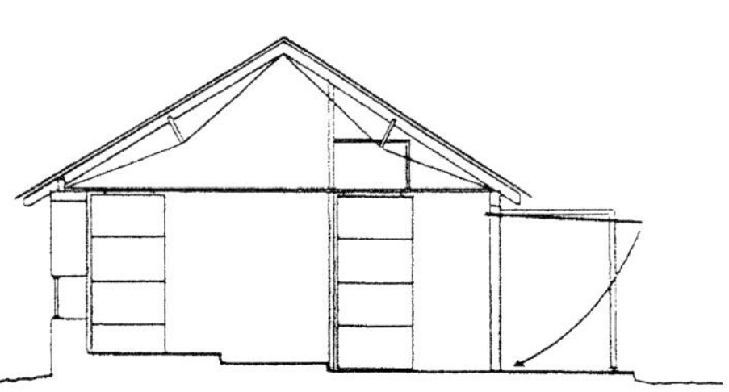

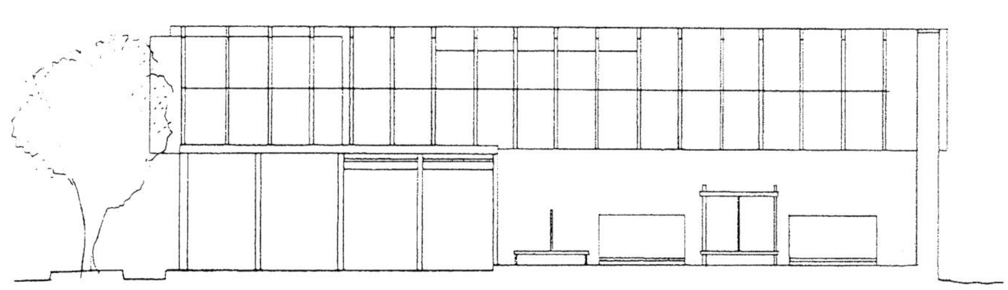

Derecha
El orfanato está ubicado en el lado de la colina de Chhebetar, un pequeño pueblo de Nepal a 500 metros sobre el nivel del mar.

Página anterior
Secciones longitudinal y transversal del edificio principal, que acoge los dormitorios; muestra la simple construcción de bloques de piedra y tejado de madera.

produce metano a partir de los desechos humanos y se utiliza para cocinar, ya que la madera, el carburante doméstico habitual, es cara, y su utilización causa deforestación, que a su vez provoca la erosión del suelo.

A 500 metros sobre el nivel del mar, Chhebetar tiene un clima subtropical, con veranos cálidos e inviernos suaves. Siguiendo la tradición de utilizar masa térmica para refrescar durante el día y para calentar durante la noche, el material principal elegido fue la piedra, construida formando gruesas paredes en las fachadas sur y oeste para proteger del sol. Durante la noche y a primera hora de la mañana, las paredes irradian calor al interior. La piedra era el material local más abundante; las piedras grandes se cogieron del lecho del río, y los habitantes del lugar las tallaron en toscos bloques. En el bloque de lavabos se utilizaron cantos rodados de diferentes medidas para formar texturas contrastadas y ordenadas, que formaban superficies de composición abstracta. No fue necesariamente el sistema de construcción más barato o más fácil. Rahlff indica que hubiera sido más barato traer ladrillos desde la India. Sin embargo, conscientes de su posición de forasteros, los estudiantes quisieron implantar el edificio en su contexto local.

Mezclando la piedra con materiales modernos como láminas de plástico y puertas correderas, pudieron solucionar algunos de los problemas inherentes de las viviendas tradicionales de Chhebetar. La idea era conseguir el máximo de luz y de aire en el interior del edificio para intentar prevenir la enfermedad ocular que sufre la gente que vive en casas sin ventanas y que cocina en fuegos abiertos sin ventilación. Las fachadas norte y sur tienen grandes aberturas, cubiertas por puertas correderas (las ruedas metálicas se cogieron de motores de motocicleta) y paneles inclinados de plástico transparente que permiten unas vistas sorprendentes sobre los distantes picos del Himalaya y la penetración de la brisa. Los paneles transparentes de la pared tienen una doble función: permiten que la luz entre indirectamente cuando están bajados y se pliegan formando toldos durante el día. Otras aberturas de las paredes están cubiertas por trampillas de madera, que se doblan durante el día para convertirse en bancos.

La madera, escasa, se utilizó selectivamente en los marcos de las ventanas y las puertas y en parte de la estructura del tejado. Los postes y las vigas se serraron a mano y estaban diseñados para utilizar la madera de los alrededores; para reducir el uso de secciones, las vigas se apoyaron con entramado de cable de acero.

En el interior, los pavimentos –que tienen un significado simbólico en Nepal, ya que se considera que conectan la humanidad con la tierra– cambian de nivel para facilitar a los ocupantes sus propios espacios y para señalar las diferentes áreas de la habitación según sus diferentes usos. Las cálidas baldosas rojas de terracota simbolizan la tierra, mientras que el gris azulado de las tejas de pizarra del tejado recuerda el color del cielo.

Con la mitad del orfanato construido, Hesseberg y Rahlff volvieron a Bergen a terminar sus estudios. En el momento de redacción de este texto, cinco años después, Rahlff planea volver a Chhebetar para ver cómo se ha conservado el edificio. «Espero que hayan construido algunos más cuando vuelva», comenta.

Página anterior, superior
Se han utilizado materiales modernos tales como el plástico ondulado para el tejado y los toldos; de este modo se permite que el interior del edificio quede más iluminado.

Página anterior, inferior
El cuarto de baño está hecho de hormigón y piedra local.

Superior
La madera era escasa, por lo que únicamente se empleó en los marcos de las ventanas y las puertas.

Inferior
La primera fase del orfanato fue construida por habitantes locales utilizando las técnicas tradicionales.

Página siguiente, superior
Las puertas transparentes se levantan durante el día para convertirse en toldos.

Página siguiente, inferior
Las paredes de piedra maciza proporcionan masa térmica: durante el día refrescan y por la noche calientan.

Sibelius Hall

Año de finalización
2000

Localización
Lahti, Finlandia

Arquitectos
Hannu Tikka
y Kimmo Lintula

En Finlandia, los concursos de proyectos son prácticamente una forma de arte en sí misma; están organizados de forma profesional, e incluso habitualmente son de ámbito internacional. En 1997 se convocó el concurso para el Sibelius Hall en la ciudad de Lahti, en el sur de Finlandia, en el que se daba una nueva dimensión a sus características: la premisa era que el edificio encontrara nuevos modos de utilización de la madera. Con fondos del programa de la Comunidad Europea «madera para la construcción», el Sibelius Hall fue la pieza central de un plan estatal de cinco años para promover el principal recurso natural finlandés.

Con la elección de los materiales ya decidida, el otro gran condicionante del proyecto era la localización, una antigua zona industrial llamada Ankkuri, cerca del lago Vesijarvi, a 1 kilómetro de distancia del centro de la ciudad. Se habían combinado unas buenas conexiones de transporte por el lago, un canal y el ferrocarril para convertirlo en el punto focal de la industria maderera.

Uno de los mayores retos fue renovar e incorporar al proyecto una antigua fábrica de muebles. Este edificio de ladrillo estaba en un estado preocupante de ruina después de haber sido utilizado por el ejercito finlandés en maniobras urbanas y, posteriormente, quedar abandonado durante muchos años. La decisión del Comité Nacional de Antigüedades de poner el edificio bajo protección complicó todavía más las cosas.

El equipo del proyecto ganador, formado por Hannu Tikka y Kimmo Lintula, desmembró el complejo programa en distintas partes para crear el edificio multifuncional solicitado por el cliente, la ciudad de Lahti. El espacio principal del complejo es una sala de conciertos y de congresos para 1.100 espectadores; además, hay espacios para los artistas, salas de ensayo, salas de

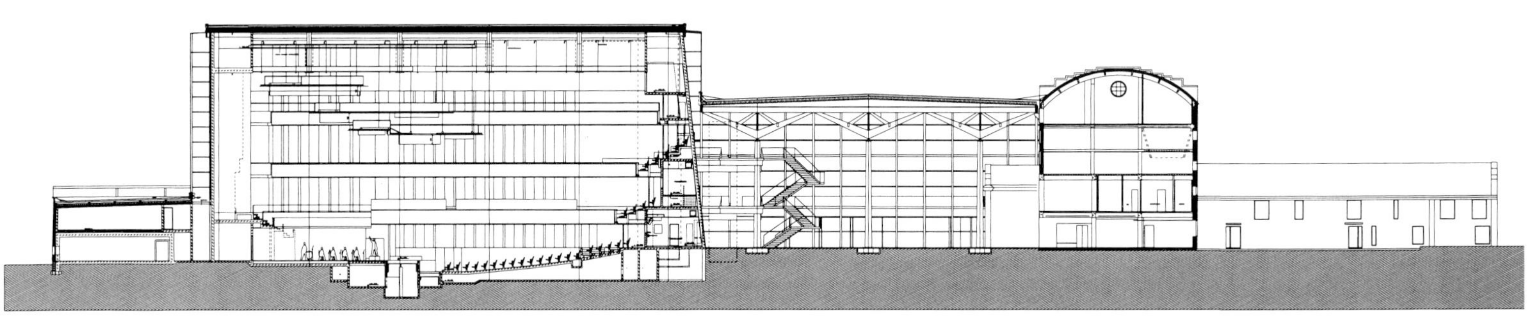

Superior
Situado en una antigua zona industrial cerca del lago Vesijarvi, el Sibelius Hall incorpora una antigua fábrica de ladrillos.

Página anterior
Sección que muestra las tres funciones principales del edificio: una sala de conciertos, un vestíbulo público y, en la fábrica renovada, espacio para exposiciones y salas de conferencias.

Izquierda
El vestíbulo del público es un espacio de gran escala cuyo techo se sostiene por un «bosque» de columnas, mientras que la construcción de la sala de conciertos está formada por una caja de madera con una piel exterior de vidrio.

Inferior
Planta que muestra cómo el vestíbulo para el público hace de conexión entre la sala de conciertos y las salas de conferencias, contiguas a otros espacios más pequeños albergados en la antigua fábrica de ladrillo.

Inferior
Las columnas de madera con el agua al fondo intentan ser un recuerdo del paisaje finlandés compuesto por densos bosques que se abren al lago.

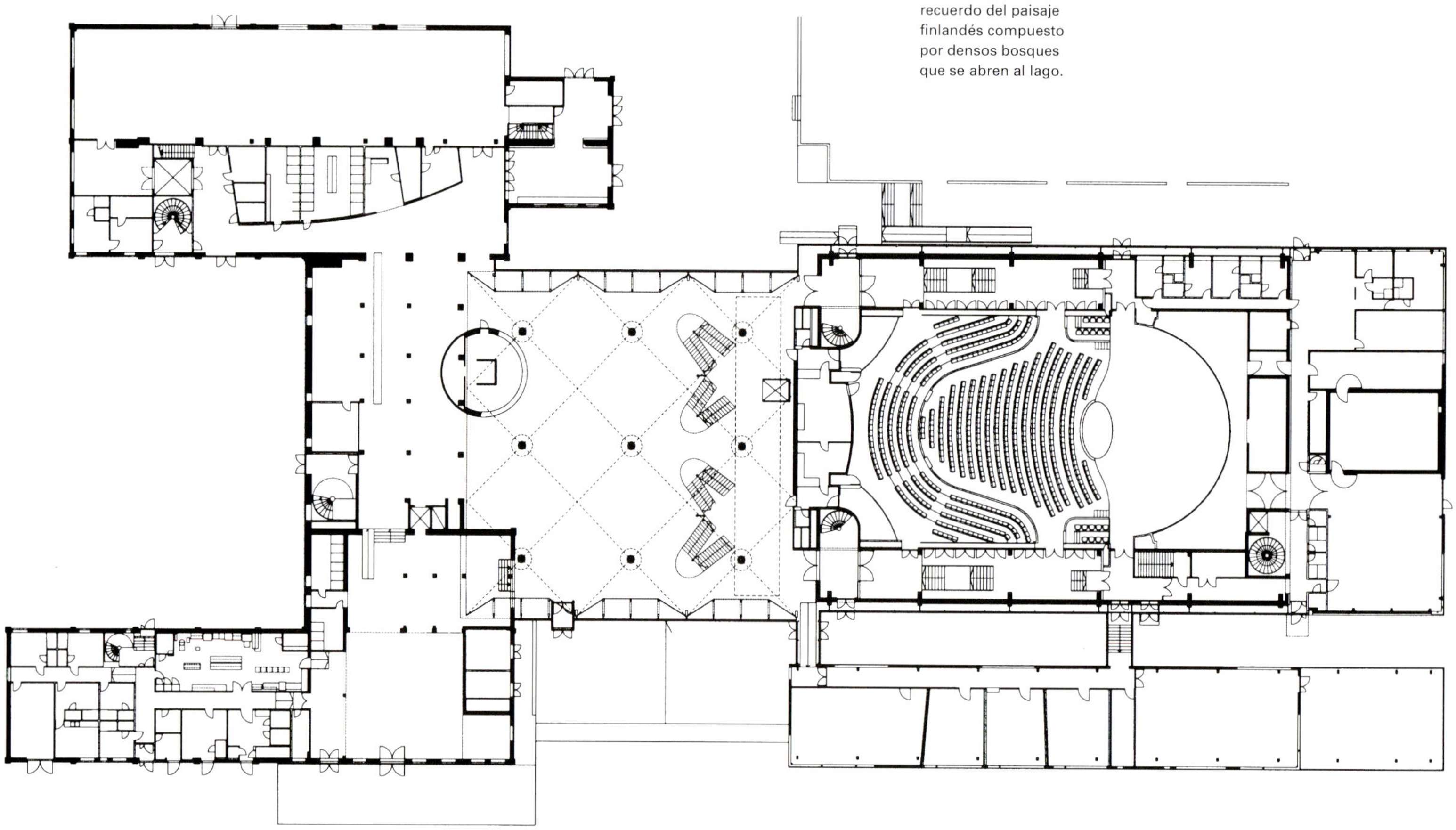

Superior
La sala de conciertos, con un aforo de 1.100 espectadores, está situada en una caja de láminas de madera con las paredes inclinadas para conseguir aislamiento acústico.

Derecha
Los pavimentos y el escenario están acabados con abedul engrasado tratado térmicamente, y la parte frontal, el anfiteatro y los palcos son de contrachapado de abedul de gran calidad.

conferencias y 1.600 metros cuadrados de espacio de exposición, que Tikka y Lintula situaron en la antigua fábrica.

Como escaparate de la construcción en madera, el Ministerio Finlandés de Comercio ha conseguido lo mejor con el Sibelius Hall. El edificio muestra casi todas las técnicas de construcción, desde los toscos elementos prefabricados hasta superficies bellamente texturadas. El vestíbulo del público, que los arquitectos describen como la «sala del bosque», es el núcleo del complejo y conecta el antiguo edificio con la nueva sala de conciertos. Este espacio a doble altura proporciona una vista clara del lago –un buen ejemplo del paisaje finlandés de bosques espesos que se abren sobre grandes extensiones de agua. Nueve enormes pilares hechos de pino contrachapado soportan la compleja estructura u «hojarasca», sobre la que se asientan ligeras capas de material del tejado. Las grandes cerchas curvas de madera –que, de alguna manera, son toscas y pobres en comparación con las más delicadas cerchas de acero (que se utilizan generalmente en estos tipos de estructuras)– soportan un muro de cierre de vidrio que proporciona una conexión visual con el lago. La enorme escala de la sección cuadrada de la madera utilizada para las cerchas proporciona al vestíbulo la atmósfera tosca y campesina que los arquitectos buscaban.

En la sala de conciertos, la madera se utiliza de un modo bastante distinto; aquí, las paredes inclinadas de madera contrachapada funcionan como recuerdo de las barcas del muelle de Lahti. La construcción de las paredes del Sibelius Hall es el mejor ejemplo de innovación técnica basada en la lógica de lo vernáculo. Toma la tradición finlandesa de colocar arena en los pavimentos para evitar que se transmita el ruido de los pasos. Tikka y Lintula desarrollaron una pared acústica hecha de dos planchas de madera con arena entre medio, con lo que se proporciona una unión metafórica con la orilla del río. Las paredes exteriores vibrantes absorben el ruido del exterior, mientras que el centro interior no vibra y refleja el sonido de nuevo sobre la sala de conciertos. Otra barrera acústica es la piel de vidrio soportada con vigas horizontales *kerto*, que protege la capa interior de madera de la climatología, a la vez que proporciona aislamiento acústico. Por la noche, el efecto es el de una caja de madera que destella cálidamente detrás del cristal.

En el interior de la sala de conciertos, los pavimentos y el escenario están acabados con abedul engrasado termotratado, mientras que la parte frontal del anfiteatro y los palcos están hechos de contrachapado de abedul. El detalle del acabado está en las puertas acústicas, realizadas con tres capas de paneles contrachapados pesados barnizados para semejar un valioso violín antiguo.

En Finlandia, dice Lintula, los antiguos edificios de madera son bastante delgados en el suelo, aunque hay una larga tradición en el uso de la madera. El Sibelius Hall cambia el uso de la madera «tipo casa de campo» utilizándola en gran cantidad e inventando nuevos sistemas de uniones y acabados. «Usando tratamientos tradicionales adaptados a la actualidad, intentamos unir el edificio a la alianza histórica entre la industria, el ferrocarril y el puerto, y crear un sentimiento de edificio público», dice Lintula.[1]

Página anterior, superior
Por la noche, las paredes interiores de madera de la sala de conciertos reflejan un color cálido detrás del envoltorio de vidrio.

Página anterior, centro
La «sala del bosque» o vestíbulo del público tiene un techo alto soportado por nueve columnas enormes de madera, hechas con pino contrachapado.

Página anterior, inferior
Los pilares soportan una «hojarasca» de vigas de madera sobre la que se sustenta el tejado.

Superior
La fachada de múltiples capas de la sala de conciertos evita la transmisión del sonido. En primer lugar, hay sucesivas capas de paneles de madera; después, una cámara vacía de reverberación y, finalmente, la piel exterior de vidrio.

Hotel Miramar

Año de finalización
1997

Localización
El Gouna, Egipto

Arquitecto
Michael Graves, con Rami El Dahan y Soheir Farid

A finales de la década de los noventa, la costa egipcia del Mar Rojo sufrió un proceso de transformación después de que el gobierno decidiera vender 300 kilómetros de solares a los inversores privados. El *boom* de la construcción que siguió dio como resultado una línea de hoteles comerciales anodinos que ofrecían a los turistas occidentales alojamiento para sus vacaciones.

Después de la inundación inicial de forasteros y, al crecer la competencia entre los centros de vacaciones, los inversores tuvieron que esforzarse un poco más. Samih Sawiris, presidente de una de las mayores compañías constructoras de Egipto, tenía en mente la visión de los hoteles *Dolphin and Swan* de Disneyworld cuando se dirigió al arquitecto americano Michael Graves para que le proyectara un hotel en el nuevo pueblo turístico de El Gouna, 22 kilómetros al norte de Hurghada. Sin embargo, en su primera visita al emplazamiento, Graves se sintió atraído por la nueva promoción de viviendas y tiendas que se construía en el cercano pueblo de Kafr El Gouna por medio de técnicas campesinas tradicionales. Así pues, convenció a Sawiris de que una «experiencia» egipcia podía ser tan atractiva para los turistas occidentales como un ambiente a lo Disney y podría resultar más apropiado.

Los edificios de Kafr El Gouna no podían ser más distintos de las torres de hormigón que empezaban a dominar la costa del Mar Rojo. Los arquitectos Rami El Dahan y Soheir Farid eran dos antiguos discípulos del fallecido arquitecto egipcio Hassan Fathy y habían adoptado las técnicas constructivas artesanales que él revivió a mediados del siglo xx. Graves vio que las técnicas, que incluían ladrillos cocidos al horno para construir las paredes, las cúpulas y las bóvedas, podían ser perfectas en cuanto a la rapidez de construcción que ofrecían y a la disponibilidad de mano de obra y de materiales. No obstante, al serle más familiar el hormigón armado, Graves decidió tomar a El Dahan y Farid como arquitectos asociados para hacer los planos constructivos.

Situado en una tierra que había sido desierto, el Hotel Miramar es la pieza central de El Gouna. En planta, el edificio muestra otro punto de partida distinto de los monumentales hoteles de Graves en Florida, a causa de las restricciones de altura introducidas por los urbanistas. Para dar cabida a más de 400 habitaciones, el Miramar debía extenderse por la superficie, con lo que se

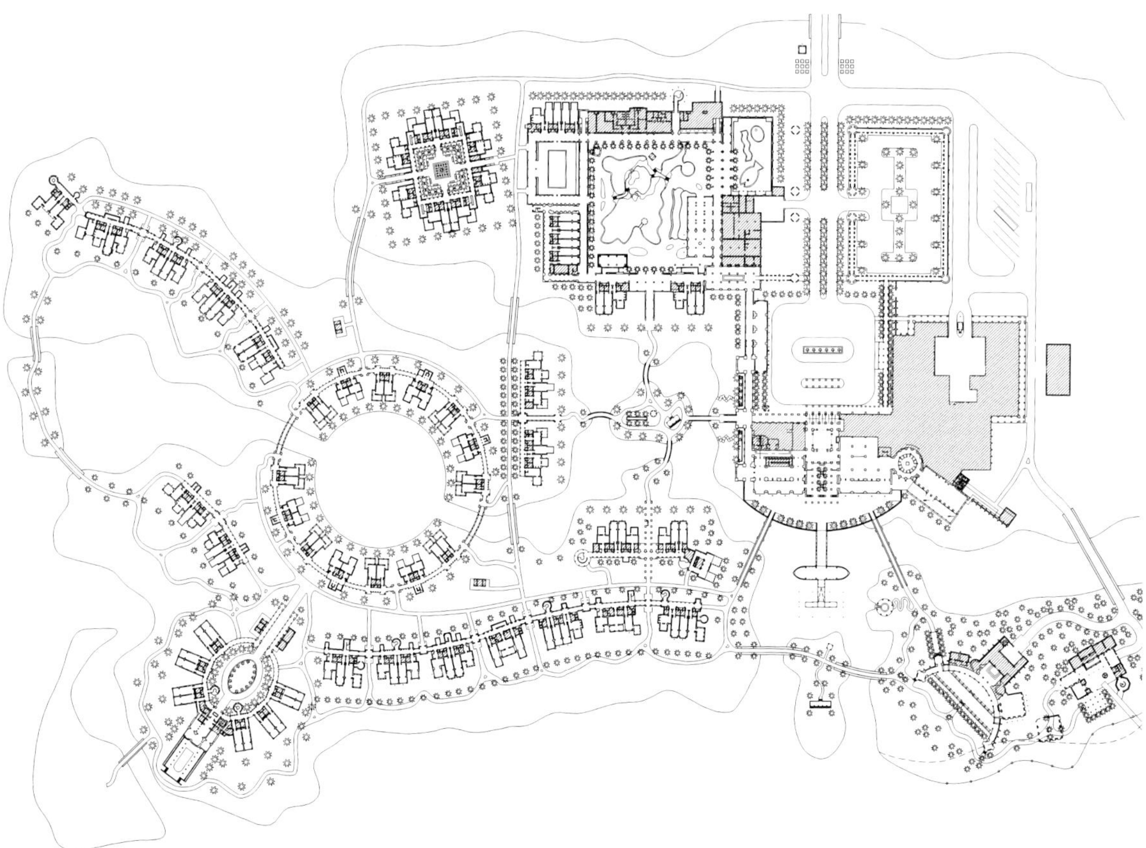

Superior
El Hotel Miramar es la pieza central del nuevo pueblo turístico de El Gouna, 22 kilómetros al norte de Hurghada, en la costa egipcia del Mar Rojo.

Izquierda
Graves añadió sus propios toques a lo vernáculo, como el uso de colores vivos y formas geométricas.

Página anterior
Plano de localización que muestra los grupos de albergue agrupados alrededor de plazas y a lo largo de canales artificiales, sobre una superficie total de 20.000 metros cuadrados.

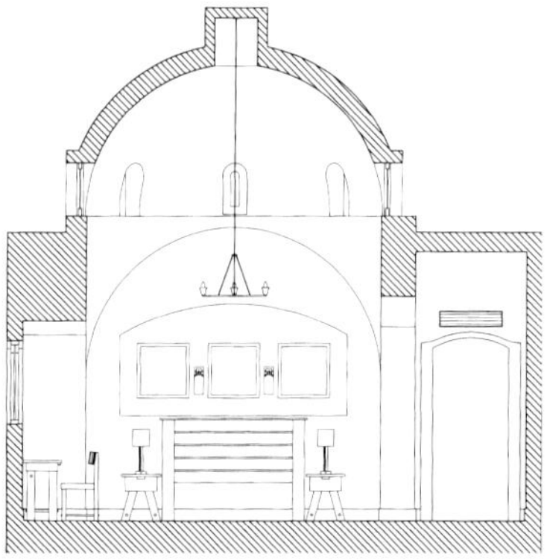

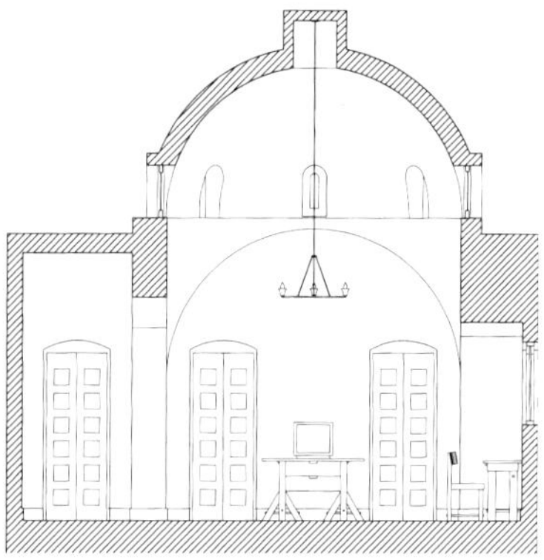

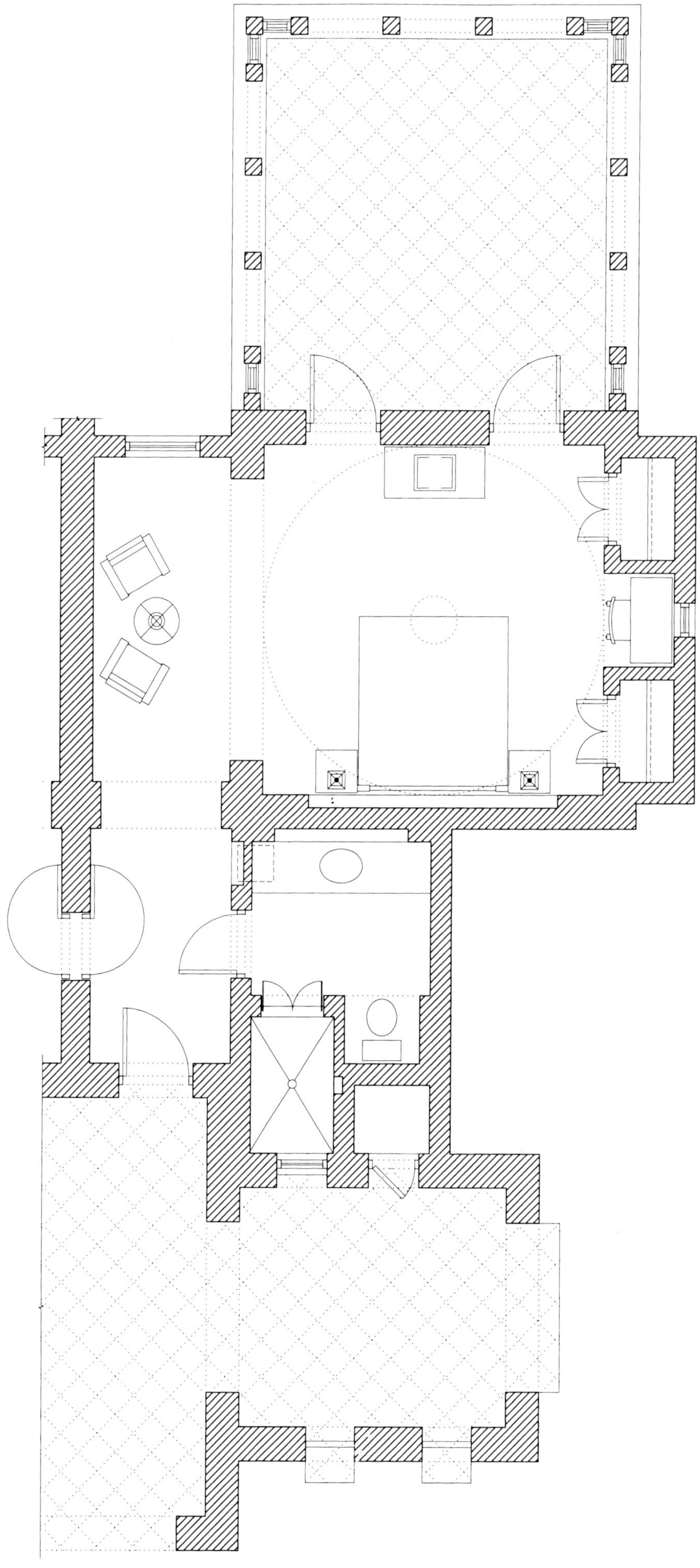

Página anterior
Planta y sección de la *suite* dormitorio tipo, que muestra una cúpula construida con las técnicas en ladrillo tradicionales egipcias inspiradas en el arquitecto Hassan Fathy.

Derecha
La alta cúpula azul de la zona de recepción se construyó en hormigón en vez del ladrillo tradicional.

abarcaban unos enormes 20.000 metros cuadrados. Entre los edificios, una compleja serie de lagos y de canales interconectados asegura que cada habitación tenga una vista sobre el agua y da al hotel un frente acuático de una extensión de medio kilómetro.

La experiencia egipcia empieza en la recepción, desde la cual se acompaña a los huéspedes en barca hasta sus habitaciones. Éstas están distribuidas por grupos de uno, dos o tres pisos que siguen la curva de las lagunas o se agrupan alrededor de pequeñas plazas. Los porches y las habitaciones de un piso y las del piso superior están cubiertas por cúpulas o por bóvedas de cañón de construcción tradicional, sin encofrado, conseguidas inclinando filas de ladrillo unas contra otras. En el interior, los ladrillos se dejan a la vista.

Las coloridas fachadas del exterior son otra de las características del hacer de Graves –una llamativa exhibición colorista de conos, de cúpulas y de curvas que un periodista comparó con los saleros y pimenteros de Alessi.

El hotel utiliza las técnicas vernáculas del Mar Rojo, y a la vez es un mundo aparte de la primitiva simplicidad de Hassan Fathy. Aunque Fathy puede haber librado a El Gouna de un sobrante Dolphin de Graves, no es probable que hubiera sentido mucho entusiasmo por el opulento uso del color y por la decoración en Miramar, por no mencionar las lujosas comodidades –y ciertamente se sorprendería de ver aplicada su filosofía a un hotel de vacaciones.

Dejando a un lado los principios arquitectónicos, el hotel es una maravillosa exposición de detalles imaginativos. Casi todo fue diseñado por Graves con una mezcla ecléctica de referencias, desde las coloreadas alfombras populares hasta las lámparas de vidrio que encontró en el mercado local. Con su alta cúpula azul, la zona de recepción del hotel se aleja todavía más de lo vernáculo, construida con hormigón armado enyesado. Aquí las columnas gigantes y las gruesas paredes son una referencia tipo Disneylandia a las salas faraónicas, y las bóvedas a rayas azules del restaurante están inspiradas en las tiendas de los beduinos.

El mobiliario –diseñado por Graves– se construyó en la localidad y, aunque no se basa en diseños egipcios auténticos, tiene rusticidad. El instinto de urraca de Graves para adueñarse de formas, colores y modelos lo convierte en una experiencia rica –incluso si el hotel no tiene ninguna relación con la vida tradicional egipcia.

Página anterior
El hotel se diseñó para parecer un pueblo, en el que cada habitación tiene su propia identidad reconocible.

Inferior
Los dormitorios tienden a tener una decoración sencilla, motivo por el cual conservan el ladrillo visto en las cúpulas.

Inferior derecha
Graves se inspiró en la arquitectura vernácula local para crear los elementos de sombra que filtran la luz solar.

Derecha
La gran zona de recepción se aparta más de lo vernáculo con sus monumentales columnas de hormigón.

Museo River and Rowing

Año de finalización
1996
Localización
Henley-on-Thames, Inglaterra
Arquitecto
David Chipperfield Architects

Se dice que el remo es el deporte de equipo más antiguo de Gran Bretaña y, durante muchos años, fue el coto de los chicos de Eton y los estudiantes de Oxford y Cambridge. No obstante, en la última década ha disfrutado de un enorme renacimiento, animado por el éxito de la medalla de oro del remero británico Steve Redgrave en cinco Juegos Olímpicos consecutivos. Después de que Redgrave ganara su primer oro en 1984, un grupo de entusiastas y un patrocinador rico decidieron crear un museo dedicado a este deporte.

Este museo sólo podía situarse en Henley-on-Thames, la cuna del remo británico, donde desde mediados del siglo XIX se ha celebrado anualmente la Royal Regatta. Sin embargo, en virtud de su historia y popularidad con las clases altas inglesas, Henley también es un lugar sensible donde construir: un museo que celebrara esta tradición histórica se podía haber convertido fácilmente en un pastiche vernáculo.

El contemporáneo arquitecto David Chipperfield no parecía el más indicado para un proyecto como éste en el momento de su encargo en 1989, cuando se le conocía como diseñador de elegantes interiores para tiendas de moda.

Chipperfield, consciente de la reputación de los urbanistas ingleses de rechazar la arquitectura moderna, adoptó un enfoque que hacía referencia a las tradiciones y a las características del lugar, mientras que seguía desarrollando su interés por la forma abstracta, por la textura y por la luz. Por su forma, el museo es instantáneamente reconocible como un cobertizo para botes, y hace referencia a los pequeños cobertizos autoconstruidos en madera que se pueden encontrar a lo largo del Támesis, cerca del solar. Al mismo tiempo, también se puede interpretar como una referencia a las granjas de

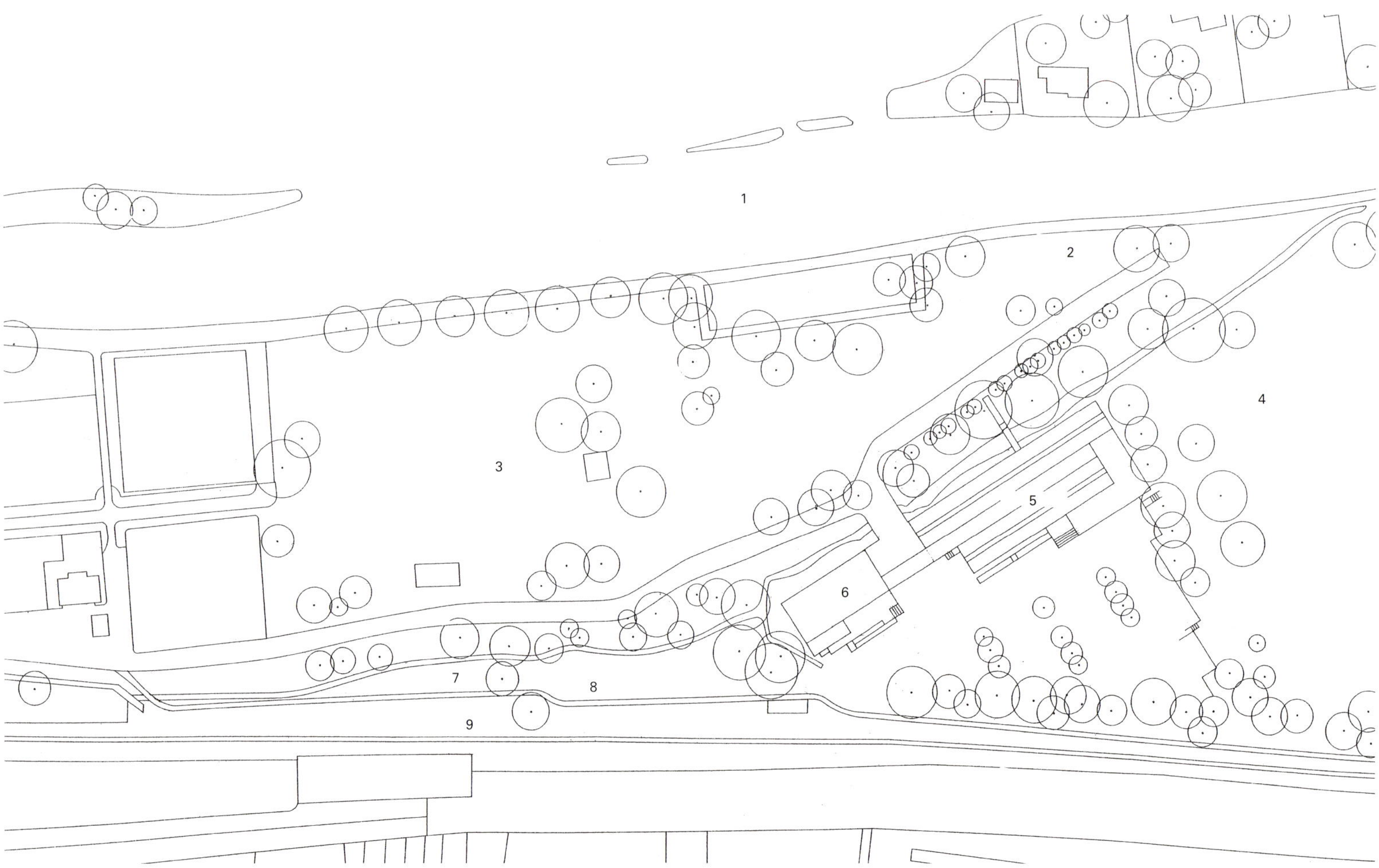

Página anterior, superior
La forma del museo se inspiró en la forma de las tiendas que se levantan en las inmediaciones una vez al año con motivo de la regata.

Página anterior, inferior
Planta de emplazamiento en la que se muestra la posición del museo en los prados del río en Henley, hacia el sur del río Támesis.

1 río Támesis
2 camino
3 Mill Meadows
4 Marsh Meadows
5 primera fase
6 segunda fase
7 arroyo
8 camino
9 ferrocarril

Derecha
El museo tiene el aspecto de un cobertizo para botes sobre pilares, con una plataforma que protege el edificio cuando el río se desborda.

Inferior
Segunda fase, a la izquierda, que consta del apartamento para el responsable del museo y de un espacio extra de exposición, y se conecta al edificio anterior a través de un puente.

OARS, OARLOCKS AND OUTRIGGERS
Two wings beat together, a whoosh through the water. As they emerge for another immense stroke, it becomes clear: these are no wings. They are oars.
- Craig Lambert, Mind Over Water, 1998
Oars are levers that move a boat past water, rather than pushing water past the boat. All levers have three parts: effort, load and a fulcrum.
• The effort on an oar is the pull given by the rower.
• The load is the boat and crew.
• The fulcrum is the blade in the water.
The load is attached to the oar by the oarlock. The catch or lock of the blade in the water at the start of a stroke is vital because it gives the rower a stable fulcrum to work the lever.

Oxfordshire e incluso a la forma de las tiendas de tela rayada que se levantan temporalmente cada año para la regata. Según las propias palabras de Chipperfield: «Lo que mejor describe la estrategia arquitectónica es que se adopta la forma tradicional en principio y se redescribe esta forma en el detalle».[1]

Desde los prados que rodean el edificio por el lado del río, la construcción apenas se divisa entre los árboles. El revestimiento de roble ha envejecido en un color gris pálido, y las tuercas y tornillos que fijan cada panel captan la luz del sol. Los visitantes llegan al museo a través de un puente peatonal y entran en uno de los dos vestíbulos alargados. Los coches utilizan una entrada separada: pasan por debajo de un puente cercado que une el vestíbulo con la segunda fase del proyecto –un edificio de techo plano más abstracto que alberga el apartamento del encargado.

Como el museo ocupa la zona inundable del Támesis, todo el edificio está levantado 1,5 metros sobre el nivel del suelo con columnas de hormigón, y una superficie de madera proporciona espacio para sentarse fuera, al mismo tiempo que recuerda los embarcaderos a lo largo del río. Chipperfield también ha descrito la plataforma como similar a las que se encuentran en los templos japoneses. La superficie del pavimento continúa en el interior al mismo plano, y cambia a cemento en las zonas públicas como la tienda, las oficinas y el restaurante. La planta baja está totalmente acristalada, mientras que la primera planta, que alberga el espacio de la galería, es predominantemente opaca, con lo que se crean dos formas contrastadas: una abierta y otra cerrada.

En la galería del piso superior –llevada a cabo por una oficina de proyectos distinta–, el museo alberga ejemplos de barcas de remos y otros artefactos históricos fluviales en salas iluminadas con luz cenital. El espacio superior está dividido en dos galerías a lo largo, con una tercera galería, más pequeña, entre las dos. El espacio se ilumina principalmente desde arriba, aunque se abre una línea de ventanas en el extremo este de la sala norte, lo cual revela las columnas de hormigón detrás del cristal.

Aunque la forma aparentemente tradicional del edificio fue aceptada por los urbanistas, no hay ninguna concesión al conservadurismo. El museo es esencialmente moderno en su uso de la luz y en la forma y la simplicidad de

Página anterior
La exposición, diseñada por un especialista en diseño interpretativo, Land, llena el espacio del techo con ejemplos de artefactos del río.

Inferior
El plano de la planta baja muestra la entrada desde el norte a través de un puente peatonal, un restaurante, la tienda, la biblioteca y las salas de reuniones.

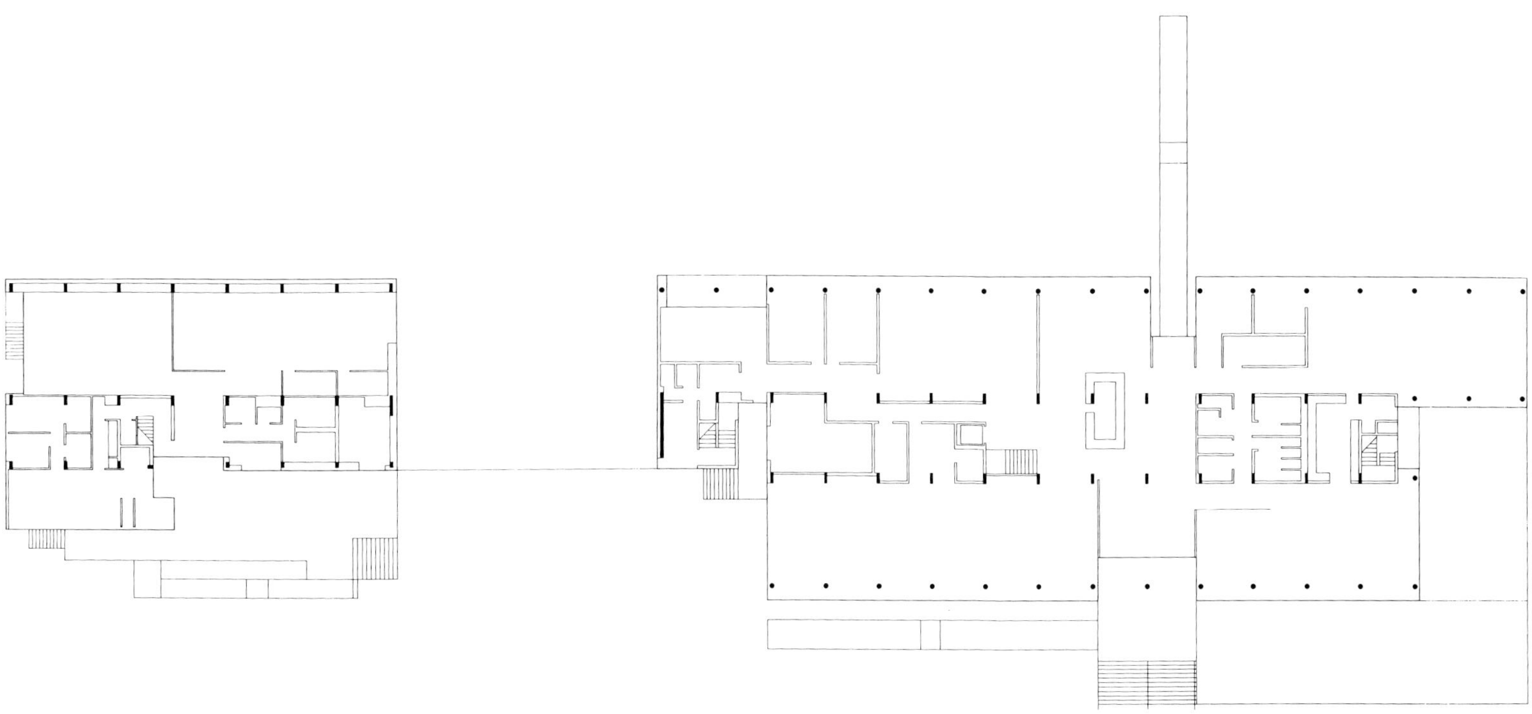

sus materiales. El roble sin tratar que forma la continua persiana a lo largo del edificio está utilizado en su estado «natural», y da la misma impresión de materialidad que el material típico de Chipperfield, el hormigón *in situ*, que ha utilizado en los interiores de tiendas y que lo han hecho famoso.

El roble, una madera indígena de Inglaterra, se eligió por su longevidad y por su sutil coloración –después de unos 25 años se endurece tanto como el acero y envejece en un tono gris plateado–. Con la ayuda de expertos en madera, Chipperfield diseñó un innovador sistema de revestimiento basado en una pantalla, que saca el máximo partido del material y tiene unos detalles especialmente diseñados, como las fijaciones de acero inoxidable, resistentes al corrosivo tanino presente en el roble. Las fijaciones, que cubren totalmente la zona de madera y continúan en plano horizontal en la terraza, modifican la rugosidad de la madera y le dan la sensación de escala.

El tratamiento de Chipperfield de los tejados a dos aguas podía haber cambiado fácilmente el énfasis desde la modernidad hasta el *revival*. No obstante, en vez del revestimiento tradicional con pizarra, unas lisas láminas de acero inoxidable lo mantienen estrictamente moderno.

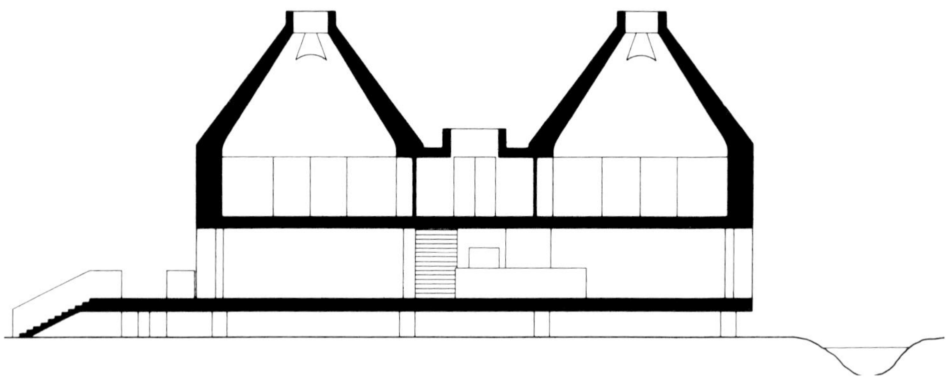

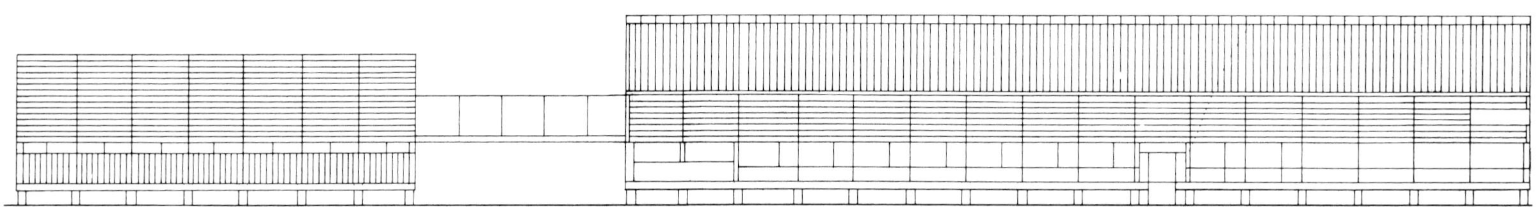

Página anterior, superior
Sección transversal que muestra las dos formas de tipo cobertizo para barcas al lado de la zona de servicios, que se coloca justo en medio.

Página anterior, inferior
La primera planta es, en gran medida, una caja de madera maciza, mientras que la planta baja es de vidrio, lo cual subraya el fuerte contraste entre las dos.

Inferior
Las paredes son una pantalla de tablones de roble verde sin tratar, sujetos con tuercas y tornillos de acero inoxidable.

Derecha
Una franja de ventanas en el extremo final es la única abertura del primer piso, mientras que la planta baja es casi transparente.

Inferior derecha
El acristalado del suelo al techo de la planta baja hace que las zonas públicas sean visibles desde el exterior y, desde el interior, proporciona vistas sobre la exuberante vegetación a lo largo de las orillas del río Támesis.

3

Dar forma a la identidad

Se puede argumentar que la arquitectura, comparada con la incoherencia de la política contemporánea, tiene un mayor potencial para captar la imaginación de la gente y para dar forma a la identidad nacional. En Gran Bretaña, en Escocia y en Gales recientemente han conseguido que se les reconozcan sus propios gobiernos y están en proceso de conseguir sus edificios del parlamento (*véase* el edificio del Parlamento de Escocia, página 106). En ambos casos, la selección de un arquitecto y la evolución del proyecto parecen haber atraído más controversia e interés público que el debate entre los representantes electos. Los grandes proyectos públicos resultan difíciles de llevar a cabo en los buenos tiempos; además, con el peso añadido de las esperanzas políticas, los edificios descritos en este capítulo están incluso en mayor peligro de fracasar a causa de dificultades políticas y financieras.

A lo largo de las últimas décadas, el mapa mundial se ha transformado, pero en el medio constructivo las consecuencias de este cambio político sólo empiezan a verse. La fragmentación del antiguo bloque soviético de Europa del Este empezó en Alemania en 1989 con la caída del Muro de Berlín. Casi nueve años después de la reunificación, el 1 de julio de 1999, el parlamento alemán se reunió por última vez en Bonn. La semana siguiente, toda la maquinaria se trasladó a Berlín, al renovado Reichstag de Norman Foster. No obstante, este edificio de gran protagonismo es sólo uno de los elementos de un programa masivo de obras públicas y privadas de la nueva capital. Por ejemplo, en el mismo año, unos 100 países instalaron sus sedes diplomáticas en Berlín, y muchos de ellos están en el proceso de construir sus propias embajadas. Como muestra la nueva Embajada de la India de Léon Wohlhage Wernik (*véase* página 118), ahora los países utilizan sus edificios diplomáticos para exponer las características nacionales, con el resultado de que el barrio de embajadas se empieza a parecer a una exposición internacional, con una exhibición colorista de los estilos globales.

Los estados nacionalmente más estables han tenido su parte de fragmentación. La creciente importancia de la Unión Europea y la crisis de confianza en los valores tradicionales permitieron que, por ejemplo en el Reino Unido, Escocia y Gales triunfaran en sus demandas de delegación de poderes. No obstante, las frágiles identidades que están surgiendo parecen ser tan inestables como el desintegrado estado nacional. En Gales, menos del 50 % de la población fue a votar en el referéndum de la devolución, y menos de la mitad de éstos votó positivamente. Si definir la identidad galesa es difícil en términos políticos, es igualmente problemático en cuestiones de arquitectura. El arquitecto galés Jonathan Adams, que dirigió el proyecto para construir el Wales Millennium Centre, en Cardiff (*véase* página 112), quería contribuir al «proceso de autodescubrimiento político». «Me parecía que Gales no tenía un idioma arquitectónico propio» explica, «y quizá ésta era la oportunidad para llevar a cabo unas ideas que podían ser consideradas como características de su origen regional».[1]

En ausencia de movimientos políticos fuertemente definidos, la arquitectura puede interpretar un papel más importante de lo habitual en la definición de la identidad. El escritor de arquitectura Chris Abel defiende que la arquitectura siempre ha sido un elemento poderoso en la formación de la identidad, y cree que es uno de los caminos en los que la sociedad se puede conocer a sí misma: «La arquitectura es un modo de ser, del mismo modo que lo son la ciencia, el arte y otras formas principales de cultura».[2]

Es difícil decir si la arquitectura de Imre Makovecz (*véase* Casa de Cultura, página 126) refleja la identidad nacional húngara o ha ayudado a definirla. Durante los años de la ocupación soviética, Makovecz desarrolló su interés por técnicas arquitectónicas locales, por la lengua y por el arte populares, y se convirtió en un héroe nacional. Mientras que el régimen forzaba a los arquitectos a trabajar en despachos dirigidos por el estado utilizando técnicas constructivas reguladas, Makovecz trabajaba al margen, en las afueras de Budapest, y seguía sus propios principios, inspirándose en la naturaleza y en la lengua húngara. Sin embargo, en una sociedad rápidamente cambiante como la húngara, donde el influjo del capital occidental provoca un desarrollo enorme, la arquitectura orgánica probablemente tiene una vida marginal limitada. Como otros defensores del estilo orgánico, Makovecz cree que existe una esencia fija e intemporal de la identidad; sin embargo, a medida que cambian las situaciones política y económica, el estilo corre el peligro de convertirse en una caricatura, tal como han indicado algunos críticos de arquitectura.[3] Ya ha surgido en Hungría una lucha entre dos escuelas de pensamiento: la orgánica, tipificada en la obra de Makovecz, y la «internacional», cuya punta de lanza es Joszef Finta.[4]

La arquitectura también se ha convertido en foco de un debate público en Letonia, otro antiguo estado comunista que cambia rápidamente. Su capital, Riga, prepara el programa de construcción más importante desde el siglo XVIII. El arquitecto nacido en Letonia Gunnar Birkerts, que durante muchos años dirigió un importante despacho en Estados Unidos, fue llamado desde su país de nacimiento para diseñar el primer edificio público desde la independencia. Igual que Makovecz, Birkerts ve su trabajo desde la tradición de la escuela nacional romántica y busca la fuente de la identidad letona en el folklore del país, lo cual describe como el ADN de la gente. En términos filosóficos, sus opiniones casi se corresponden con las ideas de los filósofos particularistas alemanes que creían en el *Volksgeist*: un espíritu intemporal de la gente refinado por la historia. Estas nociones románticas están sólo temperadas por el interés de Birkerts en técnicas constructivas más innovadoras, que representan el deseo de llevar la arquitectura letona hacia el siglo XXI.

El origen étnico se convierte cada vez más en el criterio de mayor importancia para seleccionar a los arquitectos que han de construir edificios de relevancia nacional. En su búsqueda de la autenticidad, parece que la arquitectura no puede considerarse como verdaderamente significativa si su diseñador no está enraizado en su cultura. En julio de 2000, con la trágica muerte de Enric Miralles, cayó una sombra sobre el edificio del Parlamento de Escocia –aunque desde el principio mucha gente había criticado su encargo porque pensaba que un edificio de esta importancia debía ser diseñado por un escocés–. Esta posición fue evaluada por un arquitecto residente en Edimburgo, Peter Wilson: «El Parlamento de Escocia dudosamente necesitaba una arquitectura más condicionada por la comprensión del pasado nacional, por el desarrollo cultural de la nación y por su posición en el mundo moderno».[5]

La tendencia rechaza el parroquialismo, aunque los arquitectos locales dirían que ellos simplemente defienden despachos menos conocidos contra la hegemonía de los arquitectos «de firma» mundiales. Parece lamentable que la promoción válida de jóvenes talentos se confunda con el argumento antirracional que sitúa el hecho casual del nacimiento por encima del talento y de la experiencia.

Esta tendencia refleja la creciente propiedad de la cultura. Refiriéndose al debate del Parlamento de Escocia, el escritor de arquitectura Penny Lewis defiende: «Siempre he considerado la cultura como el saber acumulado y la creatividad de la totalidad de la sociedad humana, no como un componente, la marca o un hecho de autoafirmación de una región concreta».[6]

En la década de los noventa, al volverse más remota la posibilidad de conseguir cambios sociales fundamentales, el énfasis de los movimientos nacionales se situó cada vez más en la demanda de «espacio» para expresar la diferencia. El Centro Cultural Tjibaou (*véase* página 132), en la isla de Nueva Caledonia, en el Pacífico Sur, fue costeado en su totalidad por el gobierno francés gobernante como freno al movimiento independentista, que durante muchos años había luchado por sus derechos democráticos. Después del asesinato de su líder, Jean Marie Tjibaou, en una disputa internacional, el movimiento pareció contentarse en aceptar una vía de salida para la cultura Kanak.

Los arquitectos también han cambiado el equilibrio de sus ideas hacia preocupaciones más particulares. Renzo Piano, el arquitecto del Centro Cultural Tjibaou, reconocía la lucha que implica el diseño de un edificio con tantas «expectativas simbólicas». Antes de empezar el diseño, su estudio investigó en profundidad la cultura y el clima de Nueva Caledonia y reflexionó seriamente acerca de las cuestiones filosóficas implícitas. «Un concepto equivocado de universalidad me habría llevado a aplicar mis categorías mentales acerca de la historia y del progreso fuera del contexto en el que se desarrollaron, un grave error», explica Piano. «La verdadera universalidad en arquitectura sólo se puede conseguir en conexión con las raíces, con la gratitud por el pasado y con el respeto del *genius loci*».[7]

Seguramente esto es una redefinición de la idea de universalidad y del reconocimiento de la diferencia (y, por lo tanto, de la desigualdad) entre el mundo desarrollado y el subdesarrollado. En realidad, es imposible para un arquitecto italiano dejar de lado el conocimiento acumulado y la experiencia de la cultura y arquitectura europeas. La brillantez del Centro Cultural Tjibaou surge de la relación dinámica entre los particulares aspectos del lugar y el sofisticado oficio arquitectónico de Piano como suma de un logro humano, no sólo de los aspectos específicos y localizados de la cultura Kanak.

Página anterior
La Casa de Cultura en Mako tipifica la arquitectura orgánica del arquitecto húngaro y héroe nacional Imre Makovecz.

Extremo superior
El Centro Tjibaou de Renzo Piano para la cultura Kanak consiste en unas elegantes estructuras de madera que recuerdan las chozas de Melanesia, y utiliza las brisas marinas para ventilar el interior del edificio.

Superior
El Wales Millennium Centre en Cardiff, de Percy Thomas Partnership, pretende encontrar una expresión de la identidad galesa con el uso de formas y materiales locales.

Parlamento de Escocia

Año de finalización
2002

Localización
Edimburgo, Escocia

Arquitecto
Enric Miralles y Benedetta Tagliabue, con RMJM

En septiembre de 1997, el pueblo de Escocia votó a favor de la delegación de poderes por parte del gobierno británico de Londres y empezó el proceso de búsqueda para encontrar una sede para el primer Parlamento escocés en 300 años. Quizá fuera inevitable que un edificio de tanta significación histórica y política acabara siendo centro de alguna controversia. Desde el principio, casi cada aspecto del edificio del Parlamento ha sido un campo de batalla para los medios de comunicación, para los profesionales de la arquitectura escocesa y, desde su elección en mayo de 1999, para los Miembros del Parlamento de Escocia (SMPs).

La primera materia de controversia fue el emplazamiento elegido por la Scottish Office en enero de 1998: un espectacular solar en la base de la Royal Mile de Edimburgo, cerca del palacio de Holyroodhouse (la residencia de la reina en Edimburgo) y dominado por el rocoso Salisbury Crags of Arthur's Seat, un volcán dormido. Algunos opinaban que el parlamento debía situarse en el centro de Edimburgo, a una distancia moderada a pie desde la estación de ferrocarril; sin embargo, muchos opinaban que, al menos, el emplazamiento elegido permitía a los arquitectos explotar la espectacularidad del paisaje.

En junio de 1998, a raíz de un concurso restringido, se designó al equipo del matrimonio Enric Miralles y Benedetta Tagliabue (EMBT), junto con RMJM como arquitecto ejecutivo. Esto provocó otra controversia, incluso más tensa, acerca de si el arquitecto, para comprender la naturaleza de la identidad escocesa, debía haber sido un escocés. Otros defendían que, como catalanes, como habitantes de una región de España con su propia identidad distintiva, EMBT estaban en buena posición para interpretar el programa. La trágica muerte de Enric Miralles en julio de 2000 puso fin a la disputa, pero reapareció con nuevas formas al cabo de unos meses. En este caso, las preguntas se dirigían sobre quién iba a encargarse de finalizar el proyecto.

El concepto de EMBT, que posteriormente se desarrolló en un diseño detallado, era unir la identidad nacional escocesa con la tierra y hacer que el edificio del Parlamento se abriera sobre el paisaje de Holyrood Park. Según Tagliabue, la idea surgió de una conversación entre ella y su marido, cuando

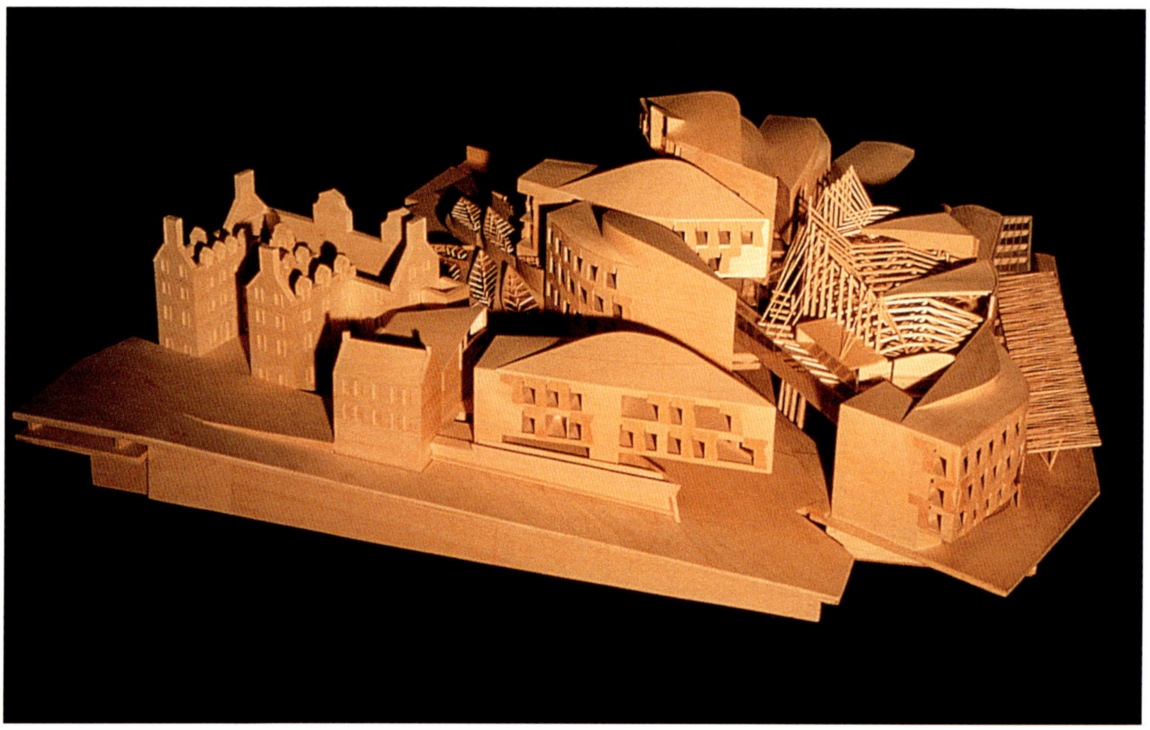

Página anterior, superior
La maqueta muestra cómo el edificio del Parlamento se relaciona con el resto de los edificios existentes en el emplazamiento.

Página anterior, inferior
El parlamento tiene un contexto urbano situado a los pies de la Royal Mile de Edimburgo, pero se inspira en las montañas de Escocia y en su paisaje agreste.

Inferior
Un *collage* que expresa la idea del arquitecto; el edificio se abre sobre el paisaje de Arthur's Seat.

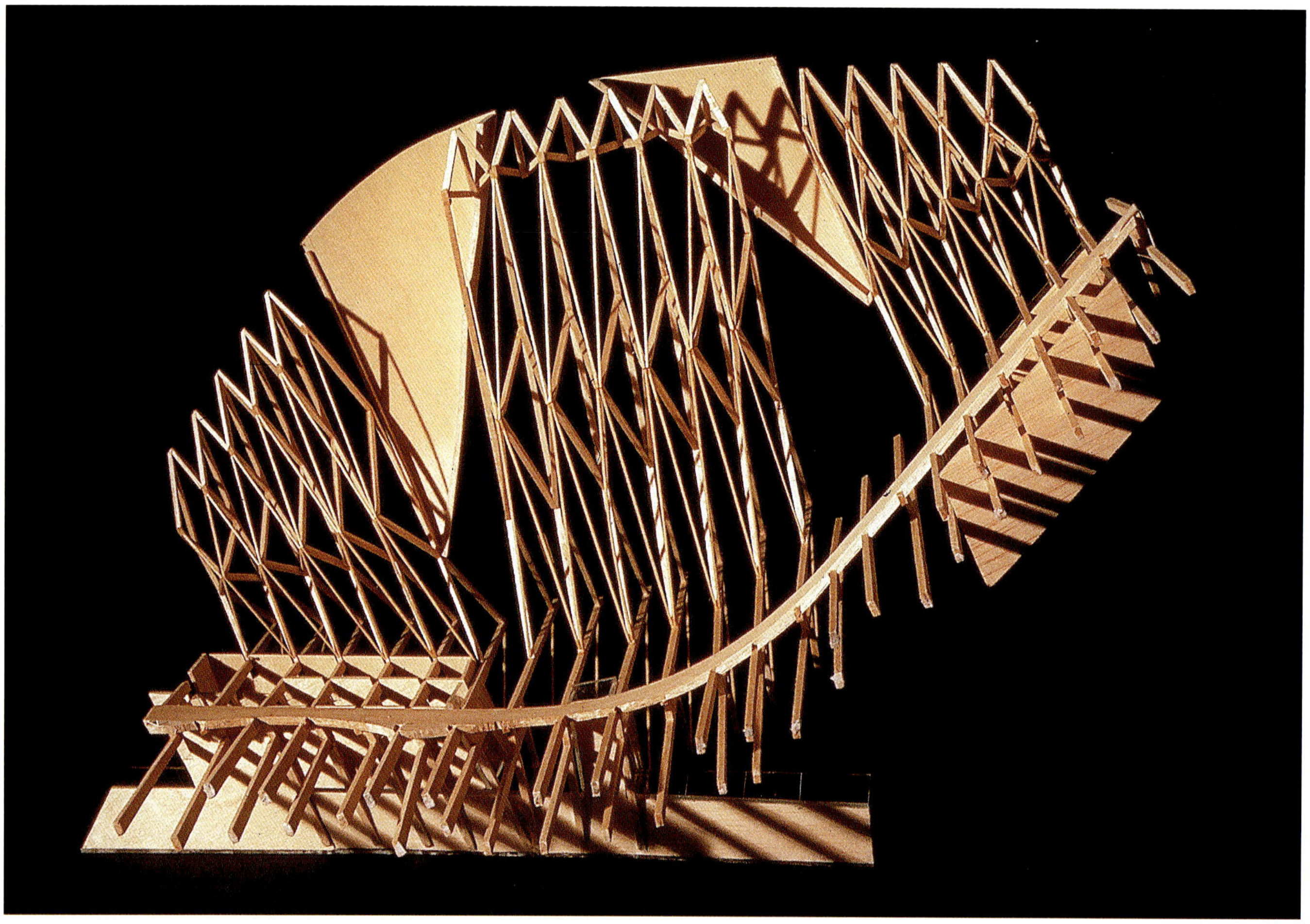

Izquierda
Una imagen por ordenador que da una visión de la complejidad del techo de la cámara de debates, que está compuesto de cerchas de roble tensadas con varas de acero.

Inferior
Alzado sobre la calle Canongate que muestra el tejado de la cámara de debates que sobresale por encima de los otros edificios, con las oficinas de los Miembros del Parlamento construidas a la derecha.

Página siguiente
Plano de emplazamiento que muestra la proximidad entre el Parlamento y el Palacio de Holyrood, en el este, y un anfiteatro al aire libre, al sur.

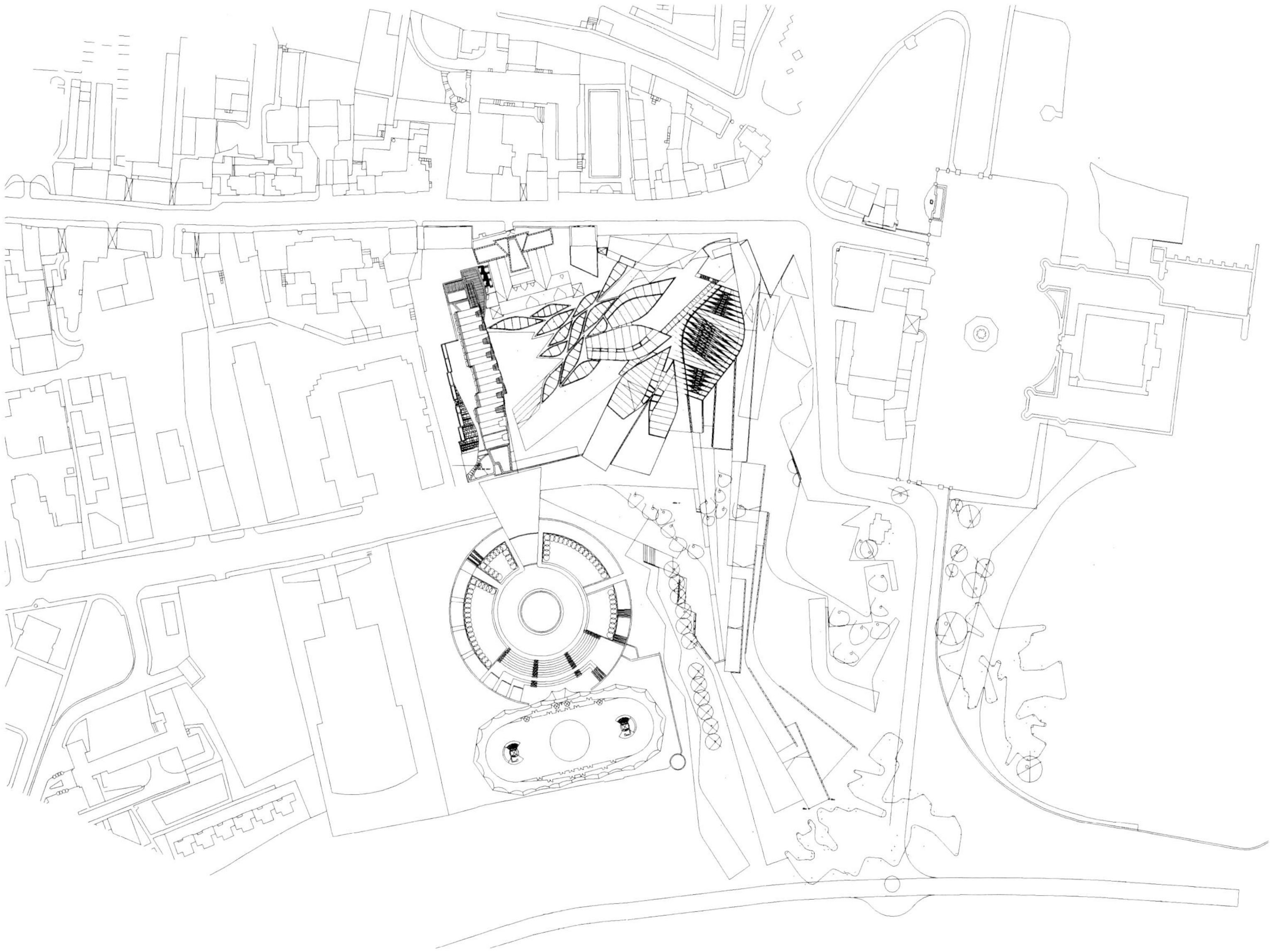

buscaban por primera vez ideas para expresar la esencia de Escocia, en la que hicieron broma sobre el whisky escocés. Esto llevó a pensamientos más serios acerca de la turba y del olor de la tierra, y la pareja desarrolló un diseño que unía simbólicamente la identidad escocesa con lo que ellos describieron como «la inmensa presencia del paisaje». Miralles, que de niño había estudiado inglés en Edimburgo, describía el emplazamiento como «ambiguo». «Nuestra propuesta es que Escocia es una tierra, no un conjunto de ciudades», explicaba. «Requiere una construcción que no sea monumental en el sentido clásico. El Parlamento no estará en Edimburgo, sino en la tierra de Escocia.»[1]

En su orientación, el edificio no se iba a referir al Palacio Holyrood, que tiene unos jardines que el arquitecto definía como de «jardinería tradicional», sino hacia las montañas escocesas, representadas en Arthur's Seat. Si bien esto era una idea atractiva y ayudó a que los escoceses se sintieran incluidos en el proyecto, dejó a algunos historiadores de la arquitectura preocupados acerca del modo en que el edificio se implantaría en el contexto urbano y, en particular, en el entorno de la vecina Queensbury House, construida en el siglo XVII.

En junio de 1999, el desarrollo del diseño se hizo un poco más complicado con la llegada de los nuevos SMPs, quienes tomaron oficialmente la responsabilidad del edificio, hasta entonces de la Scottish Office. El edificio ya se había convertido en tema político durante las elecciones, pero, posteriormente, la hostilidad de algunos SMPs amenazaba con pararlo totalmente. Una de

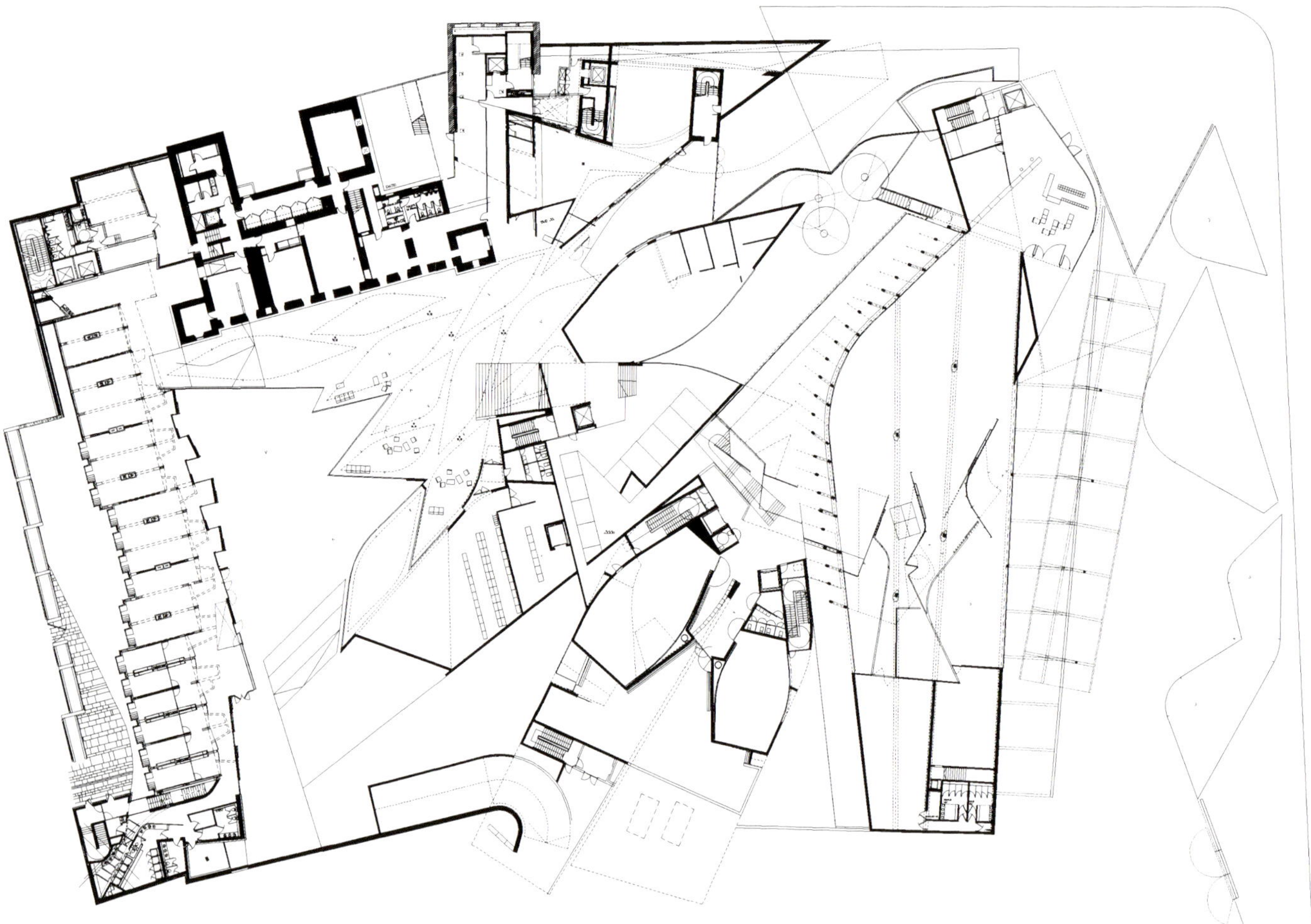

Superior
Plano de «jardinería» que muestra los elementos en forma de hoja de los edificios, que tienen paredes y tejados de vidrio para inundar las partes públicas del edificio con la luz del día.

Página siguiente
En el quinto piso, la planta revela una compleja distribución de tejados de cristal, que en los primeros diseños se comparaba con los cascos para la cabeza debajo de los botes de pesca escoceses.

Derecha
Maqueta de madera que muestra el espacio del vestíbulo abierto sobre los jardines del entorno.

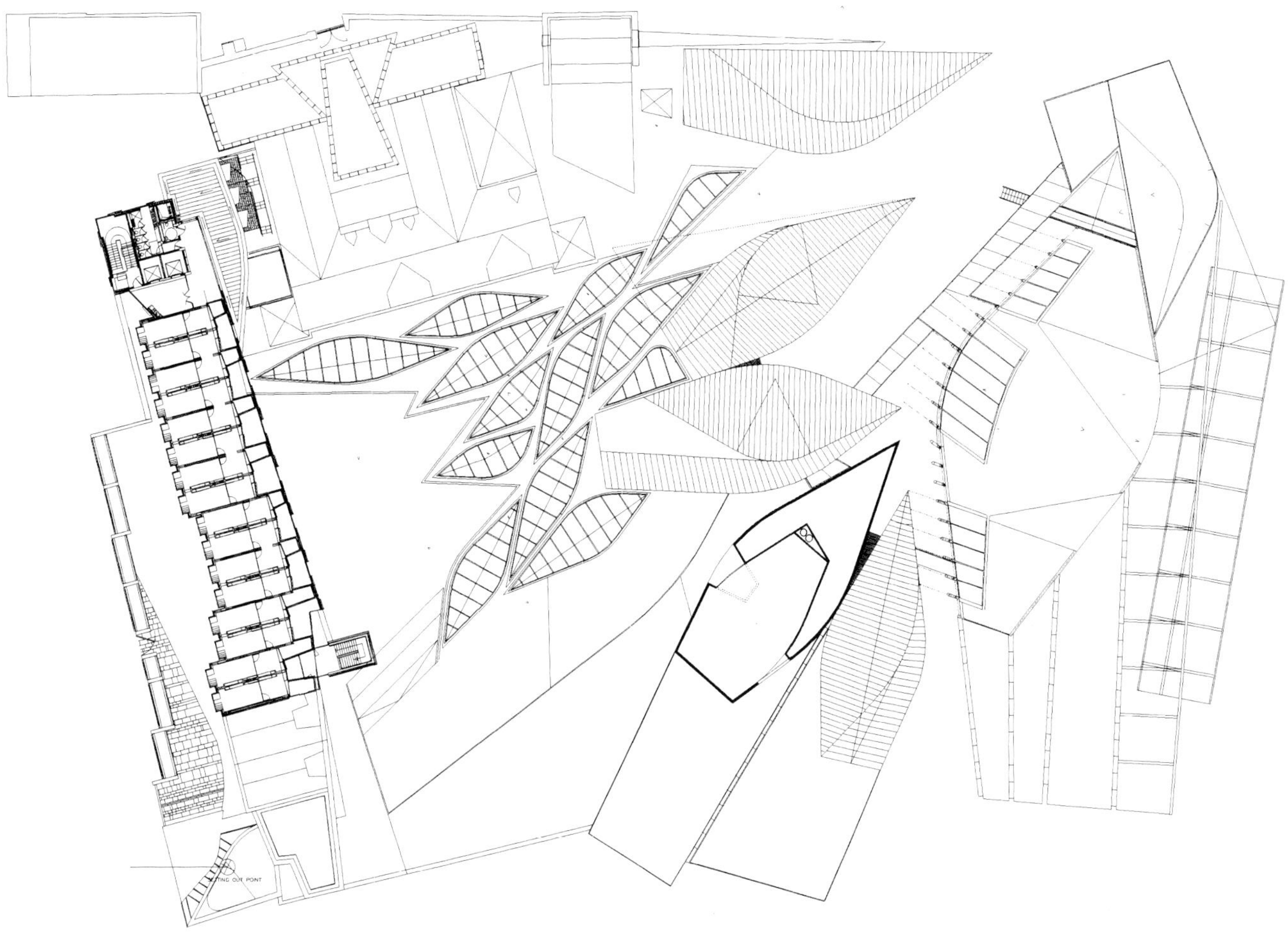

las cuestiones más difíciles, que se tardó tres meses en resolver, fue la forma de la cámara de debates, que finalmente tuvo que cambiarse en los planos originales de EMBT. Después, en septiembre de 1999, los SMPs decidieron que necesitaban más espacio para el personal y más espacio de circulación, lo cual también supuso un rediseño considerable del edificio.

A pesar de estas complicaciones, Tagliabue insiste en que la idea original continúa intacta. «Intentamos identificar la idea de democracia en cosas distintas a la forma de la cámara de debates», explica.[2] La cámara de debates, tradicionalmente el centro de un edificio de Parlamento, está formada por una de una serie de salas ovales que se relacionan entre ellas como «barcos en el puerto». Al principio, mucha gente tomó literalmente la idea de los barcos, e incluso se dijo que las salas en forma de embarcaciones se iban a prefabricar en los astilleros escoceses. Desde entonces, la idea se ha desarrollado de modo menos literal, y las elegantes formas ovales se pueden interpretar casi como hojas de una rama. En lugar de que los SMPs sean el foco principal de atención del Parlamento, el edificio se orienta hacia el anfiteatro exterior, excavado en la tierra, que representa la participación del pueblo escocés.

Wales Millennium Centre

Año de finalización
2003

Localización
Cardiff, Gales

Arquitecto
Percy Thomas Architects

Algunos edificios tienen la capacidad de contar una historia acerca de las luchas políticas y culturales de su momento, tanto si han superado grandes obstáculos en su construcción como si no han ido más allá de la mesa de dibujo. El Wales Millennium Centre es uno de estos edificios, que se espera que sea terminado en 2003. Ha conseguido fama, incluso antes de que hayan empezado a cavarse sus cimientos.

En una existencia anterior, el edificio propuesto se conocía como la Welsh Opera House, y el concurso para su edificación lo ganó el proyecto de Zaha Hadid. La Opera House fue controvertida desde el principio. Tachada de elitista y alienante por parte de los políticos y críticos locales, el diseño de Hadid se abandonó, para escándalo de los críticos (principalmente ingleses). Para muchos, la pérdida fue una bofetada para la arquitectura contemporánea británica y una oportunidad perdida, ya que habría sido el primer proyecto de Hadid construido en Gran Bretaña. Desde fuera de Gales parecía parroquialismo: parecía que a los dignatarios locales no les gustase la idea de que la primera institución cultural galesa en medio siglo fuera diseñada por una mujer nacida en Irak.

Molesto por esta versión de los acontecimientos, el arquitecto galés Jonathan Adams, que había trabajado en Londres durante 20 años, volvió a Gales para dirigir el equipo de diseño que reinventó el proyecto. Explicó al Institute of Welsh Affairs: «Nada me ha recordado tanto mi nacionalidad como las afirmaciones informales de la prensa inglesa de que, puesto que había mordido la mano que la alimentaba, Gales no se merecía el tutelaje cultural ofrecido por su vecino».[1]

El rediseñado Millennium Centre actualmente se define como «un palacio para las artes escénicas», y tendrá una oferta cultural más allá que la pensada para los aficionados a la ópera: por ejemplo, acogerá grupos de la comunidad al mismo tiempo que producciones itinerantes internacionales. Su intención arquitectónica es comunicar algo al público acerca del estado de la nación de Gales y sobre sus esperanzas para el futuro.

Desde el principio, Adams dejó claro que, ya que no había un idioma arquitectónico galés para edificios de este tipo, la arquitectura sería inevitablemente distinta de lo que había habido hasta entonces. También estaba pro-

Inferior
Maqueta que muestra el Wales Millennium Centre, situado cerca de la bahía de Cardiff, una antigua zona industrial bajo un programa de regeneración que incluye la Welsh Assembly, de Richard Rogers Partnership.

Página siguiente, superior
Alzados creados por ordenador que muestran la forma característica del auditorio, que se eleva sobre una base de pizarra.

Página siguiente, inferior
Un modelo de la innovadora pared de pizarra, que utiliza tres colores de pizarra de desecho en bandas como estratos, con vidrio intercalado entre la piedra.

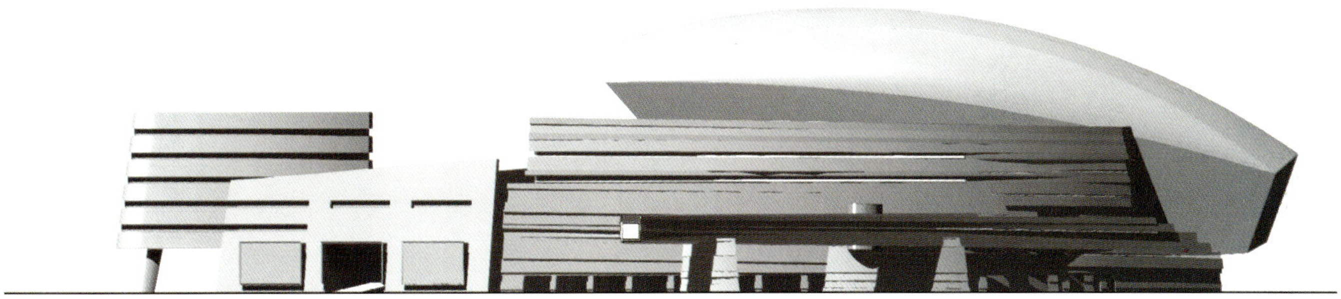

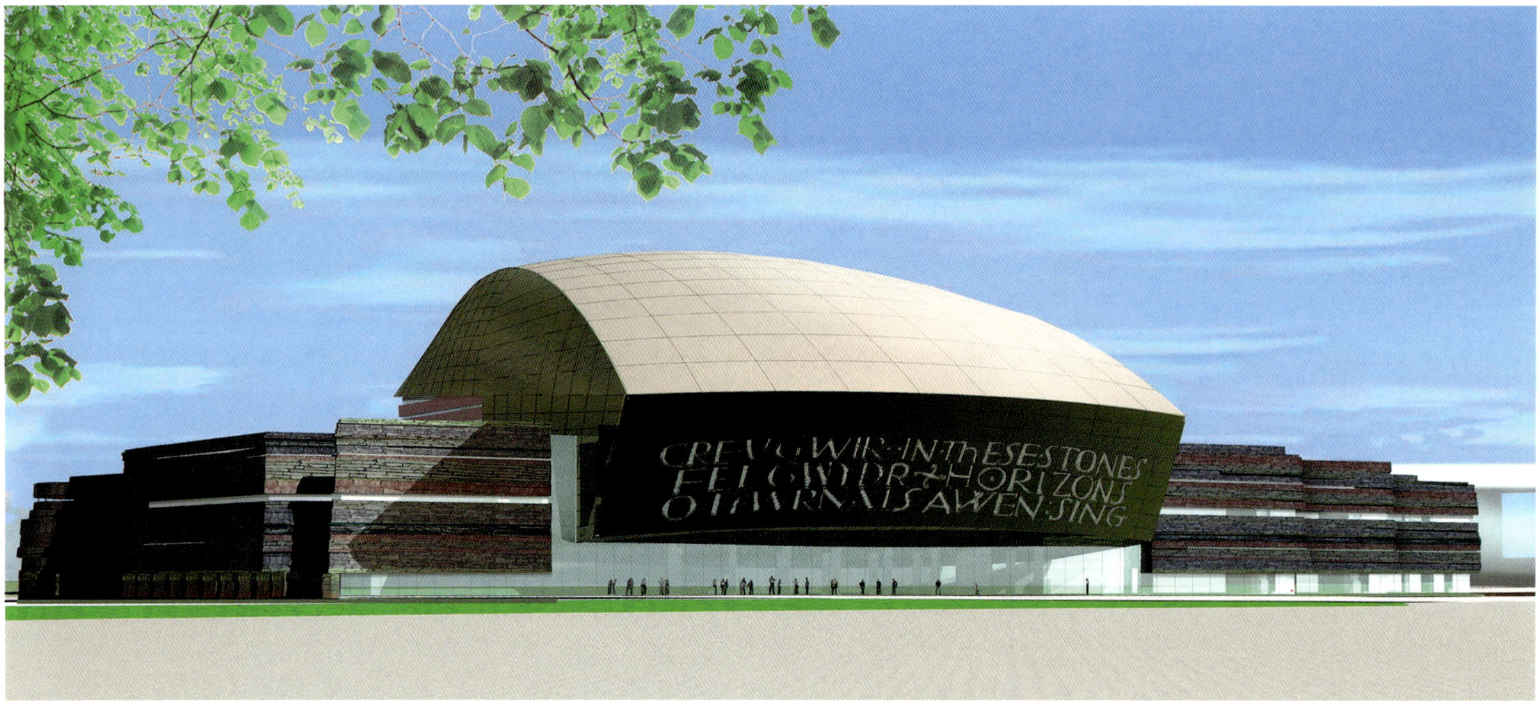

Superior
El teatro y la torre se expresan con una forma distinta de revestimiento metálico, que el arquitecto incluye como recuerdo de la industria galesa de manufactura.

Página siguiente, superior
Por la noche se iluminará una inscripción en la pared del vestíbulo del teatro, y cada letra se convertirá en una ventana hacia el interior.

Página siguiente, inferior
La explanada norte tiene columnas hechas de fundición con una decoración en la superficie que recuerda los motivos florales muy populares en las piezas de fundición del siglo XIX.

fundamente convencido de que era una oportunidad para distanciarse de la tendencia de los edificios de convertirse en una colección de elementos de fábrica y de detalles sacados de un catálogo del fabricante.

La fachada, por ejemplo, rechaza el ubicuo muro de cierre de vidrio y, por el contrario, se inspira en los acantilados de Gales y en sus formas estratificadas. «Las capas de los estratos de rocas parecen simbolizar la persistencia de nuestra nación a través del paso de los años», explica Adams.

Las canteras de pizarra de Gales utilizan normalmente menos de un 1 % del material que se extrae de la montaña; el resto, que se desecha, llena el norte de Gales, que representa «la labor de los trabajadores de las canteras desde el siglo pasado», comenta Adams. Como recuerdo de esa gente, la fachada utilizará unas 2.500 toneladas de pizarra de desecho recuperada de los basureros de restos del norte de Gales, que cortarán y colocarán los albañiles utilizando las casi desaparecidas técnicas de mampostería. Se colocarán horizontalmente paneles de vidrio similares a las vetas naturales de la roca en la pizarra, que reflejan espectaculares destellos de luz diurna sobre el vestíbulo.

En contraste con la fachada de «acantilado» de pizarra, que simboliza el paisaje galés, se eleva a través de la roca una forma curvada revestida de metal que contiene el teatro y la torre. Aquí la referencia es la historia galesa de manufactura: los cuerpos de recipientes de altos hornos, con sus soldaduras superpuestas y filas de remaches. Cortada en el metal habrá una inscripción (el texto exacto todavía se ha de elegir) basada en la obra del artista galés David Jones. Él, a su vez, se inspiró en las letras grabadas en la piedra por los romanos –un recuerdo de otra época de la historia de Gales y una celebración de la convergencia de las tradiciones literarias.

Cada letra es también una ventana que dejará pasar estrechos haces de luz sobre el oscuro interior durante el día y que brillará por la noche. Desde la explanada, el espacio principal del Centre, las rutas hacia los distintos puntos de reunión incluyen balcones abiertos hechos de láminas de madera indígena, inspiradas en los motivos del trabajo de piedra del exterior. Las columnas son de fundición, con decoración en la superficie que recuerda los motivos florales de trabajo en hierro del siglo XIX. En otra referencia a la geología galesa, los motivos se basan en los helechos fosilizados que se pueden encontrar entre los desechos de la minería.

Los dibujos del arquitecto y la descripción del edificio son ricos en el uso innovador de los materiales y sensibles a las referencias históricas, que, sin duda, harán mella en el pueblo galés. No es probable que el edificio tenga el atractivo icónico internacional de la Opera House de Zaha Hadid, pero mucha gente dirá que esto es algo bueno.

Página anterior, superior
El Wales Millennium Centre alberga muchos grupos artísticos locales y nacionales y provee a Gales de su primer teatro lírico de categoría mundial, con un auditorio con un aforo para 1.900 espectadores.

Página anterior, inferior
En las explanadas, una pared de vidrio separa la parte trasera de la delantera, y refleja las curvas de los palcos, motivo por el cual parecen una maqueta abstracta del bosque de donde salieron.

Inferior
La zona de recepción y la taquilla.

Embajada de la India

Año de finalización
2001
Localización
Berlín, Alemania
Arquitecto
Léon Wohlhage Wernik

En el décimo aniversario de la reunificación, casi 100 países habían instalado sus embajadas en Berlín, la nueva capital de Alemania. Esto es importante si tenemos en cuenta que, antes de la segunda guerra mundial, cuando Berlín también era la capital, sólo 33 países tenían allí su embajada. Es un claro reflejo del estatus alemán en el centro de Europa, pero también es un indicador de que los edificios de las embajadas en sí mismos han adquirido una nueva entidad. Muchas de las nuevas embajadas de Berlín se han construido *ad hoc*, en vez de ocupar edificios existentes, y, en este caso más que nunca, la arquitectura revela conscientemente las costumbres y las tradiciones de su país de origen. Una guía arquitectónica de la ciudad lo describe como «un emplazamiento de gala para las Naciones Unidas». Continúa diciendo: «Incluso países pequeños como el Vaticano e Islandia construyen verdaderas casas de fiesta».[1]

En esta atmósfera de competencia, muchas naciones han elegido a arquitectos autóctonos de primera línea para diseñar sus embajadas. La India destaca como la única que convocó en un concurso restringido únicamente a los despachos alemanes. Mientras que la decisión ciertamente refleja el deseo de acelerar el proceso de los trámites del proyecto a través del famoso proceso de los urbanistas de Berlín, convierte la Embajada de la India en especialmente interesante por cuanto que el edificio intenta reflejar la identidad cultural desde el punto de vista objetivo de un extranjero.

El concurso lo ganó Léon Wohlhage Wernik, una sociedad relativamente joven situada en Berlín. Como en las obras previas de este despacho, la arquitectura se deriva del contexto urbano inmediato y utiliza formas geométricas para formar una composición de llenos y vacíos. Konrad Wohlhage minimiza

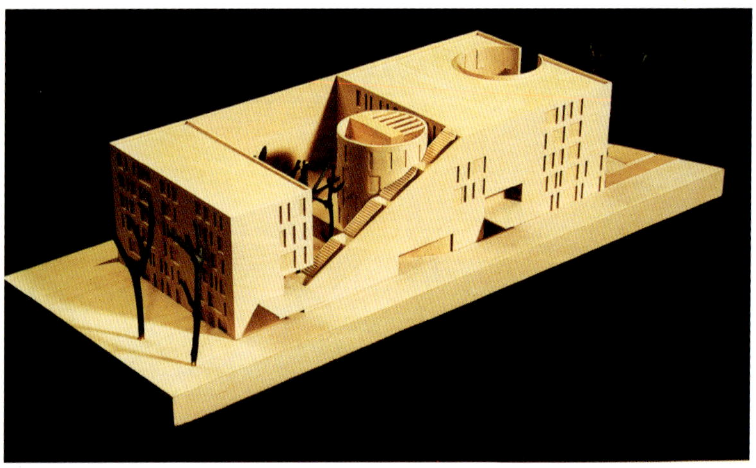

Página anterior
Maqueta de la Embajada de la India que muestra la forma exterior simple, que esconde una compleja distribución interior de formas geométricas, con un patio en el centro del edificio.

Inferior
La entrada es a través de un atrio cilíndrico que aumenta la cantidad de luz natural que llega a las zonas públicas.

Inferior
Las paredes externas de la fachada son bloques de arenisca de la India toscamente tallados e insertados en grandes paneles de hormigón de la fachada.

Página siguiente, superior
El edificio ocupa un solar en la Tiergartenstrasse, entre la oficina del estado federal de Baden-Württemberg y la Embajada de Sudáfrica.

Página siguiente, inferior
La planta muestra la integración de espacios cerrados y abiertos, con jardines acuáticos como parte importante de la entrada del público y de los patios interiores.

los «toques indios» evidentes del edificio, que quedan restringidos al uso de ciertos materiales y técnicas.

El gobierno indio estaba interesado en que el edificio reflejara la India contemporánea, y quería presentar una imagen muy distinta de la que tienen los occidentales. Por lo tanto, no había un programa que incluyera el modo de vida indio o ningún aspecto específico de la cultura de la India –excepto que, habiendo sido celebrados recientemente los 50 años de la independencia de la India, el gobierno quería evitar cualquier reminiscencia de las referencias arquitectónicas del Raj británico.

Lo que recuerda más obviamente la India son las paredes exteriores, formadas por bloques de arenisca roja toscamente tallada, importados de Rahjistán y encastados en unos paneles de hormigón de gran formato soportados por un marco del mismo material. El tamaño de cada panel, 2 × 5 metros, estaba especificado por el arquitecto, y los canteros de la India cortaron las piedras a la medida requerida. Los restantes únicos elementos tradicionales son las rejas de las ventanas, influidas por la decoración islámica y diseñadas en colaboración con artesanos indios. Por otro lado, el edificio está sutilmente influido por la modernidad india poscolonial, especialmente por la obra de Charles Correa, con su utilización de la geometría y sus secuencias de espacios internos interconectados con patios abiertos.

Los 8.170 metros cuadrados de la embajada ocupan un solar en Tiergartenstrasse, cerca de las embajadas de Austria, Turquía, Japón e Italia, y adoptan la misma tipología de villa aislada de la zona. Su sencilla fachada rectangular esconde, por el contrario, una distribución interna compleja formada por escaleras, por patios y por jardines acuáticos. La única clave de esto se encuentra detrás del vacío cilíndrico que forma un atrio que aparece a través de una estrecha abertura de la fachada. Esta abertura constituye la entrada principal de la embajada y da acceso a zonas públicas como el vestíbulo polivalente y el centro de negocios.

Su ampliado papel cultural da a la nueva embajada un perfil más público. En el pasado se hubieran dedicado edificios independientes para la promoción de las culturas indígenas; esta función actualmente se incorpora, con lo cual la gama de oferta necesaria es mucho más compleja. Léon Wohlhage Wernik tuvo en cuenta el reto de dividir el edificio en zonas distintas: residencia del personal, en un edificio independiente al sur; oficinas y zonas públicas, accesibles desde la calle; oficinas del embajador, situadas en un cilindro (un reflejo «positivo» del atrio cilíndrico de la entrada) entre jardines. Todos los elementos se conectan por una gran escalera exterior, expresada por un dinámico vacío en la fachada este. Igual que Correa, que incorporaba «habitaciones» abiertas, los jardines formales son una parte integrada en el diseño de Léon Wohlhage Wernik. El patio jardín principal es un reino en sí mismo. El agua fluye alrededor de estanques formales, y las oficinas cilíndricas del embajador se mantienen a distancia, como un pabellón de jardín.

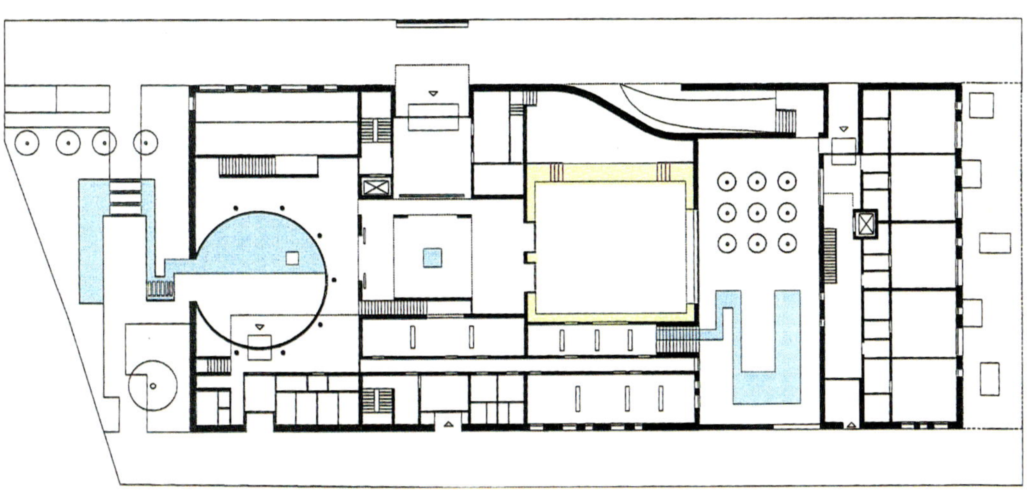

Biblioteca Nacional de Letonia

Año de finalización
2005

Localización
Riga, Letonia

Arquitecto
Gunnar Birkerts Architects

La Biblioteca Nacional de Letonia se está convirtiendo en parte del folklore del país en la misma medida que las fábulas inspiradoras de su diseño. Desde el encargo del diseño en 1989, el gobierno ha luchado por conseguir los 100 millones de dólares necesarios para construirla. La biblioteca es mucho más que un mero edificio en el que se almacenan libros; será el potente símbolo de la lucha por la libertad nacional de Letonia. Naturalmente, lo más apropiado era que un edificio de tal importancia nacional fuera diseñado por un arquitecto autóctono. Aunque no había vivido en Riga desde su juventud (escapó a Alemania después de que la Unión Soviética ocupara Letonia en 1940), Gunnar Birkerts era el único arquitecto letón con reputación internacional y con la experiencia necesaria para llevar a cabo este proyecto hasta su finalización.

Después de instalarse en Estados Unidos en 1949, Birkerts trabajó con Eero Saarinen y creó su propio estudio, con mucho éxito, en 1963. No obstante, igual que muchos emigrantes en Estados Unidos, tenía un fuerte sentimiento de nostalgia por su lugar de nacimiento y, aunque el proyecto tenía el aspecto de estar plagado de dificultades, estuvo encantado de hacerse cargo de él; no en vano, describía el encargo como «un honor especial y una enorme responsabilidad».[1]

Esto fue hace más de diez años. Está previsto que los cimientos de la Biblioteca Nacional se empiecen a cavar en el 800 aniversario de Riga, en la segunda mitad de 2001, cuando el gobierno otorgue la primera partida del presupuesto.

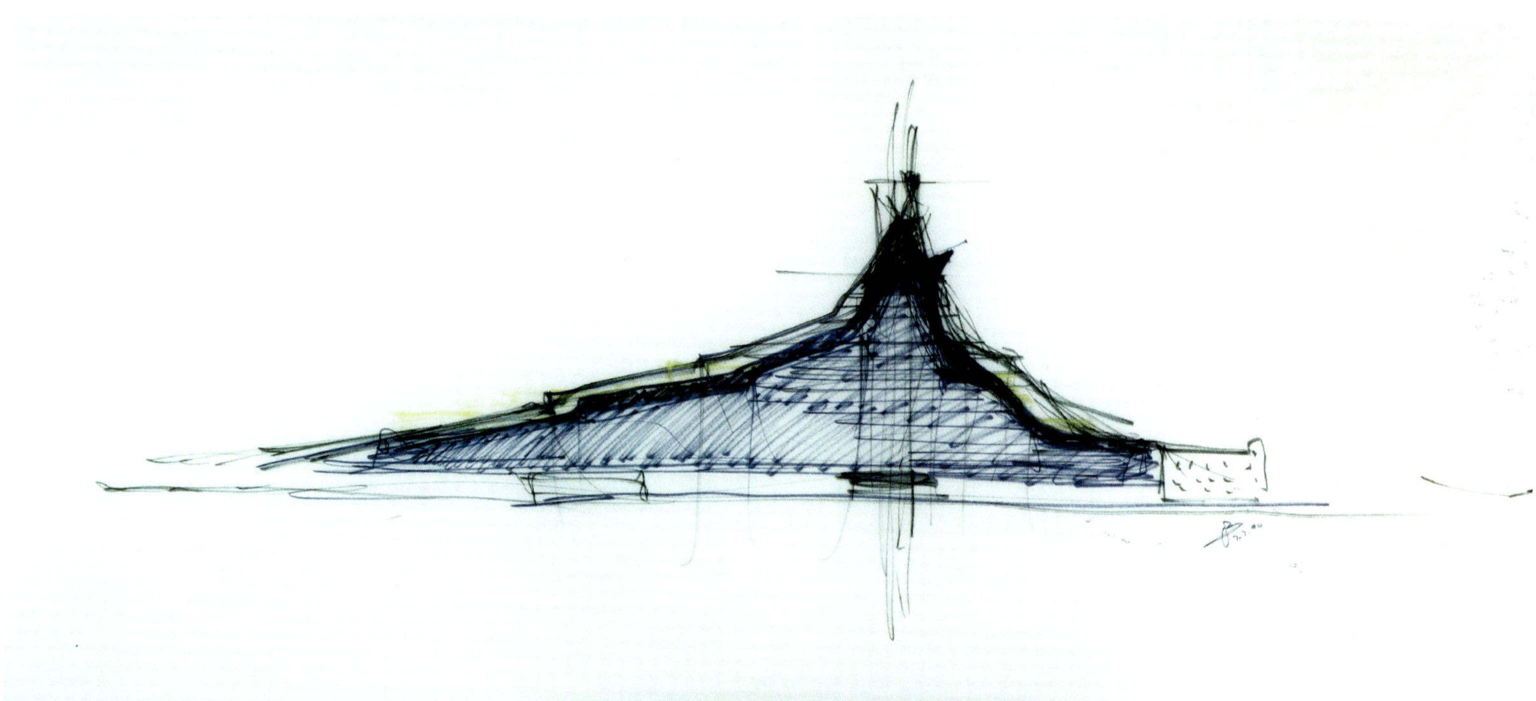

Izquierda
La protección del edificio y su elevada posición aluden a los *kletis*, edificios de almacén de las granjas de Letonia.

Inferior
La construcción *high-tech* representa el deseo de Letonia de formar parte del mundo moderno informatizado.

Página anterior
Esbozo que describe la forma de la biblioteca, inspirada en dos cuentos populares letones acerca de un castillo de luz y una montaña de cristal.

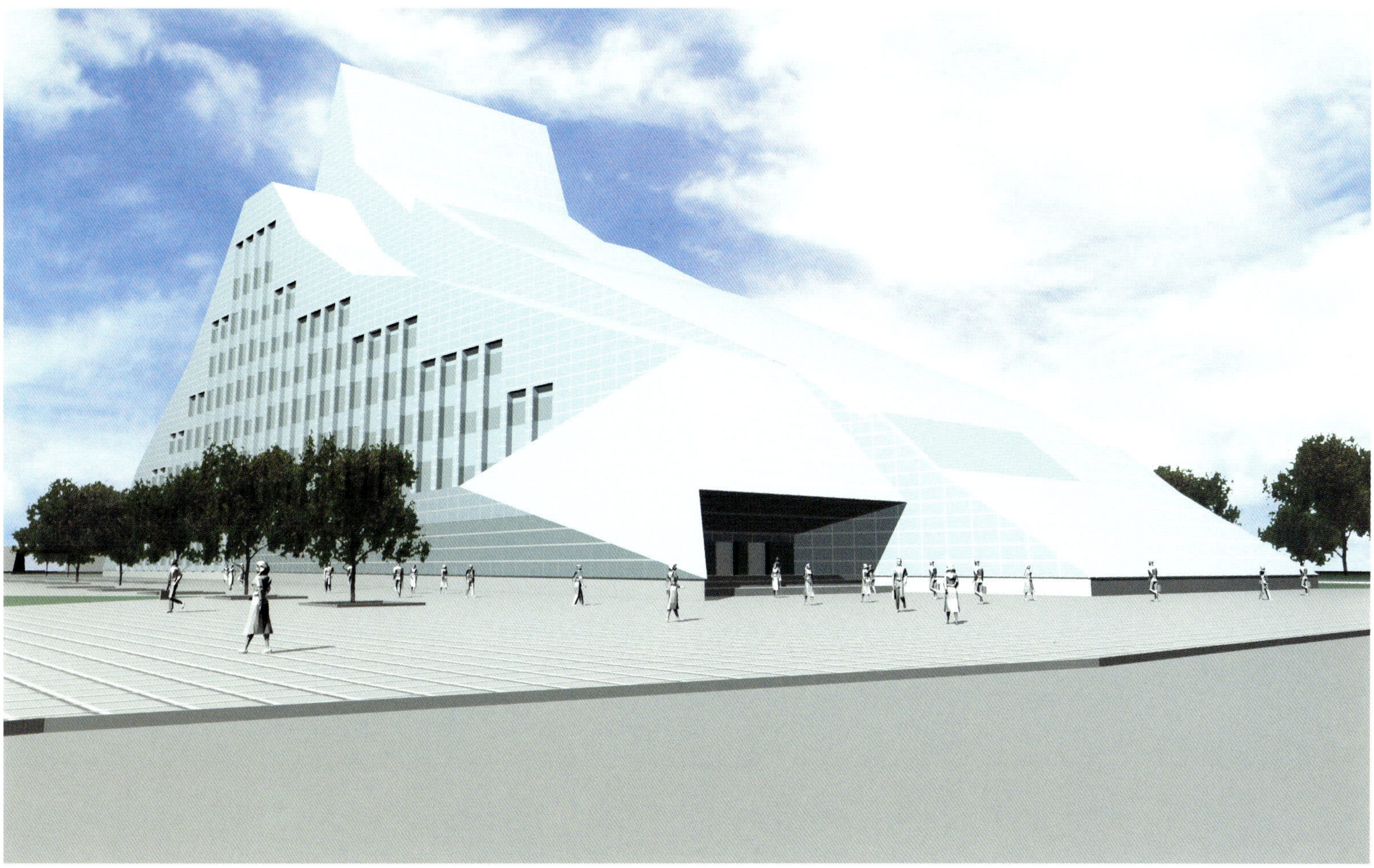

Incluso sin construir, la biblioteca tiene tanta potencia como tendría el edificio terminado como símbolo de la lucha de Letonia por expresar su identidad, tal vez más ya que, si nunca se llega a construir, se podrá sumar al sentimiento de victimismo que se ha convertido en la base de la propia imagen de Letonia. La independencia en 1991 provocó una discusión sobre cómo debía utilizarse la arquitectura para expresar la identidad del país. Para Birkerts, la respuesta estaba en el folklore de Letonia –sus canciones, refranes, adivinanzas, anécdotas y fábulas. Dos de estas fábulas, las historias del «castillo de la luz» y de la «montaña de cristal», se convirtieron en la inspiración de la forma de la biblioteca.

Según el folklore, durante los «sangrientos días de la esclavitud», un castillo de luz se hundió en un lago negro nórdico, para resurgir de las profundidades como símbolo de la fuerza nacional cuando hombres valientes invocaran su nombre. En la historia de la montaña de cristal, un héroe lucha por acercarse a una montaña para despertar a la princesa dormida. Ambos cuentos son alegorías de la lucha letona por la libertad contra diversas autoridades extranjeras; la más reciente es la de la Unión Soviética. El diseño de la biblioteca es una interpretación de estas historias; se asemeja a una montaña cubierta por un revestimiento de vidrio.

Con una superficie total de 46.000 metros cuadrados, la biblioteca consolidará la colección nacional letona de cinco millones y medio de libros, que en este momento están dispersos en 12 emplazamientos distintos alrededor de la ciudad. Con una altura de 60 metros en la «cima de la montaña», la biblioteca es una importante manifestación que dominará el perfil de Riga. Su impacto quedará modificado por su localización en el lado izquierdo sin construir del impresionante río Daugava, conectado por dos puentes de 600 metros de ancho.

Además de la metáfora de la montaña, la biblioteca hace una referencia directa a lo vernáculo agrícola letón –por ejemplo, a los graneros de trilla y a los edificios de almacén de las granjas llamados *kletis*, que se levantan sobre columnas para proteger el contenido de las aguas.

Birkerts describe su metodología arquitectónica como «síntesis orgánica», expresión con la que se refiere al proceso natural de combinar diversos ingredientes para encontrar una solución más apropiada. Estilísticamente, considera la biblioteca como parte de la tradición del romanticismo nacional de finales del siglo XIX y del regionalismo de Alvar Aalto –movimientos nórdicos que reaccionaron en contra del formalismo impuesto.

El modo en que Birkers utiliza los materiales y la tecnología es, sin embargo, decididamente moderno. La estructura del edificio será de hormigón armado cubierto por un revestimiento de vidrio, con lo cual se fusionan las paredes y el tejado en una superficie continua. Se utilizará la última tecnología del vidrio para permitir que la piel funcione de diversos modos protegiendo el interior de los rayos ultravioletas y soportando al tiempo la presión del viento y el peso de la gente que camine encima.

Proporcionar acceso público a la nueva tecnología es una prioridad del gobierno de Letonia que, junto con muchos otros estados europeos, ha declarado su intención de desarrollar una fuerza de trabajo competitiva en la vanguardia de la tecnología de la información. Birkerts es escéptico acerca del poder de las redes electrónicas para unir culturas, e insiste en que el objetivo principal de la biblioteca es «conservar nuestro registro literario e histórico y nuestro folklore, nuestro verdadero ADN».

Página siguiente, superior
Sección que muestra un alto atrio en el corazón del edificio y doce plantas de libros y de archivos con espacio para cinco millones y medio de volúmenes.

Página siguiente, inferior
La gran escala de la biblioteca parece más apropiada cuando se ve en el contexto de la orilla izquierda sin construir del río Daugava.

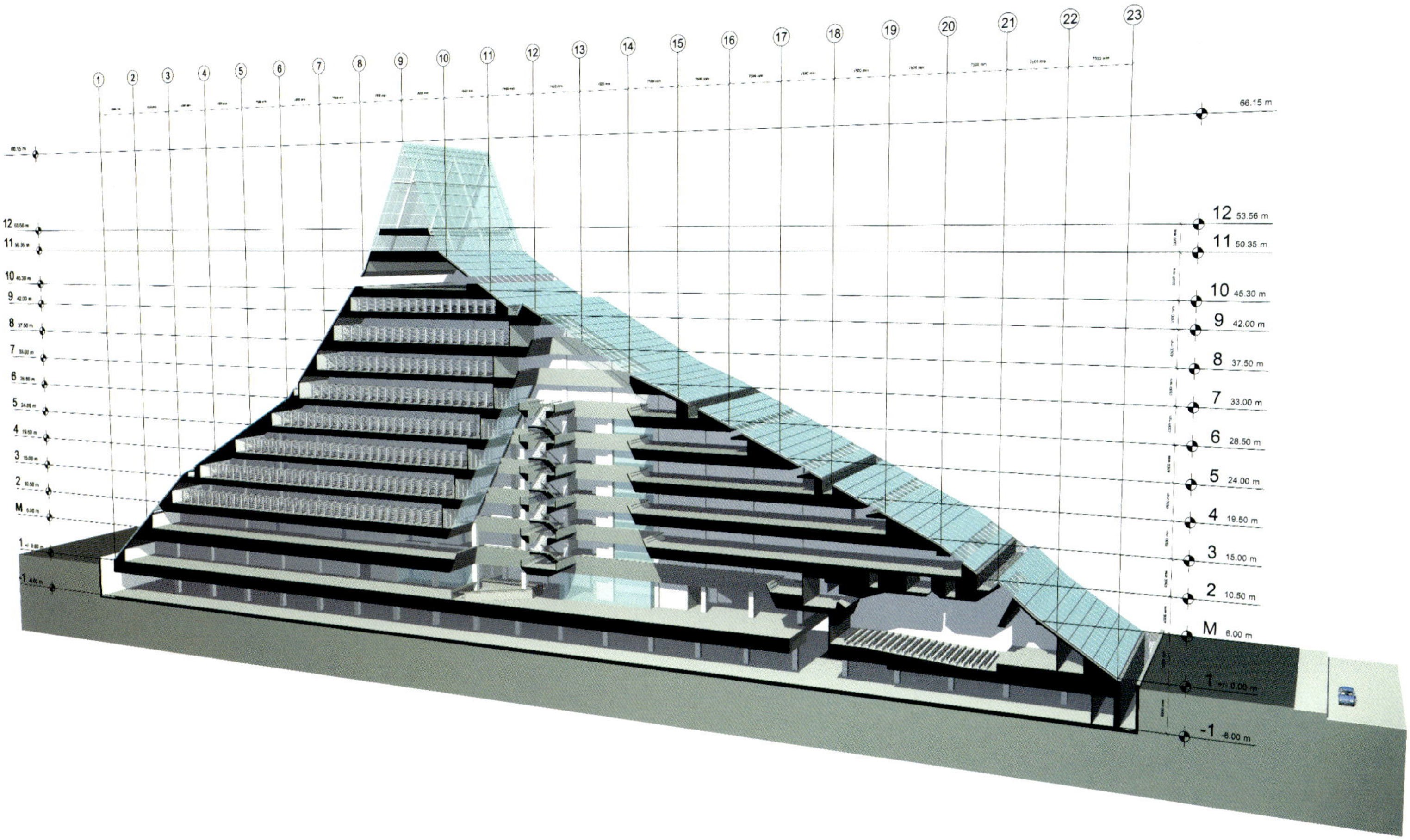

66.15 m
12 53.56 m
11 50.35 m
10 45.30 m
9 42.00 m
8 37.50 m
7 33.00 m
6 28.50 m
5 24.00 m
4 19.50 m
3 15.00 m
2 10.50 m
M 6.00 m
-1 -6.00 m

Casa de Cultura

Año de finalización
1999

Localización
Mako, Hungría

Arquitecto
Imre Makovecz

La arquitectura orgánica de Imre Makovecz se ha convertido en un potente símbolo de la nacionalidad húngara. Probablemente, es el arquitecto húngaro más conocido, aunque la mayor parte de sus 40 años de carrera ha trabajado al margen de la sociedad: diseñaba pequeños edificios comunitarios en ciudades de provincias. Es precisamente esta línea independiente de Makovecz, así como su rechazo a las tendencias políticas y estilísticas del momento, lo que lo hizo tan popular cuando cesó la influencia soviética sobre Hungría. La Casa de Cultura de Mako muestra muchas de las características de la obra de Makovecz, que ha sido especialmente coherente a lo largo de su larga carrera.

Influido por el arquitecto del romanticismo nacional Karoly Kos (1883-1977), Makovecz experimentó por primera vez con el estilo orgánico en los años sesenta. Durante los setenta estableció su reputación como librepensador, y rompió continuamente las reglas del régimen comunista con el diseño de edificios hechos a mano que suponían gestos desafiantes contra las técnicas de construcción del sistema soviético.

A finales de la década de los setenta, su diseño del Centro Cultural Sarospatak fue el colmo: se le retiró el permiso para construir con la excusa de que había rebasado el tiempo previsto para la construcción. Exiliado en un parque nacional al norte de Budapest, Makovecz quedó limitado a diseñar estructuras para cámpings y para edificios comunitarios. Irónicamente, esta situación permitió que floreciera su interés por las tradiciones populares húngaras y confirmó sus temores de que la nacionalización de la tierra y las cooperativas agrícolas dirigidas por el estado destruían la vida agraria húngara.

Sin embargo, a principios de la década de los ochenta la situación política empezó a cambiar, y Hungría se convirtió en la economía más occidentalizada del este de Europa. Aprovechando el nuevo mercado de encargos privados,

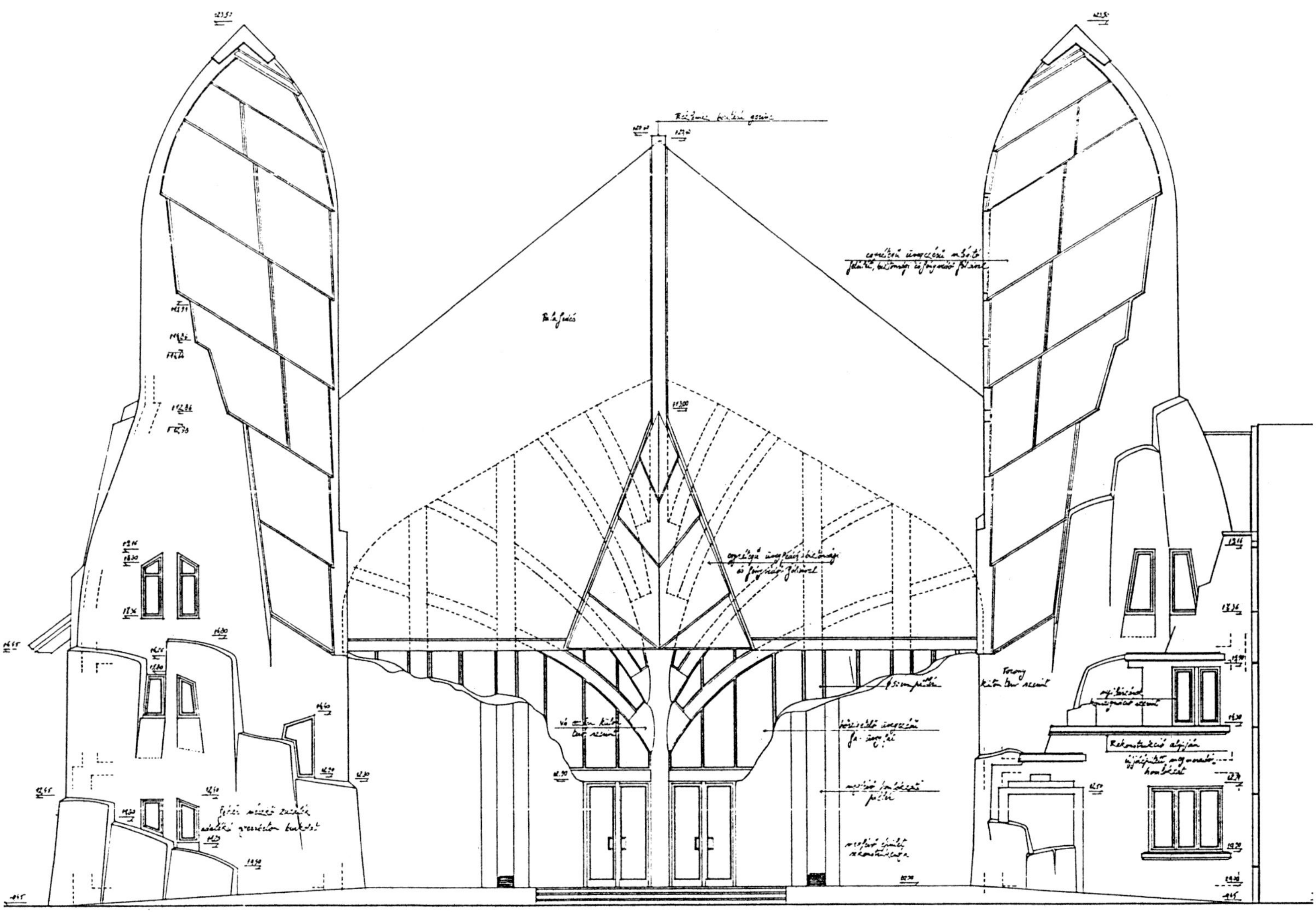

Izquierda
El edificio incorpora un centro cultural construido por la asociación de cultivadores de cebolla de Mako en la década de los treinta.

Página anterior
Alzado que muestra la fachada del edificio, con dos torres de vidrio que se elevan a cada lado de un tejado curvo de tejas.

Superior
Por la noche, las cuatro torres acristaladas, que albergan escaleras y salas de lectura, son un recuerdo de las torres de las iglesias calvinistas de la región.

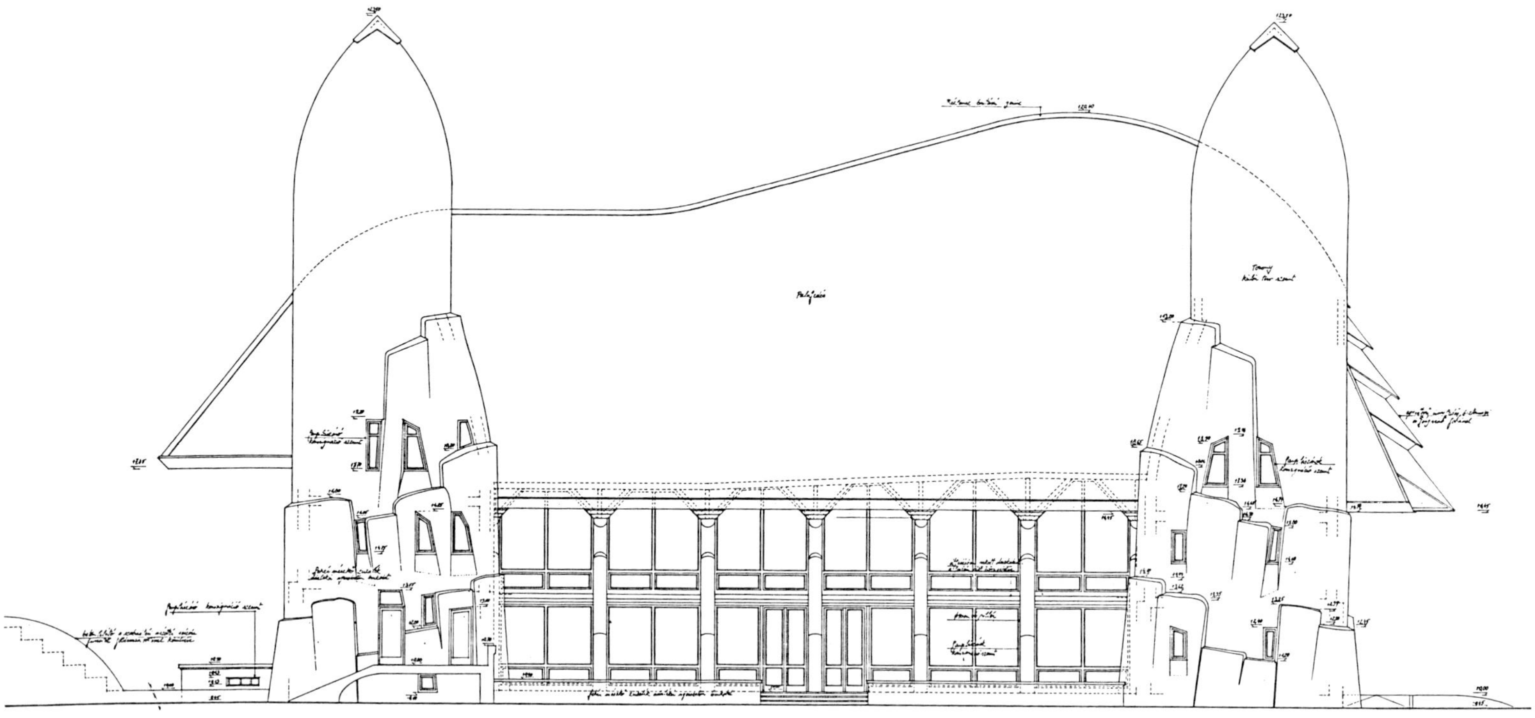

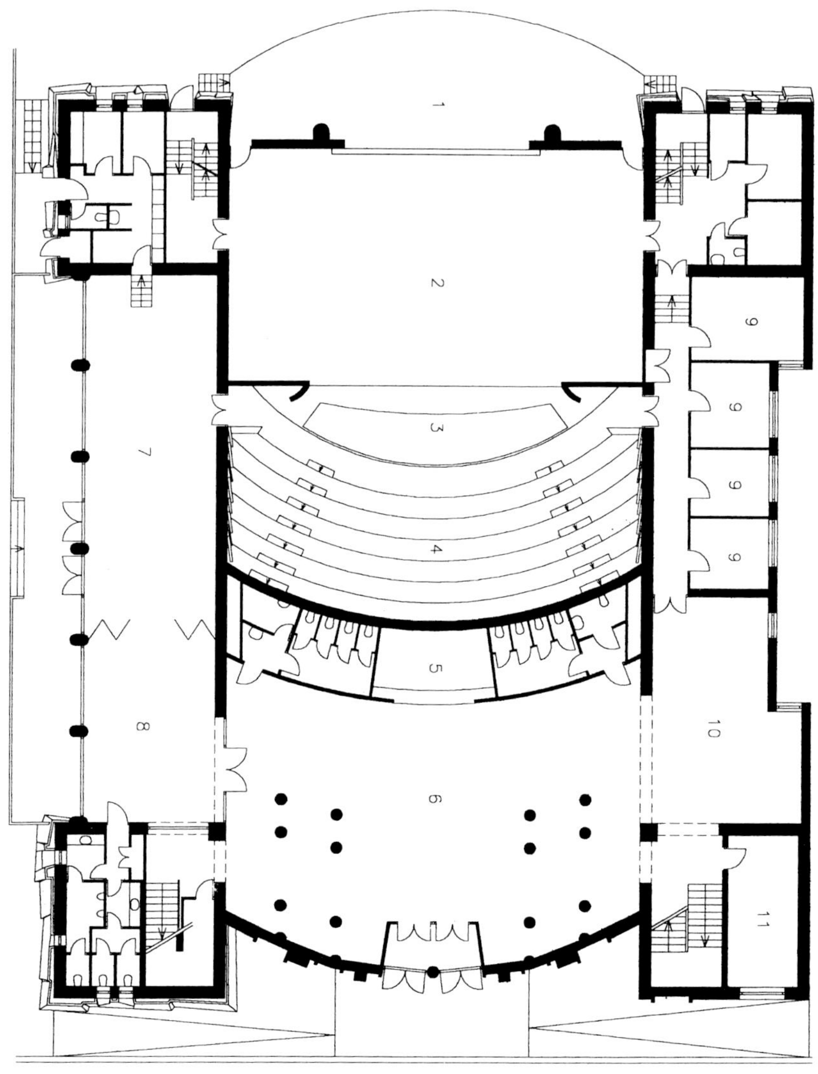

Superior
Alzado que muestra las escultorales columnas del edificio en las que se asienta la larga forma oscura del tejado.

Derecha
Planta que muestra el auditorio en el centro del edificio, con un escenario que se puede abrir por detrás para hacer representaciones al aire libre.

1 escenario exterior
2 escenario
3 orquesta
4 auditorio
5 puertas
7 foyer
8 vestíbulo
9 vestuarios
10 guardarropía
11 oficina

Página siguiente, izquierda
Una columna «tronco de árbol» en la entrada principal soporta una masa de «ramas» de madera que forman un toldo.

Página siguiente, derecha
El tejado del auditorio, de un aforo de 600 espectadores, se parece a una barca boca abajo con costillas curvadas de madera que se elevan sobre las paredes de yeso.

Makovecz abrió su estudio y, al ofrecer un espacio de trabajo y de prácticas en un estilo orgánico a arquitectos jóvenes, empezó a diseminar sus ideas por toda Hungría.

A pesar del impacto político de su obra y sus fuertes conexiones con el nacionalismo húngaro, Makovecz explica que su interés es espiritual y emocional, y no político. La Casa de Cultura de Mako, una pequeña ciudad en el sudeste de Hungría, cerca de la frontera con Rumanía, hace referencias explícitas a la naturaleza, al arte popular y a la herencia arquitectónica olvidada de Hungría. Como recuerdo de la historia del lugar, el edificio incorpora las ruinas de un centro cultural de los años treinta que construyó la asociación de cultivadores de cebolla de la ciudad y que se derribó durante la ocupación soviética.

La función principal del centro, encargado por el Ayuntamiento de Mako, es albergar un teatro de 600 plazas. Este espectacular espacio en el centro del edificio está cubierto con contrachapado y cantos de pizarra. Encima de la entrada, la pizarra da paso al vidrio y muestra la estructura, un esqueleto de madera. Dentro del auditorio, el techo recuerda un barco boca abajo. De los lados surgen costillas curvadas de madera desde una base de yeso moldeado, y la pared de detrás del escenario se abre para representaciones al aire libre en la parte posterior del edificio.

Cuatro torres acristaladas, que albergan las escaleras y las salas de lectura, se sitúan en las esquinas del teatro, en recuerdo de las torres pintadas de blanco de las iglesias calvinistas de la región. Sin embargo, éstas son las únicas referencias a la herencia arquitectónica húngara. «Es típico de Hungría» –dice

Makovecz–, «que, aunque tengamos una historia muy rica, queden pocos restos materiales. Si alguien quisiera ver cómo era Hungría en el pasado, tendría que ir a Eslovaquia o Rumanía».

Al reflexionar sobre lo que él describe como un «país invisible», Makovecz toma sus referencias de la naturaleza y del lenguaje vernáculo en vez de formas específicas de construcción. En su estilo característico, algunas partes del edificio derivan del antropomorfismo, donde las palabras que describen los elementos de construcción están conectadas a características de animales –por ejemplo, las puertas son alas, un caballete es la columna vertebral, las vigas son cuernos y las ventanas son ojos.

En el interior del teatro de Mako, unas columnas enroscadas parecidas a troncos de árboles soportan el techo del foyer. El árbol –dice Makovecz– «es la representación más completa de la vida misma». No sólo tiene un valor simbólico –la raíz es una metáfora de lo escondido, del mundo subterráneo del inconsciente–, sino que también «envejece y madura como el vino».[2] La madera es un material escogido también por razones prácticas. Después de la segunda guerra mundial, Hungría carecía de tecnología y de conocimientos técnicos constructivos para edificar. Los únicos artesanos que quedaban tenían práctica principalmente en técnicas de carpintería y, con el uso extendido de los paneles prefabricados de hormigón durante los años sesenta y setenta, la madera se convirtió en símbolo de desafío contra el régimen comunista.

Dado que tantos aspectos de la arquitectura de Makovecz están relacionados con el espíritu de resistencia, es difícil imaginar cómo evolucionará su obra en una situación donde se acepta como el estilo nacional. Sin embargo, con el capital occidental fluyendo hacia Hungría y con la mayoría de los nuevos encargos dirigidos a arquitectos extranjeros, Makovecz continúa siendo considerado como el desamparado luchador por una arquitectura auténticamente húngara.

Izquierda
Un bosque de columnas tipo árbol soporta el techo del foyer.

Página siguiente
La madera es el material favorito de Makovecz por razones simbólicas y prácticas: el árbol significa vida, mientras que la carpintería era la única actividad artesana existente en ciertos momentos de la historia nacional.

Centro Cultural Tjibaou

Año de finalización
1998

Localización
Nouméa, Nueva Caledonia

Arquitecto
Renzo Piano Building Workshop Architects

El Centro Cultural Tjibaou fue el último *grand project* promovido por el fallecido presidente francés François Mitterand en uno de los territorios coloniales que todavía posee Francia. El edificio, situado a poca distancia de Nouméa, la capital de Nueva Caledonia, fue el resultado de un acuerdo político pactado entre el gobierno francés y el movimiento de independencia de Nueva Caledonia después del asesinato de su líder, Jean Marie Tjibaou, en 1989. Tjibaou había hecho campaña durante mucho tiempo para la restauración de la cultura indígena Kanak y, tras su muerte, como concesión a sus seguidores, el gobierno aceptó financiar una Agencia de Desarrollo de la Cultura Kanak (ADCK) como contrapartida a la pospuesta independencia.

Además de la promesa de apoyo a la cultura Kanak, el gobierno se comprometió a invertir 200 millones de francos franceses, de los cuales el Centro Cultural Tjibaou representa la primera cuota. En 1990, se convocó un concurso internacional en dos etapas para encontrar un arquitecto para un edificio que reflejara la complejidad de los rituales de la cultura y de las costumbres Kanak, sus 28 lenguas y, por encima de todo, su deseo de independencia.

Renzo Piano propuso el diseño más innovador y apropiado. Como italiano, también resultaba políticamente aceptable –un arquitecto francés se hubiera considerado como un paso más del imperialismo cultural. Piano es conocido por su sensibilidad hacia el lugar y su trabajo de campo, que incluye un exhaustivo estudio del clima y de la cultura antes de que surja el diseño.

La idea de Piano proviene de la interpretación de la compleja cultura Kanak, que reconcilia su interés por la tecnología con las tradiciones locales melanesias. Llegó incluso a contratar la ayuda de un antropólogo social especialista en la cultura del Pacífico Sur, Alban Bensa. «Se necesitaba coraje para aceptar verdaderamente el reto», escribe Piano. «Me quito las ropas mentales

Derecha
El Centro Cultural Tjibaou está situado en una península a pocos kilómetros de la capital de Nueva Caledonia, Nouméa.

Inferior
El centro consiste en diez «contenedores», unas estructuras estrechas de madera laminada que se abren en la parte superior en una distribución de tipo peine y se mueven con el viento igual que los árboles de los alrededores.

Página siguiente
Además de ser un elemento visible, cada uno de los diez contenedores tiene una función distinta, que incluye espacios de exposición y representación en los que se celebra la cultura Kanak. Los contenedores son un espacio público conectado y un camino ritual.

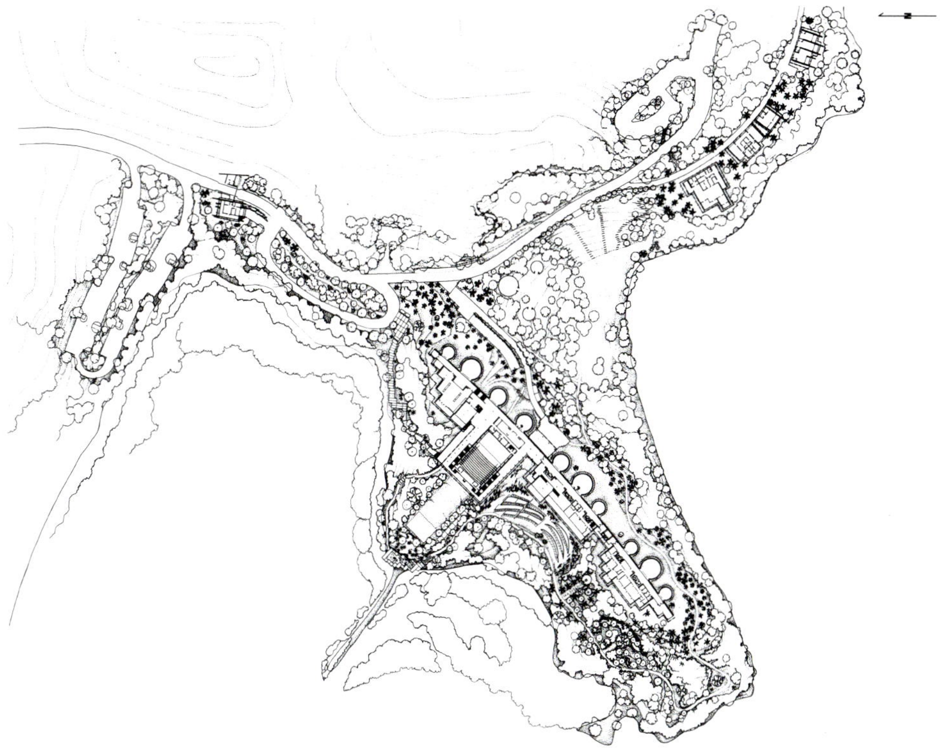

Inferior
Sección transversal de un contenedor, el más alto de los cuales mide 28 metros, que muestra cómo la estructura de acero se afila hacia el cielo.

Página siguiente, superior
Construida por viguetas y por nervaduras, la estructura curva de cada contenedor se fundamenta libremente en las tradicionales chozas Kanak que se construían con fibras de plantas entrelazadas.

Página siguiente, izquierda
Cada contenedor consiste en una doble estructura con aire que circula entre el revestimiento del exterior y la piel de vidrio interior. La aberturas utilizan los vientos alisios del mar y producen corrientes de convección para ventilar el interior.

Página siguiente, derecha
Sección horizontal de un contenedor que muestra las viguetas de madera de iroko unidas por varas de acero.

de arquitecto europeo y entro en el mundo de la gente del Pacífico.»[1] También significó una batalla contra lo que describe como la «trampa de la imitación folklórica, el mundo de lo *kitsch* y de lo pintoresco».

Quizá, sorprendentemente, le ayudó el hecho de que no se puede hablar de una tradición constructiva Kanak, ya que los melanesios construían chozas con materiales perecederos, que no pretendían ser permanentes. Esta ausencia de lo vernáculo dio a Piano una mayor libertad para experimentar con materiales y con formas, y tenía como objetivo que su diseño representara el primer intento de crear una arquitectura característica de la región.

La solución no fue un único edificio monumental –que habría fallado en el respeto de la creencia Kanak de armonía con la naturaleza– sino una reunión de «pueblos», de caminos y de espacios abiertos. Los elementos más típicos del centro son lo que Piano describe como «contenedores», estructuras curvas construidas con armaduras y con viguetas de madera, que se ven desde lejos sobresaliendo por encima de los árboles. Hay diez de estas curiosas pero elegantes estructuras, cada una de una altura y con función diferente. Con 28 metros de altura, el contenedor mayor es tan alto como un edificio de nueve plantas y es un elemento bien visible desde lejos. Sus tablillas curvas de madera vibran con el viento, se funden con la vegetación de los alrededores y evocan las fibras vegetales entretejidas de las cabañas melanesias.

Los contenedores funcionan tan bien porque son pura invención, en vez de una forma prestada. Aunque se fundamentan superficialmente en las chozas indígenas, un diseño anterior tomaba una interpretación más literal. Sin embargo, la versión final tiene una lectura más abstracta, que evita el peligro del *kitsch*. Su lógica se basa en las investigaciones de Piano acerca de la textura de los materiales y el clima local, y experimenta con la combinación del uso de materiales naturales y con la tecnología moderna; utiliza madera laminada y natural, hormigón y coral, acero de fundición y paneles de vidrio, corteza de árbol y aluminio. Los contenedores también tienen un propósito práctico, que es proporcionar un sistema efectivo de ventilación pasiva: se explotan los vientos alisios del mar y se provocan corrientes de convección en el interior.

Bajo las frondosas torres de los contenedores, el centro se organiza en tres «pueblos» que albergan exposiciones acerca de la historia, de la comunidad y del medio natural de Nueva Caledonia. También hay un teatro de 400 plazas, una biblioteca multimedia y otras ofertas propias de un centro cultural moderno, como un restaurante y oficinas. Los diversos elementos están conectados entre ellos y rodeados por un camino de 1 kilómetro, que se extiende desde el borde de la laguna hasta la cima del promontorio. A lo largo de esta ruta, el «camino de la historia», hay una serie de metáforas Kanak sobre la evolución humana, con temas sobre la muerte, el nacimiento, el renacimiento y la naturaleza. La creación más importante está representada por un nenúfar rodeado de árboles en movimiento; por otro lado, la agricultura se representa por medio campos de boniatos y de otras verduras locales.

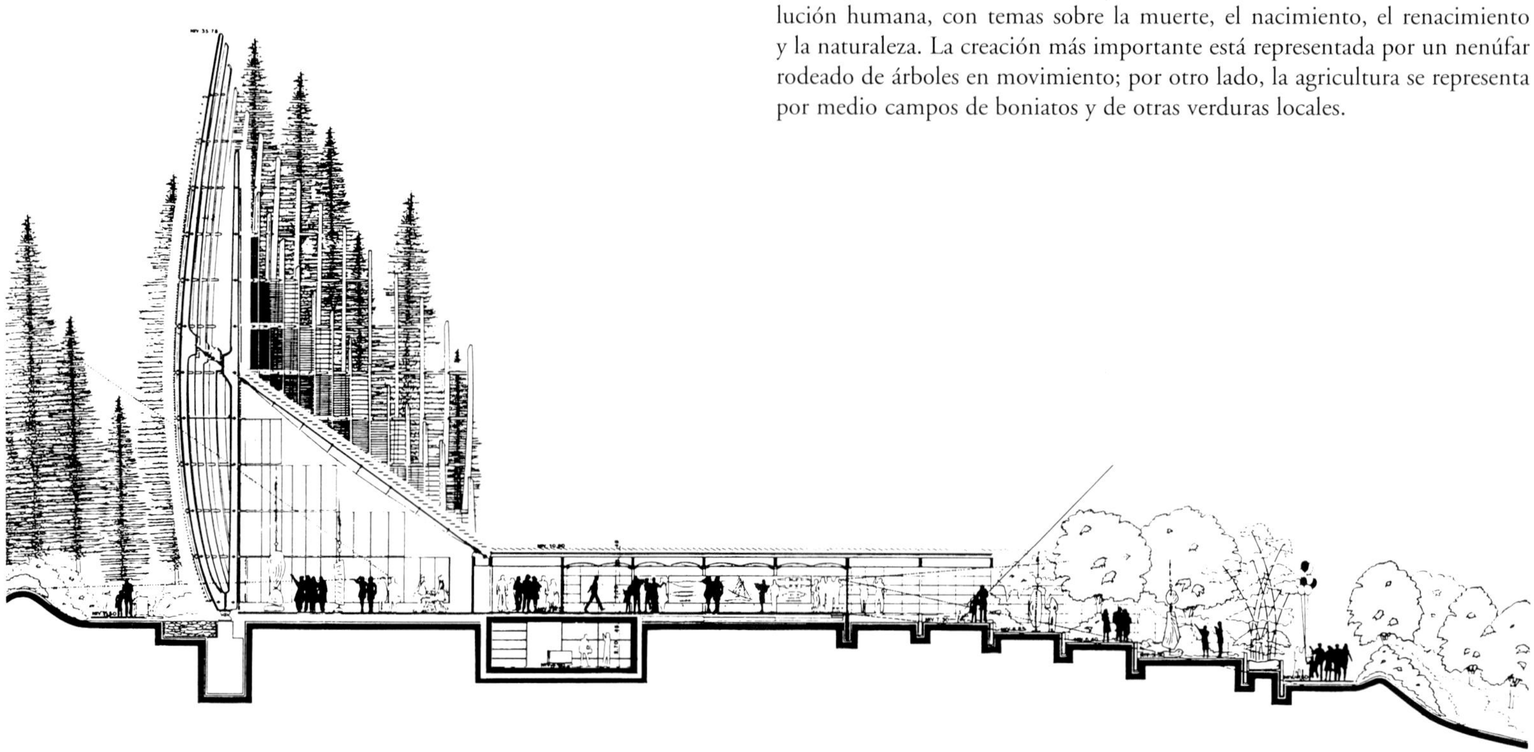

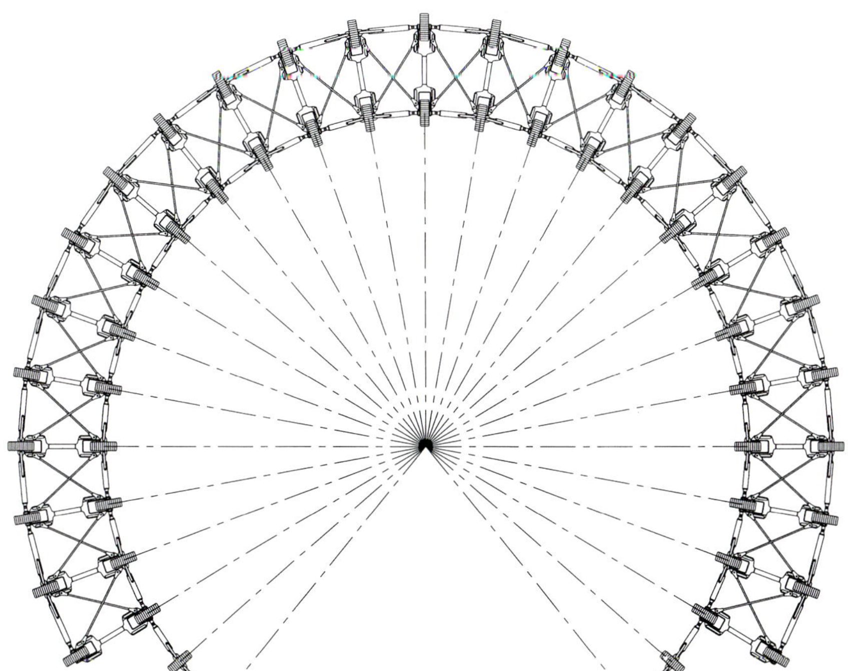

4

Construir con el paisaje

La conciencia medioambiental, que actualmente es casi universal, ha añadido una nueva dimensión a la arquitectura vernácula. La preocupación actual acerca de la destrucción del medio ambiente tiene en su centro la idea de que el mundo natural es un ente distinto amenazado por la intervención del hombre. Sin embargo, se podría objetar que los desastres naturales en el mundo desarrollado prueban que también puede ser cierto precisamente lo contrario. En su libro *Landscape and Memory*, Simon Schama defiende la idea de que el hombre y la naturaleza son indivisibles: «Incluso antes de que haya una respuesta para los sentidos, el paisaje es la obra del pensamiento. Su escenario se construye igual tanto desde los estratos de la memoria como desde las capas de roca [...] Es difícil pensar en un único sistema natural que, para bien o para mal, no haya sido modificado ulteriormente por la cultura humana».[1]

Los proyectos de este capítulo muestran una particular sensibilidad por el paisaje, tanto si rechazan la opinión de que el hombre debe alterar el paisaje como si reflejan la visión de la arquitectura y del paisaje en una relación dinámica. El planteamiento es fundamentalmente distinto del de los arquitectos del pasado, que veían el paisaje casi como algo para ser moldeado y utilizado por el hombre. Tal como Jacob Bronowski planteó lleno de confianza en su influyente serie de televisión *The Ascent of Man*: «El hombre es una criatura singular. Tiene un conjunto de cualidades que lo hace único entre los animales, por lo cual, a diferencia de ellos, no es una figura en el paisaje: él es el formador del paisaje».[2]

A finales del siglo XX, el ritmo del cambio, el uso de nuevos materiales y el proceso acelerado de construcción cambiaron el marco temporal de la arquitectura. Los edificios podían aparecer casi instantáneamente y, en algunas ciudades –por ejemplo Tokio–, se esperaba que duraran sólo cerca de una década. Los arquitectos generalmente consideraban que sus edificios eran perfectos en el momento de terminarlos, en vez de prever cómo estarían después de décadas de maduración y desgaste. Este último enfoque tiende a ser el coto de los arquitectos paisajistas, que trabajan con una escala temporal distinta. Como indicó el arquitecto paisajista Geoffrey Jellicoe en The *Landscape of Man*: «Lo que importa (ahora) es el presente. Por ejemplo, la imaginación ya no se interesa por el intervalo, específico del paisajismo, entre la semilla y el árbol».[3]

Peter Salter es un ejemplo escaso de arquitecto que piensa como un paisajista; trata los materiales inertes de construcción como si estuvieran vivos. Su pabellón en el monte Kamiichi, en la prefectura de Toyama, en Japón (*véase* página 146), reintroduce la idea de temporalidad en arquitectura. Salter proyecta para el futuro y tiene en cuenta qué efecto tendrán sobre el pabellón la nieve, el viento y la lluvia; considera el proceso geológico de erosión y sedimentación como si el edificio fuera una ampliación del territorio.

Los edificios vernáculos tienen una «innegable lógica», considera Salter, que es el resultado de su evolución en el tiempo. Los arquitectos sólo se pueden acercar a esta lógica teniendo en cuenta los factores objetivos y respondiendo a ellos, en lugar de reproducir las formas de lo vernáculo. Salter no ve ninguna contradicción entre el artificio del arquitecto y el proceso inconsciente de lo vernáculo. Los arquitectos pueden aprender de lo vernáculo o, como dice, «acercarse tanto como se atrevan».

Éste es un punto de vista compartido por el arquitecto australiano Glenn Murcutt (*véase* el Centro Educativo Arthur and

Ivonne Boyd, página 140). Durante la década de los ochenta, Murcutt documentó las estructuras agrícolas de los aborígenes y destacó el modo en que los cobertizos para lana, por ejemplo, habían evolucionado en relación con su función y la interacción con el clima. El parecido de muchos de sus edificios a estas estructuras no surge de la imitación, sino de lo que describe como «inspiración análoga» –una sensibilidad hacia el paisaje similar a la de los aborígenes–. A diferencia de Salter, cuyos edificios están firmemente implantados en la tierra, Murcutt «toca ligeramente la tierra» (una frase aborigen). El Centro Educativo Arthur and Ivonne Boyd se asienta sobre pilares de hormigón que no interfieren en la corriente de agua de la base del solar (es, pues, una intervención humana que no desbarata las leyes de la naturaleza). En Australia, el paisaje es más que un simple escenario para ver a través de la ventana; es un símbolo de la identidad nacional o, según Murcutt, «casi un instrumento de reconciliación nacional».

El arquitecto noruego Sverre Fehn se inspira igualmente en el paisaje, aunque describe su museo en el oeste de Noruega (*véase* página 164) como «una batalla con la colina». Con esto no quiere decir que la arquitectura sea desconsiderada o incompatible con el paisaje, sino que es una contradeclaración que completa un todo dialéctico. Fehn cree que los diversos tipos de terreno noruego tienen un carácter diferente que influye en la forma de la arquitectura vernácula e incluso en el temperamento de la gente que vive en un lugar.

Muchos de los proyectos descritos en este capítulo tienen el objetivo de ser experimentados como parte de un viaje a través del paisaje, y en algunos casos incluso como recuerdo simbólico de la alegoría china del paso del hombre por el mundo en dirección a la eternidad. Éste es claramente el caso del Museo Miho, en las colinas de Shigaraki, en Japón (*véase* página 158), que ocupa un remoto emplazamiento accesible sólo viajando a través de un túnel y por encima de un espectacular puente suspendido. Según las leyes urbanísticas, una parte del museo debía estar enterrado en la colina, lo cual implicaba la excavación de miles de toneladas de tierra y roca. Los urbanistas pusieron límites al edificio, que podía verse por encima del nivel del suelo, en un claro reflejo de la creencia de que el paisaje se debe reverenciar principalmente como un objeto para ver, no como un ecosistema con el que no se ha de interferir.

El Centro Científico de Antoine Predock, en Arizona (*véase* página 152) –el único edificio urbano representado en este capítulo–, traslada el paisaje del desierto al centro de Phoenix. Predock se distancia *ex profeso* de las discusiones teóricas «eurocéntricas», y trabaja en Nuevo México, donde, según explica, «una persona fundamentalmente se interesa por la dirección del viento, el movimiento del sol y la forma del paisaje». Sin inspirarse en la arquitectura de Phoenix, Predock modeló el Centro sobre las formas y los efectos de luz del desierto de Sonora; trabajó primero con maquetas de barro para crear formas esculturales del territorio, y convierte al visitante en un participante activo del edificio. Aunque éste es una pieza sensible de urbanismo, su rechazo de las formas urbanas refleja una ambivalencia hacia la duradera cualidad de la civilización comparada con la del paisaje.

Página anterior
El Centro Científico de Antoine Predock traslada una representación abstracta del desierto al centro de Phoenix.

Superior derecha
En el pabellón del monte Kamiichi, Toyama, Japón, Peter Salter proyecta pensando en el futuro y tiene en cuenta el efecto de los elementos sobre la estructura.

Derecha
Se llega al Museo Miho, Shigaraki, en Japón, a través de un túnel, seguido de un espectacular puente colgante sobre un valle.

Centro Educativo Arthur and Ivonne Boyd

Año de finalización
1999

Localización
Riversdale, Australia

Arquitectos
Glenn Murcutt,
Wendy Lewin
y Reg Lark

El edificio de Glenn Murcutt ha llegado a definir el estilo de la arquitectura contemporánea australiana. Esto no es porque se pueda encontrar un edificio de este estilo en cada esquina –muy al contrario–, sino porque capta la esencia del clima y el paisaje australiano.

En contraste con su reputación internacional, a Murcutt le gusta ser discreto, y trabaja solo en un estudio cerca del puerto de Sídney. Desde que, en la década de los sesenta, estableciera su propio estudio, ha diseñado principalmente casas particulares, y ha conseguido una reputación tal que muchos de sus clientes están dispuestos a esperar años para beneficiarse de sus servicios.

El Centro Educativo Arthur and Ivonne Boyd rompe esta tendencia y es una colaboración entre Murcutt, su socia Wendy Lewin y su antiguo discípulo Reg Lark. Es su primer edificio público en más de una década, y representa también una ruptura en términos de escala, de cliente y de sistemas constructivos.

Los edificios de Murcutt en general reflejan tres influencias separadas: el Movimiento Moderno europeo, lo vernáculo agrícola australiano y el paisaje natural. A lo largo de los años, el último de estos tres elementos con toda probabilidad se ha convertido en su preocupación principal. Murcutt cree que los seres humanos deben actuar como custodios y no como propietarios de la tierra y de sus recursos; se guía por la máxima aborigen «toca ligeramente la tierra».

El Centro Educativo Arthur and Ivonne Boyd ocupa un emplazamiento espectacular sobre el río Shoalhaven, cerca de Nowra, a tres horas en coche desde Sídney. Le fue encargado por el Bundanon Trust, una organización fundada para administrar la donación al estado del pintor Arthur Boyd. Unos meses después de la finalización del edificio, en 1999, Boyd murió, después de haber trabajado durante muchos años en su estudio, en una vieja granja del lugar. El Trust quería un centro que combinara la educación comunitaria y facilidades sociales, con dormitorios para 32 estudiantes jóvenes de Australia y del resto del mundo.

El impresionante paisaje que originalmente atrajo a Boyd hacia el lugar se convirtió en la principal inspiración de Murcutt y de sus colaboradores, y ahora también lo es para los estudiantes que vienen al centro a aprender a

Página anterior
El emplazamiento es un solar espectacular con vistas sobre el río Shoalhaven, cerca de Nowra, a tres horas en coche desde Sídney.

Superior
El edificio se coloca en un punto donde la sucesión de colinas empiezan a vestirse de matorral nativo –el paisaje que originalmente había inspirado al pintor Arthur Boyd a trasladarse aquí.

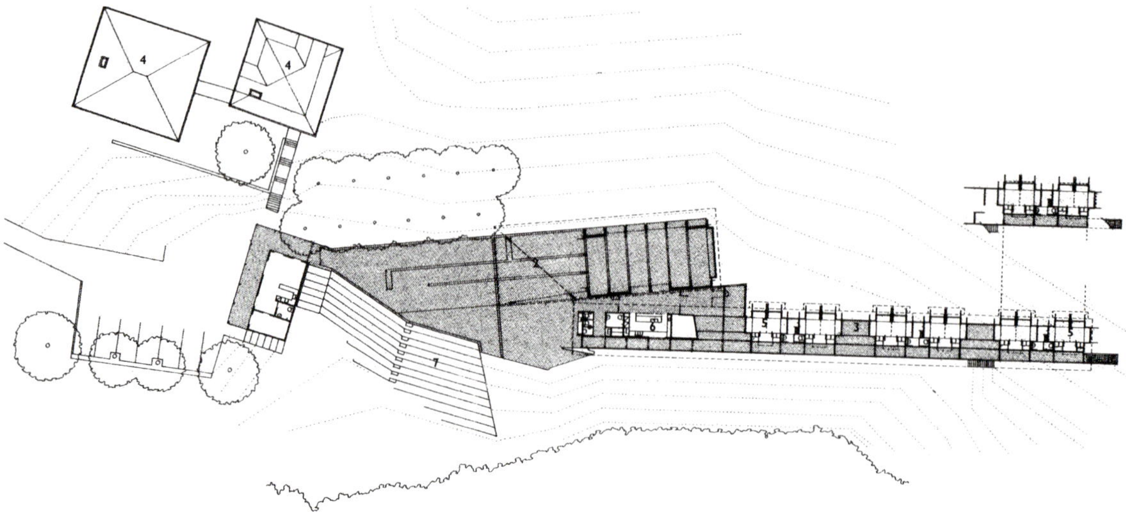

Izquierda
Plano de la planta baja que muestra el edificio como una secuencia lineal que empieza por un grupo de granjas antiguas de madera y piedra, y continúa con los espacios comunitarios del nuevo edificio y con los dormitorios en el extremo sur.

Clave
1 vestíbulo principal
2 terraza
3 bloque de dormitorios
4 estudios preexistentes
5 dormitorios
6 cocina
7 escaleras hacia la terraza

Inferior izquierda
Mirando desde el sur, se proyectan unos alerones desde la fachada de hormigón que rebotan la luz matinal hacia los dormitorios.

Página siguiente
El hormigón visto crea un sentimiento espartano en las habitaciones, y el tejado de simple metal ondulado evoca los edificios agrícolas rurales.

dibujar y a pintar. Remoto y aislado, el centro se coloca en una elevación sobre el río, con el matorral nativo detrás y con la tierra cultivada que se extiende hacia el río de enfrente.

Las habitaciones están distribuidas linealmente, con la entrada en el extremo norte, y el edificio se revela gradualmente al visitante. A su llegada, éste se encuentra un grupo preexistente de granjas de piedra y de madera, y cruza una amplia terraza pavimentada con ladrillos de color seta colocados en un plinto de hormigón. Esta superficie de tonos cálidos une las diferentes zonas del edificio, y se extienden desde el exterior y a lo largo del pasillo hasta los dormitorios. En el extremo sur, el edificio disminuye a medida que la colina baja, y el último escalón de la escalera de hormigón toca la tierra como si fuera un puente levadizo.

Ésta fue la primera vez que Murcutt utilizó hormigón encofrado. Era una necesidad práctica, debido a la obligación de que las paredes cortafuegos separaran las habitaciones, pero también convenía al emplazamiento, sin apartarse de la tierra a medida que se eleva desde el río, y da al edificio una cualidad espartana acorde con el nivel primario del alojamiento que se proporciona. Siempre dispuesto a minimizar el impacto sobre el paisaje, Murcutt colocó los cimientos de hormigón sobre pilares para no estorbar el curso del agua subterránea. Se reciclan las aguas grises y negras, y se recoge el agua de lluvia y se almacena en depósitos subterráneos de hormigón.

El tejado de metal ondulado, característico de las casas de Murcutt, descansa simplemente sobre una serie de vigas de madera, y queda expuesto en el inte-

Superior
Alzado este que muestra cómo el edificio se adapta al paisaje en lugar de estropear la forma natural de la colina.

Izquierda
El tejado se inclina en dos direcciones, y el agua de lluvia se canaliza con una tubería de acero.

Página siguiente
En los dormitorios, la escala y los materiales son más íntimos. Las camas más cercanas a la ventana sobresalen en voladizo más allá de la fachada, y los marcos de madera de las ventanas enmarcan la vista.

rior como si fuera un cobertizo agrícola. Entre la delgadez del tejado y la sólida base de hormigón hay madera, que también se utiliza para las puertas, para el pavimento y para las estructuras de las camas y de las ventanas; la mayor parte es madera reciclada.

El programa especificaba que los residentes tenían que levantarse temprano, por lo cual Murcutt ideó un sistema para que la luz de la mañana rebotara al interior de cada dormitorio por medio de unos «alerones» blancos que sobresalen de la fachada. Los alerones rompen la escala del exterior, y también se utilizan para albergar las grandes puertas correderas que subdividen las habitaciones.

En el interior, el edificio enmarca una serie de vistas. «Igual que un pintor enmarcaría una escena, así hemos organizado el edificio para que tenga vista sobre diferentes partes del paisaje», explica Murcutt.[1] El «marco» mayor es el tejado encumbrado del lado norte, que cubre el vestíbulo y una terraza abierta. Inclinado en dos direcciones, el tejado canaliza el viento dominante del nordeste hacia un hierro ondulado abierto en el extremo. En los dormitorios, el encuadre tiene una escala más íntima. Los espacios de las camas sobresalen en voladizo más allá del límite del edificio, y cada uno tiene una vista enmarcada por una ventana compuesta que consiste en un panel de vidrio fijo bajo una pantalla de madera que puede abrirse. «Continuamente rompemos la escala en elementos más pequeños» –explica Murcutt–, «y utilizamos pantallas para reducir el nivel de luz y de las vistas.»[2]

Pabellón en el monte Kamiichi

Año de finalización
1994

Localización
Toyama, Japón

Arquitecto
Peter Salter

Situado en un promontorio rocoso al borde de un río de aguas de deshielo a 2.500 metros de altura al norte de los Alpes japoneses, el pabellón del monte Kamiichi es visitado más a menudo por los pájaros que por los excursionistas, que de vez en cuando hacen una pausa para admirar el panorama.

Peter Salter recibió el encargo por parte de la prefectura de Toyama después de construir una *folly* en la Expo de Osaka de 1990. Fue emparejado con una empresa local para diseñar una pequeña estructura en el parque nacional del monte Tsurugi. Al contrario de la *folly* de Osaka, que estaba previsto que durara solo el tiempo de la Expo, el pabellón del monte Kamiichi es tan permanente como permita el duro clima de la montaña. Visto desde el camino que sigue el borde del río, parece que el edificio forme parte de una estructura artificial del río: está asentado sobre una base de hormigón semejante a los diques que controlan el caudal del agua hacia el valle; esto evita que se lo lleve la corriente cuando, en primavera, troncos y piedras chocan contra sus paredes, arrastrados por el agua del deshielo.

La parte superior es una estructura de madera protegida por dos caparazones de rejas de madera comprimida revestidos de baldosas de cobre oscuro. Originariamente, Salter quería revestir el pabellón de acero corten para que los goterones del óxido mancharan la base de hormigón con el paso del tiempo. «La idea de entrar en un edificio que sufre un proceso de corrosión es muy atractiva», explica.[1] Sin embargo, como indicó el arquitecto local, puesto que el edificio está cubierto por nieve la mitad del año, el acero no hubiera podido formar su protectora capa de óxido. Por otra parte, las baldosas de cobre adoptan su propia pátina, y cambian del brillo metálico al marrón oscuro en pocos años.

Para Salter, que ahora es director de la University of East London School of Architecture, el pabellón fue una oportunidad para poner en práctica las ideas que había desarrollado mientras era profesor en la Architectural Association (AA) de Londres, durante la década de los ochenta. El proyecto es uno de los únicos tres proyectos construidos de Salter; aunque éste tiene gran cantidad de proyectos de concurso sin construir, todos ellos exploran la entidad física de los edificios, cómo están construidos y el proceso de vida de los materiales.

Antes de enseñar en AA, Salter había trabajado algunos años con el arquitecto británico Peter Smithson, que acostumbraba a decirle: «No visites un edificio hasta que tenga 12 años». Salter cree que el hecho de que los edificios cambien con el tiempo los une al paisaje y los convierte en objeto del proceso geológico similar a la erosión y a la sedimentación de la tierra.

Con su base de hormigón y su cubierta patinada, el pabellón Kamiichi está firmemente anclado a tierra. No obstante, tiene un paisaje interno bastante diferente. («Es importante tener un interior y un exterior», explica Salter.) Los

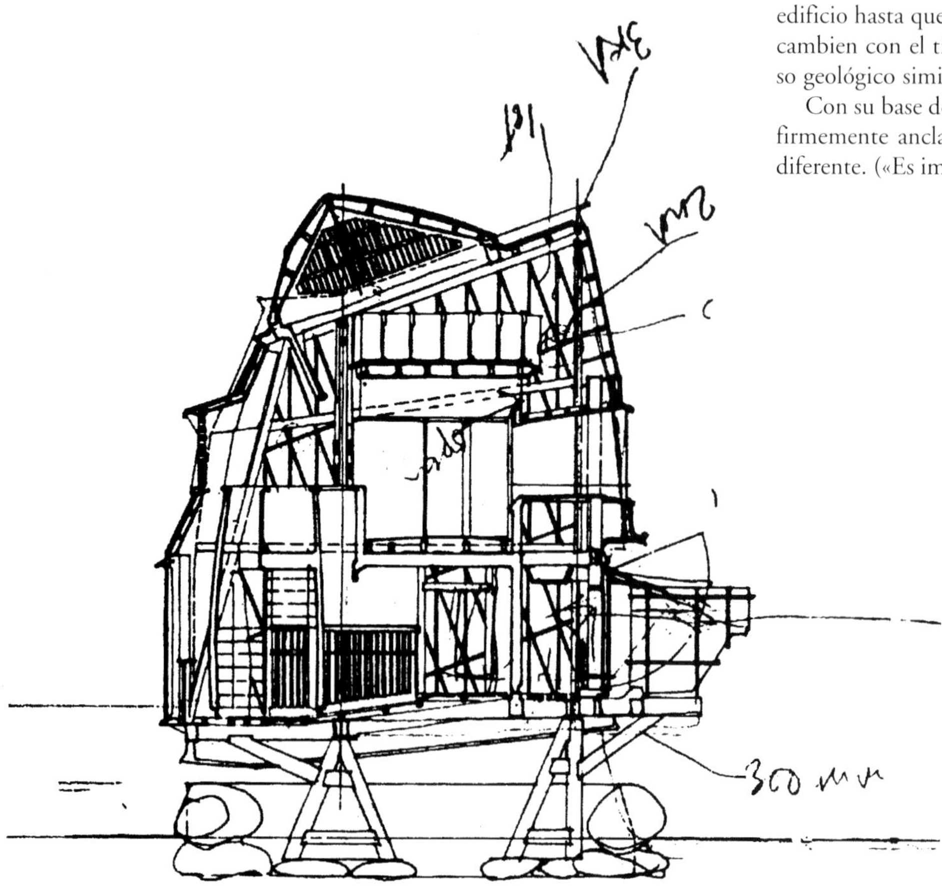

Izquierda
Sección longitudinal del pabellón que muestra su estructura de madera y la base de hormigón y los cantos rodados.

Página siguiente
El pabellón está protegido por un caparazón cubierto de baldosas de cobre, y durante varios meses del año está casi totalmente enterrado en la nieve.

Derecha
Planta del pabellón que muestra su posición al abrigo del contorno de la ladera de la montaña.

Página siguiente
Alzado norte con el edificio posado sobre el borde de una canalización de hormigón.

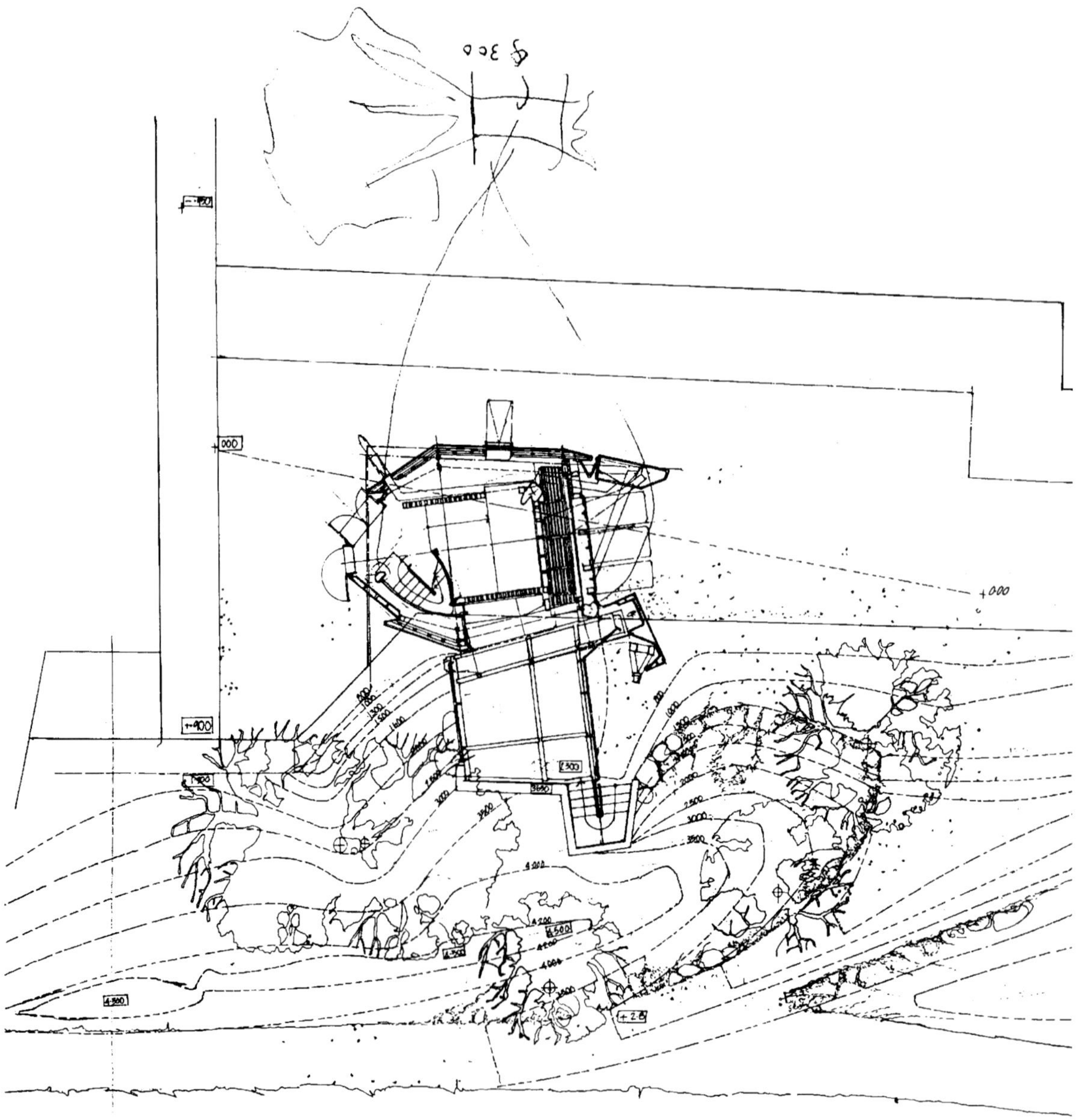

visitantes entran a través de un gran canal que lleva el agua al interior del edificio y funciona como toldo en verano. La oscuridad del interior centra la atención en la vista sobre el valle y, desde una segunda sala superior, hacia lo alto de los picos de las montañas.

El edificio no tiene electricidad ni energía de ningún tipo. El único bienestar material que incluye es el agua, extraída con una bomba manual. En el lado interior de las paredes, en forma de caparazón, se muestra la estructura de madera, y los lados de la escalera están hechos con las tradicionales pantallas de varas de bambú. Cada octubre, el camino del río se vuelve intransitable y, durante los siete meses siguientes, el pabellón se cierra y queda cubierto por la nieve. Como está efectivamente sumergido en agua congelada, parecía apropiado que el edificio tuviera una cualidad de tipo barco. El bote girado es el emblema preferido de Salter («los barcos protegen y transportan todo lo que se necesita», explica). Aquí es funcional, con una forma capaz de resistir la nieve, y simbólica, porque recuerda la forma del casco cabeza abajo de una embarcación.[2]

Algunas decisiones del diseño, como la forma del tejado y el sistema de construcción, se discutieron con el arquitecto local japonés, que ha crecido en el parque nacional y que conoce el clima. También fue quien le pudo presentar a Salter los carpinteros locales, quienes construyeron la estructura de madera en el emplazamiento utilizando técnicas japonesas para casas de té. El resto del edificio se construyó durante los meses de invierno en un amplio garaje de Kamiichi a partir de una combinación de materiales tradicionales y modernos.

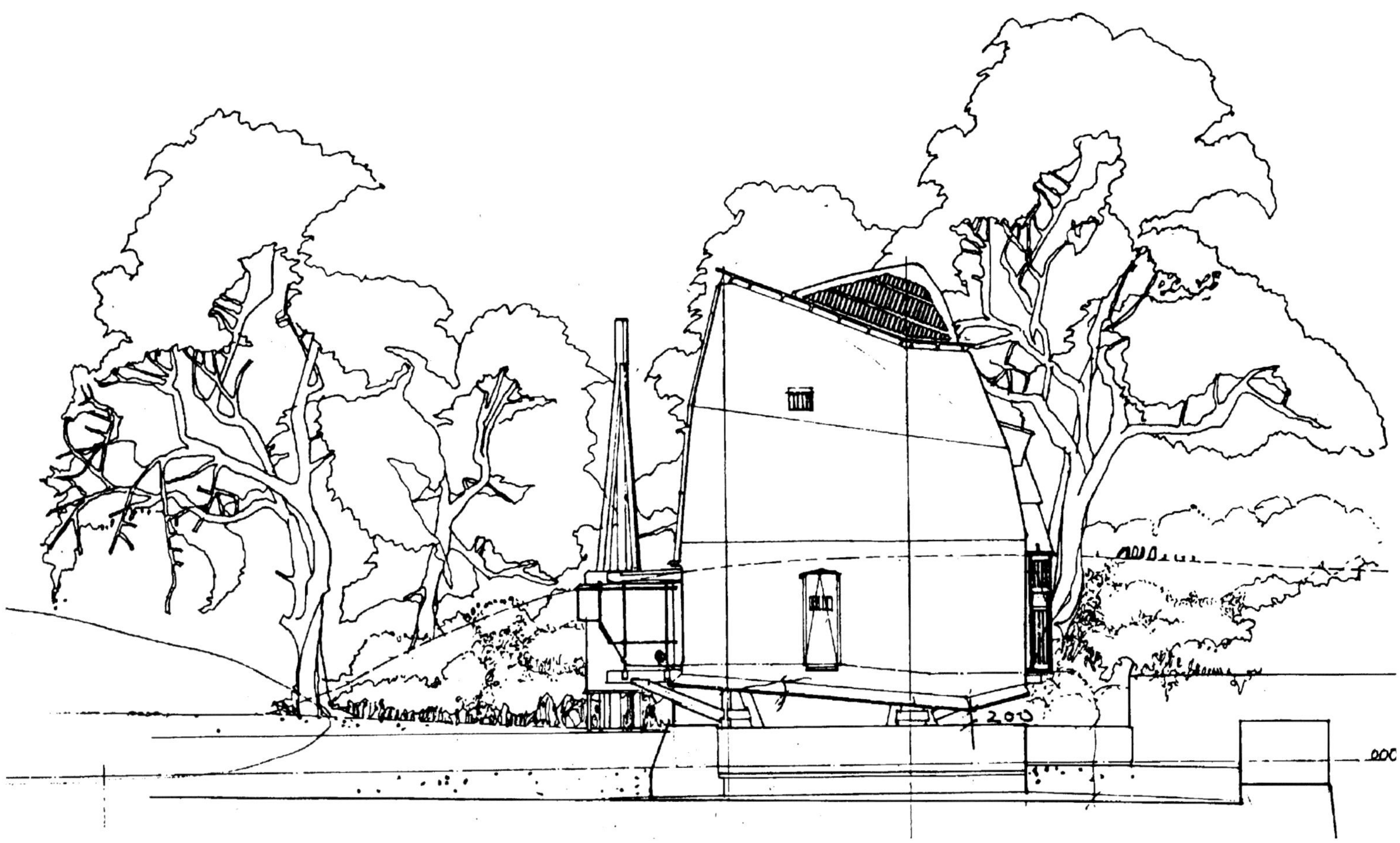

Derecha
A Salter le gusta construir con materiales como estas baldosas de cobre que cambian de carácter con el proceso de envejecimiento y con el desgaste.

Inferior
El alzado sur muestra el canal que recoge el agua, que se conduce hasta una depósito cerca de la entrada.

Página siguiente
Una vista de la entrada y de la ventana panorámica encima con el depósito de cobre para el agua y los tres canalones que lo abastecen, que «celebran» el agua del deshielo en primavera.

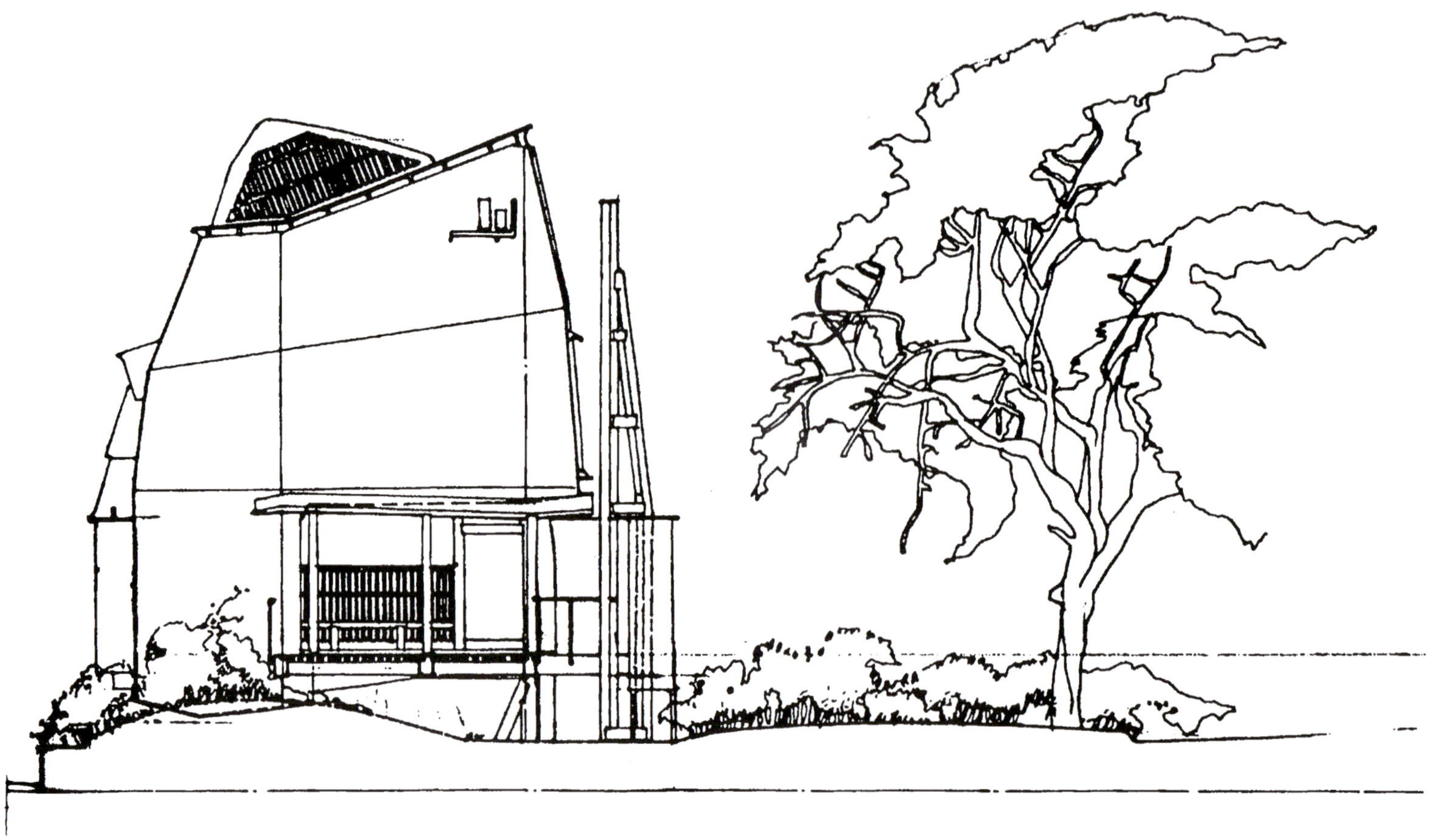

Centro Científico de Arizona

Año de finalización
1997

Localización
Phoenix, Arizona, Estados Unidos

Arquitecto
Antoine Predock

El Centro Científico de Arizona es como una pequeña porción de desierto transportado al centro de Phoenix. Desde su remoto estudio en Albuquerque, Nuevo México, Antoine Predock se ha sentido fascinado durante muchos años por la relación entre la arquitectura y el territorio. Con poca cosa histórica en la que inspirarse en la ciudad de Phoenix, decidió tratar el emplazamiento como si estuviera fuera de la ciudad y formara parte de un paisaje de picos, valles y cañones del desierto de Sonora. «Odio lo que se ofrece aquí. O es un refrito estilístico o una negación del desierto» explica refiriéndose a la imaginería *kitsch* de Phoenix del tipo «película de vaqueros» o como bloques de oficinas acristaladas que podrían estar en cualquier sitio.[1] «Todavía existe la autoridad absoluta del desierto.»

Situado en una animada calle del centro de la ciudad, el edificio se diseñó como una parte integral del paisaje urbano. Los espacios entre los edificios están abiertos las 24 horas del día a los peatones, que pueden participar del edificio incluso si no entran en el museo propiamente dicho. Esta zona permeable forma una nueva ruta a través de la ciudad, con terrazas, vistas y zonas recogidas para sentarse, que pertenecen tanto al parque cercano como al Centro Científico.

La función del edificio le dio a Predock la oportunidad de experimentar con su interés en el espectacular uso de la luz. Con 3.000 metros cuadrados de superficie para exposición, las principales salas interiores son cajas negras –un planetario, un cine de pantalla grande y un teatro– encerradas en un volumen sin ventanas de hormigón armado.

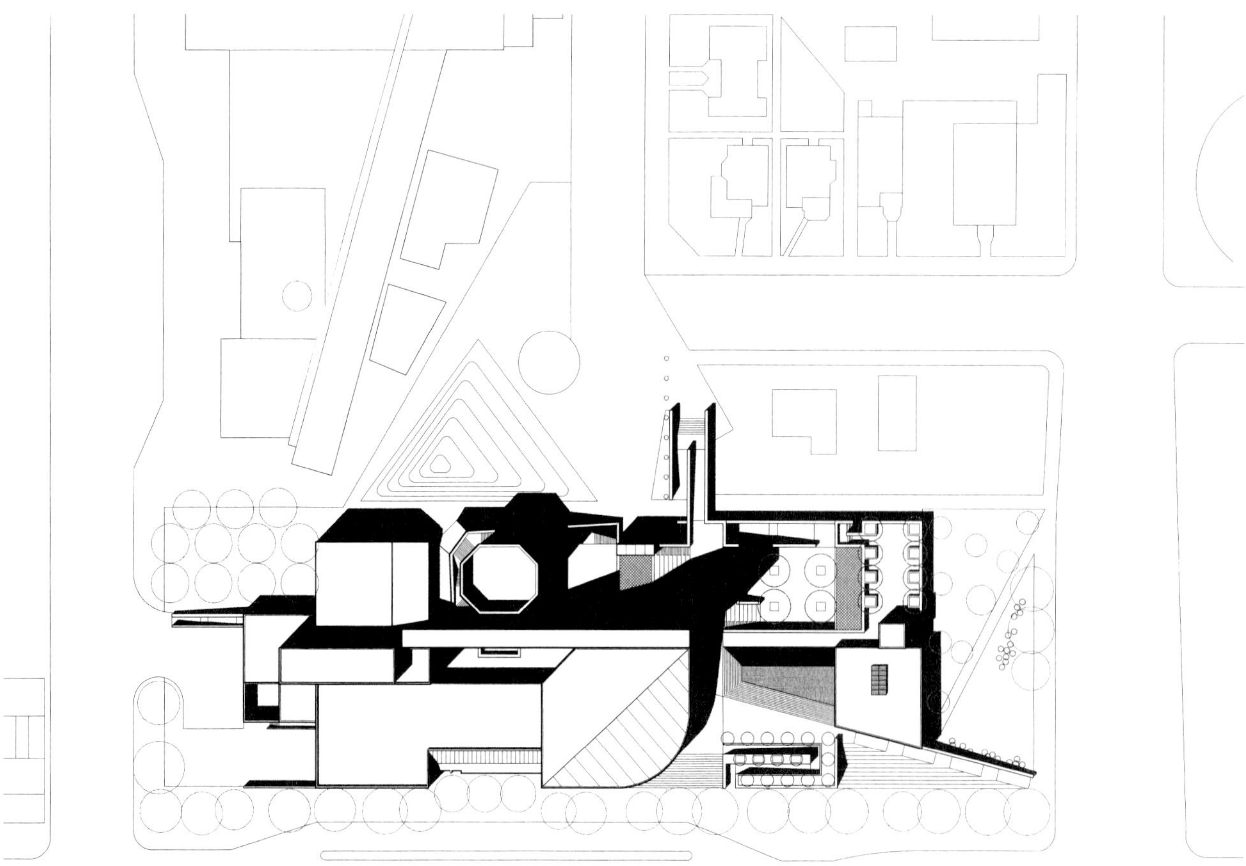

Página anterior
Plano del emplazamiento en el que se muestra la situación en la animada calle del centro rodeada de almacenes; incluye un centro de convenciones y un parque público.

Inferior
Desde arriba, el Centro Científico de Arizona es una serie de sólidos escultóricos formados con hormigón.

Derecha
Un tramo de escaleras conduce desde el nivel de la calle hasta la entrada, y se curva alrededor de la pared del cine.

Extremo inferior
Sección que muestra el planetario, con la plataforma de observación del cielo en la parte superior. Gran parte de las actividades se encuentran por debajo del nivel del suelo para aprovechar el frescor natural.

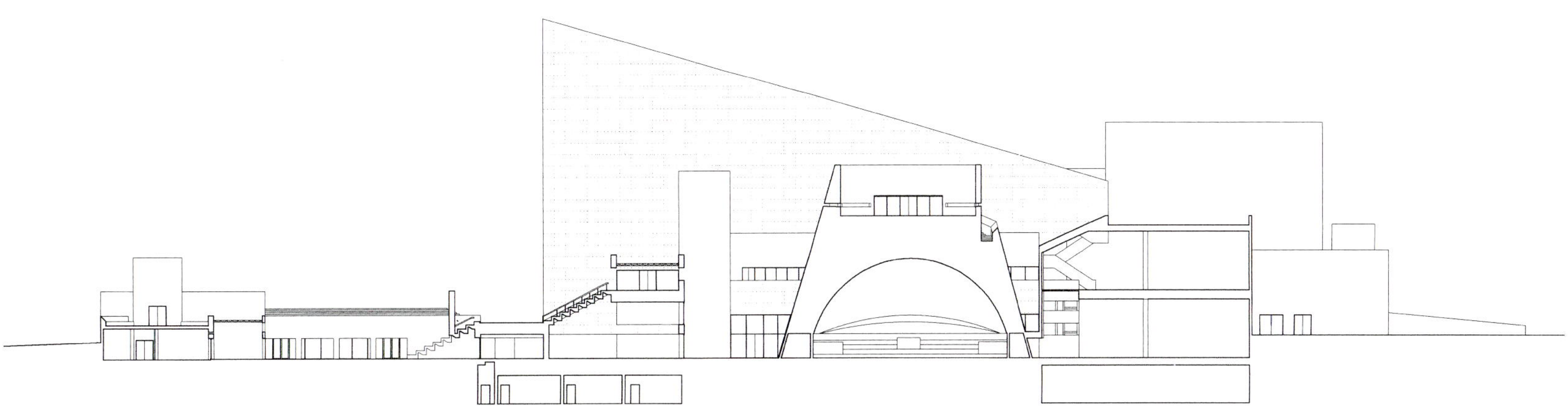

Página anterior
Unos patios hundidos proporcionan sombra con espectaculares cambios de luz posibles en estos lugares.

Superior
Algunos efectos de luz dan al edificio el ambiente surrealista del desierto, con la galería en forma de cuña recubierta de aluminio que aparece casi como un espejismo.

Predock desarrolla sus ideas haciendo maquetas de barro que permiten que la forma del edificio emerja como si fuera una extensión del territorio. Para el Centro Científico, hizo una maqueta en la que las formas creaban largas siluetas contra el cielo del sur. «Cuando la gente viene al desierto se sorprende de la intensidad y de la entidad física de las cosas», explica Predock. El Centro Científico provoca una respuesta emocional similar; los visitantes se dirigen a la entrada por el norte, donde quedan boquiabiertos por la potencia del edificio contra el cielo azul.

Como una roca dentada, una «galería celestial» en forma de cuña revestida de aluminio se eleva por encima del hormigón de textura rugosa. Su apariencia cambia con la luz; esta lámina metálica se inspiró en los espejismos del desierto. Bajo ciertas condiciones de luz, la lámina de aluminio es invisible, mientras que otras veces, cuando la luz viene de detrás, los volúmenes se convierten en una serie de siluetas abstractas. Con el tiempo, la galería celestial albergará una exposición sobre el cosmos, pero de momento se utiliza como torre de iluminación, con una puerta pivotante que controla la luz e ilumina con sus rayos la plaza de debajo.

Desde la calle, el visitante sube un tramo de escaleras que sigue la pared curvada del cine hasta alcanzar la plataforma, que es la causa principal de la elevación del edificio. Con una idea poco clara de dónde está el suelo, el visitante baja al interior de la tierra a través de un pasillo cubierto de entrada. Enraizando el edificio en el suelo, Predock se aprovecha del sentimiento de protección, de la estabilidad térmica y del frescor que ofrece. También enfatiza la diferencia entre el interior y el exterior, y proporciona selectivamente luz y sombra en espacios semiexteriores, como un cañón interior que forma una terraza expuesta. Esto refleja lo que él describe como «la dualidad del sol y de la sombra que se aplica en los reinos del desierto».

Después de ser conducido en un viaje misterioso a través del edificio, el visitante emerge finalmente en una galería por encima del planetario con una abertura de forma irregular abierta sobre el cielo y una ventana como una raya horizontal que enmarca vistas de la ciudad. Aquí, por lo visto, a los niños les gusta acampar fuera en sus sacos de dormir para mirar el cielo estrellado nocturno: la versión real del cielo artificial proyectado en la cúpula del planetario de abajo. La ventana horizontal crea la impresión de que la parte superior del planetario está flotando: un recuerdo de los efectos de los espejismos en el horizonte del desierto.

Derecha y página siguiente
La cúpula del planetario con una vista proyectada de las estrellas... y de la realidad: una abertura de forma irregular que abre la galería al cielo.

Museo Miho

Año de finalización
1997

Localización
Colinas de Shigaraki, Japón

Arquitecto
I. M. Pei

El diseño del Museo Miho, Japón, es el eco de un tema favorito de la literatura china: el difícil viaje como preparación hacia el conocimiento. El viaje, en este caso, empieza con un recorrido de una hora en coche desde Kyoto hasta las colinas de Shigaraki. El visitante entra en un túnel de 200 metros excavado en la roca, a lo largo de un camino rodeado por árboles de floración primaveral, y continúa el viaje a pie o en un silencioso tren eléctrico. Al irse haciendo más brillante la luz al final del túnel, reflejada en las paredes revestidas de acero inoxidable, se abre un sorprendente panorama de montañas y de bosques. El último tramo del viaje es el más espectacular: una pasarela suspendida de 120 metros de largo sobre una profunda garganta, que conduce finalmente a unos escalones ceremoniales, como si fueran de un templo, que suben hasta la entrada del museo.

El viaje tiene una gran similitud con el cuento chino del siglo IV *Flores de melocotón en primavera* de Tao Yuan Ming, en el que un pescador sigue el curso de una fragante arboleda de melocotoneros en el interior de una cueva que se abre sobre un mundo secreto de paz y armonía. Para I. M. Pei, el cuento ofrecía una solución poética al problema práctico de cómo llegar a un emplazamiento tan inaccesible como la cima de una colina en lo alto de una península rodeada por tres lados por una reserva natural densamente arbolada. Hacer un túnel bajo la montaña y colocar un puente sobre el valle era una propuesta cara; sin embargo, resultó atractiva para el cliente por el sentimiento de reclusión que podía ofrecer al museo.

La colección del museo es un amplio tesoro coleccionado a lo largo de los años por Mihoko Koyama, responsable de la orden religiosa japonesa Shinji Shumeikai. Los objetos tradicionales de la ceremonia del té fueron los primeros que empezó a coleccionar en la década de los cincuenta. A finales de la década de los ochenta, la colección de Koyama había crecido hasta incluir arte del antiguo Egipto, grecorromano, islámico y arte antiguo de Asia Oriental y Occidental.

Después de terminar una revisión del mundo de la arquitectura a finales de los años ochenta, Koyama y su hija Hiroko Koyama decidieron que Pei podía

Izquierda
El 80 % del museo está escondido bajo tierra, por lo cual queda asimilado en el paisaje de las colinas de Shigaraki.

Página siguiente, superior
Los escalones ceremoniales que suben hacia la puerta de entrada evocan el camino tradicional hacia un templo japonés.

Página siguiente, inferior
Estos dibujos del museo, con sus alrededores de bosques protegidos, muestran la entrada a través de un túnel y un puente.

ser el arquitecto más indicado para lo que tenían pensado. Primero lo invitaron a diseñar una torre del campanario de la sede Shumeikai, un kilómetro hacia el este del emplazamiento del museo.

La arquitectura de Pei se caracteriza por sus formas geométricas contundentes –recordemos la Pirámide del Louvre de París o el Banco de China de Hong Kong–, pero en Miho la geometría está temperada por el respeto al medio ambiente. Las leyes de conservación nacional limitaban el tejado visible a una superficie de 2.000 metros cuadrados, lo que significa que más del 80 % del edificio debía quedar enterrado bajo el nivel del suelo. Sin embargo, esto encajaba con lo remoto del museo y permitió a Pei fundir literalmente el edificio con el paisaje.

En el interior, el viaje continúa a través de una secuencia de terrazas pavimentadas que conducen al espacio público interior principal del museo. El museo se revela por etapas, a medida que uno pasa de una habitación a otra, muchas de las cuales se han diseñado específicamente para lo que exponen.

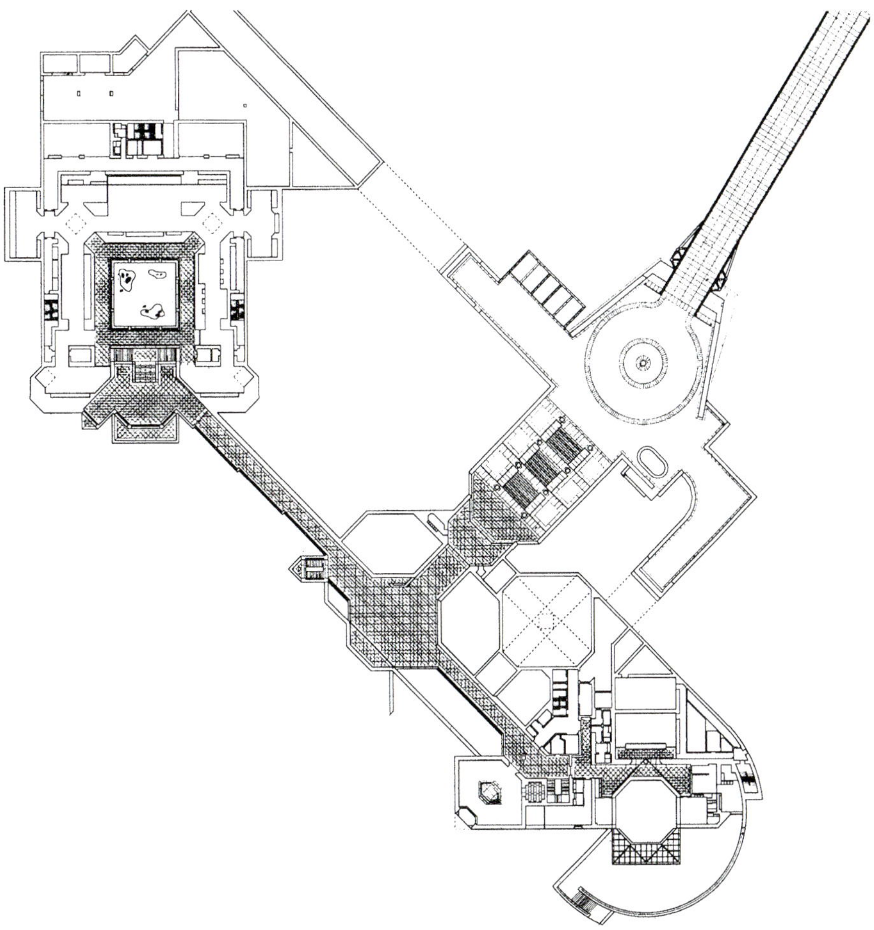

Página anterior
Sólo se puede acceder al museo siguiendo un túnel que emerge sobre un puente que cuelga sobre un profundo valle.

Superior
Vista a través del túnel hacia el arco del puente, soportado por tirantes de cables de acero.

Izquierda
Planta del museo que muestra una serie de galerías conectadas por terrazas pavimentadas y vestíbulos llenos de luz.

Desde fuera, el edificio es visible sólo como una serie de tejados de tetraedros de vidrio soportados por paredes de piedra caliza francesa, ninguna de las cuales se eleva más de 13 metros por encima del nivel del suelo. Mientras que el paisaje y el edificio se integran el máximo posible, el edificio no reproduce la naturaleza. El objetivo era crear un equilibrio entre el arte y la naturaleza del mismo modo que el diseño paisajístico tradicional japonés y chino exploran la relación entre lo artificial y lo natural.

También se ha creado un cuidadoso equilibrio entre las formas tradicionales y la nueva tecnología. El perfil de los lucernarios de vidrio es una versión abstracta de las colinas circundantes, y también es eco del perfil de los tejados de paja de irimoya, habituales en la región. Los templos japoneses se recuerdan por el amplio alero de la estructura del espacio y por los escalones que conducen hacia la entrada.

En el interior de la estructura de acero del espacio, unas persianas de tubos de metal grabadas con imágenes digitalizadas de la textura y de la veta de la madera recuerdan el uso de la madera como material de construcción tradicional –la madera real no se podía utilizar por problemas técnicos.

Sería equivocado sugerir que el interés de Pei por la tradición se limita a unas formas simbólicas particulares. Junto con muchos nuevos arquitectos vernáculos, está más interesado en la sensibilidad tradicional de los constructores hacia el contexto, lo cual da la sensación de que se pierde en la arquitectura contemporánea japonesa. «Si se examinan todos los modos en que los templos japoneses se construían en el paisaje [...] de algún modo se encuentra la armonía entre su silueta y las colinas», explica. «No quiero abandonar esto, sino aprender de ello.»

Izquierda
El perfil de los tejados de vidrio es una versión abstracta de las colinas circundantes, y la estructura del espacio recuerda la forma puntiaguda de los techos de paja de irimoya, especificos de la región.

Página siguiente
Persianas grabadas con texturas digitalizadas de la veta de la madera hacen reconocer los materiales de construcción tradicionales, aunque la madera no se podía utilizar por razones de seguridad antiincendios.

Centro Ivar Aasen

Año de finalización
2000

Localización
Orsta, Noruega

Arquitecto
Sverre Fehn

Aparte de algunos lingüistas e historiadores, el nombre de Ivar Aasen es poco probable que resulte familiar a nadie fuera de Noruega. Sin embargo, en su tierra nativa, Aasen –un poeta y lingüista del siglo XIX– es históricamente tan significativo como Robert Burns lo es para los escoceses o James Joyce para los irlandeses. Sverre Fehn, el arquitecto de un museo financiado por el gobierno dedicado a Aasen, es una figura igualmente enigmática en el extranjero, incluso aunque una gran cantidad de trabajo de calidad fechado desde 1950 (principalmente en Noruega, Suecia y Dinamarca) lo convierta probablemente en uno de los mejores arquitectos escandinavos.

Por muchas razones, el centro era el encargo perfecto para Fehn, ya que ha utilizado la obra de Aasen como estructura filosófica de su arquitectura, a través de la cual ha explorado coherentemente la relación entre la modernidad y el carácter del paisaje noruego.

Nacido en 1813 en el pueblo de Orsta, en el oeste de Noruega, Aasen llegó a la fama al idear él solo una gramática para la nueva lengua nacional –nyorsk o noruego nuevo–, de modo que reemplazara el dano-noruego. En términos lingüísticos, su obra era comparable a la de los nacionalistas románticos, enfatizaba los valores de la vida rural y el «enraizamiento» contra las afectaciones percibidas en el *bokmal*, la lengua oficial impuesta cuando Noruega era una mera provincia danesa. Actualmente, el nuevo noruego es la lengua oficial y se utiliza en cerca de un 25 % de los programas de la televisión nacional y de radio, pero, más de 100 años después de haber sido adoptado, todavía simboliza una contracultura de resistencia.

El Centro está situado cerca de la granja en que nació Aasen y donde todavía viven sus descendientes. El paisaje de los alrededores, de empinadas colinas y valles, que inspiró su poesía romántica, se convirtió precisamente en el principio rector del diseño de Fehn. Según Fehn, cada valle noruego forma una especie de «habitación», con su propio dialecto y sus propios edificios vernáculos. Fehn atribuye gran importancia a la topografía noruega, hasta el punto de creer que los diferentes terrenos dan lugar a distintos rasgos de carácter de la gente que vive allí. «He construido en paisajes llanos» –explica–, «y allí son muy tranquilos. Aquí en Orsta son muy activos.»

Página anterior, izquierda
El Centro Ivar Aasen, dedicado al héroe literario noruego, está cerca del pueblo de Orsta, al oeste de Noruega.

Página anterior, derecha
Los dos niveles se distribuyen como espacio de exposición, arriba, y el instituto lingüístico, abajo, con fachadas de vidrio orientadas al sureste para aprovechar la luz natural.

Izquierda
La forma dinámica del auditorio es un eco del terreno de colinas con pendientes pronunciadas.

Inferior
Planta del emplazamiento con líneas de contorno que muestran el espectacular emplazamiento del edificio en la falda de una colina y el denso bosque de detrás.

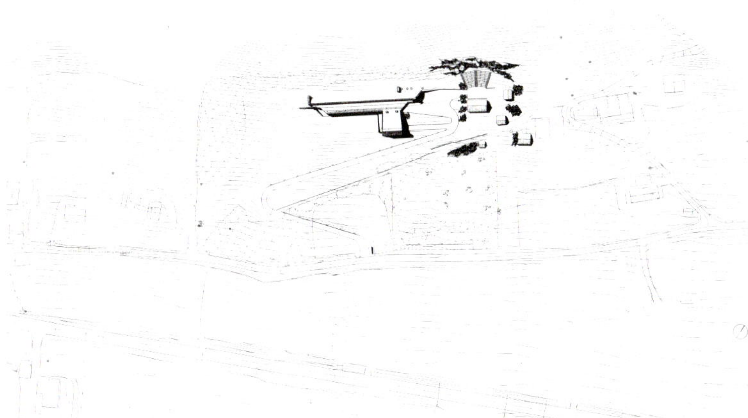

Inferior
Plano de la planta baja con las paredes expositoras en el espacio de exposición en forma de «V», como libros abiertos.

Página siguiente, superior
Plano del sótano que muestra las salas del instituto lingüístico, enterrado en el suelo.

Página siguiente, centro e inferior
Una pared curvada de hormigón blanco continúa desde el interior hasta el exterior, y conduce la luz hasta la cafetería.

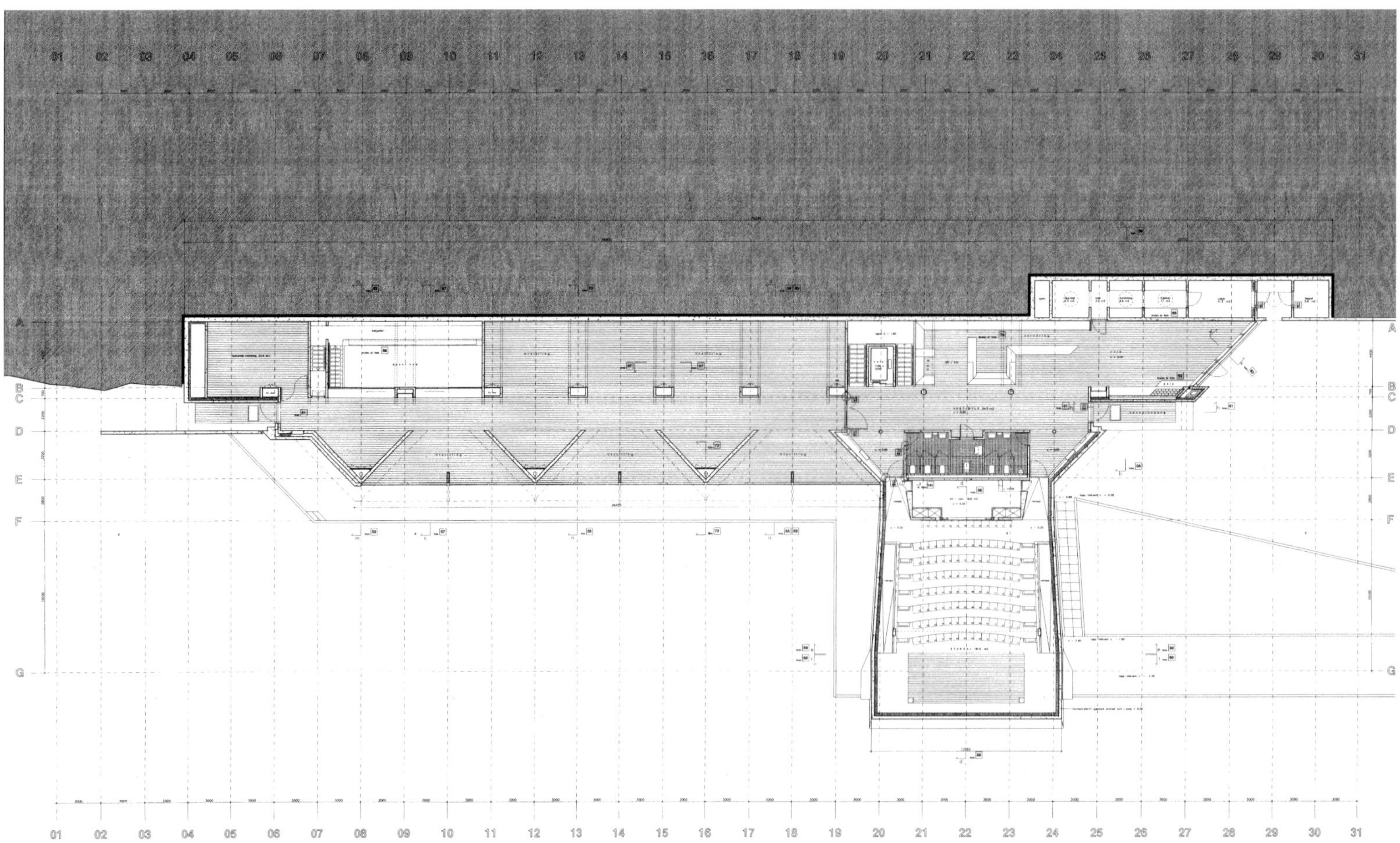

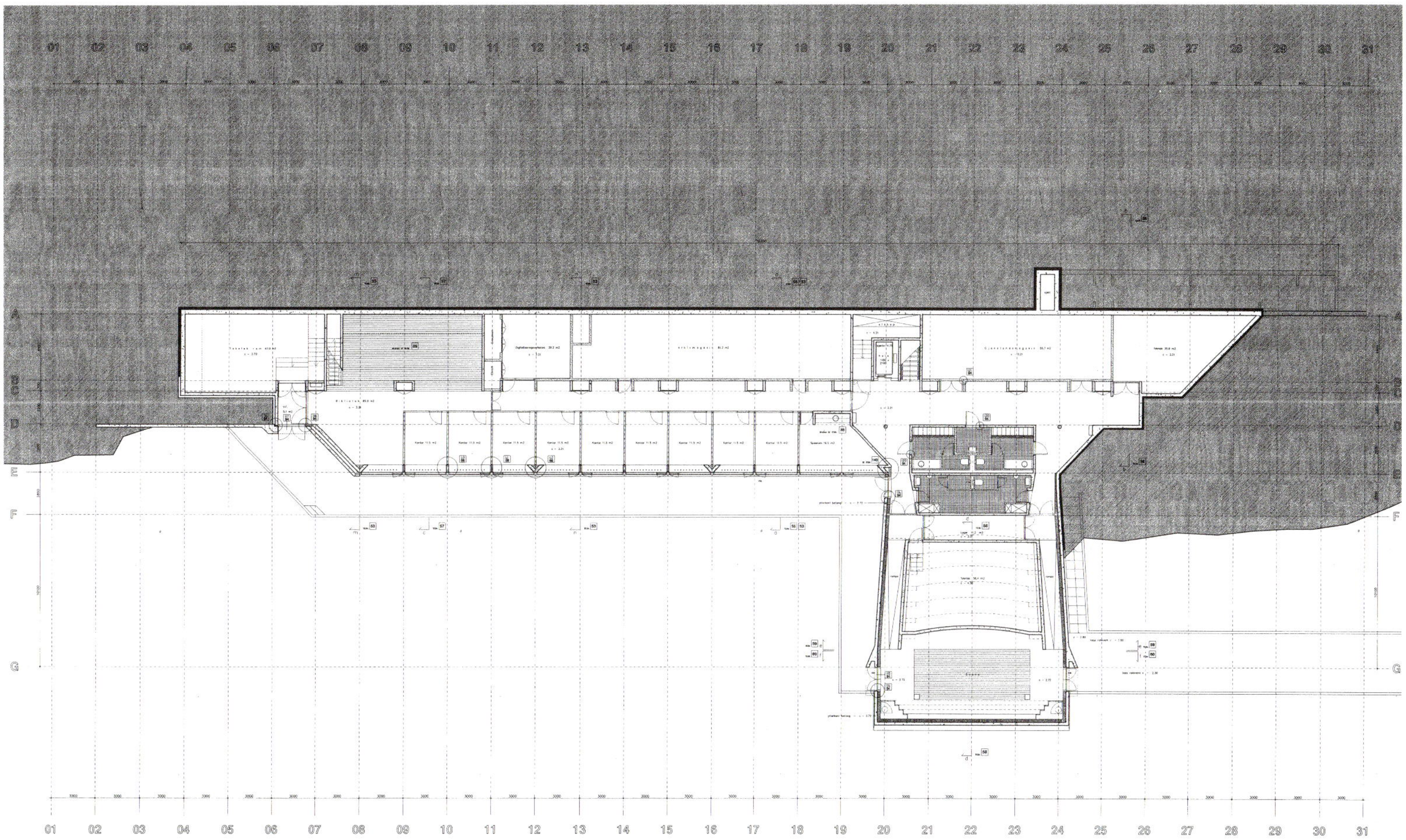

Fehn opina que: «Los edificios vernáculos tienen una cualidad intemporal, que se reproduce en los mejores ejemplos de la arquitectura moderna. La arquitectura [primitiva] funciona perfectamente porque existe en un espacio intemporal. Su firma es anónima, porque es naturaleza en sí misma». El museo intenta una nueva interpretación de esta intemporalidad respondiendo al contexto y al emplazamiento. Resiguiendo el contorno de la pendiente de la colina, parece casi como una obra de ingeniería civil, con sus paredes de hormigón visto inclinadas en direcciones opuestas, como si enfatizaran su precaria situación. Al contrario de la obra de otros arquitectos inspirados por el paisaje –por ejemplo, el regionalista australiano Glenn Murcutt, cuyos edificios tienen una intervención mínima en el emplazamiento–, Fehn describe el museo como «una lucha con la colina». «En cierto modo lucha con el paisaje», explica. «Por la parte posterior está enterrado en la colina, como una cueva, y el frente se abre hacia la vista.»

La estructura principal es de hormigón blanco, que conserva la marca de su encofrado de madera «como una especie de diálogo con la antigua arquitectura noruega». La forma del edificio explota al máximo la plasticidad del hormigón –hay pocas paredes verticales y la estructura del núcleo es interna. Estos núcleos en forma de «V» reflejan el objetivo literario del museo y proporcionan una estrategia organizativa del espacio. Cinco «uves» se colocan como páginas abiertas de un libro, asientan el edificio contra la colina y proporcionan un espacio de exposición alejado del sol directo, para mostrar los manuscritos de Aasen y sus pertenencias personales. En el reverso de las paredes a modo de «libro abierto» unas grandes superficies acristaladas proporcionan un lugar excelente para apreciar las mismas vistas que en su tiempo inspiraron los poemas de Aasen sobre el paisaje. En un extremo de la planta lineal, se sitúa un auditorio en el punto donde se encuentran dos «uves» con sus respectivas paredes inclinadas de hormigón, lo cual proporciona equilibrio compositivo a la fachada acristalada del Centro. En la parte posterior, el edificio del museo queda excavado dentro de la colina como una cueva y, debajo de las galerías, hay un instituto para estudios lingüísticos que estudia las lenguas noruegas.

Página anterior, izquierda
La parte posterior del museo está excavada en la ladera de la colina, y la pared curvada parece surgir del paisaje.

Página anterior, derecha
Hay pocas paredes verticales en el edificio, lo cual explota al máximo la plasticidad del hormigón.

Superior izquierda
El hormigón blanco tiene impresas las marcas del encofrado de madera como recuerdo de las estructuras vernáculas locales.

Izquierda
Las vistas del paisaje son una parte importante del edificio, ya que ésta fue la inspiración original de la escritura de Ivar Aasen en el siglo XIX.

Casa Moledo

Año de finalización
1998

Localización
Caminha, Portugal

Arquitecto
Souto de Moura Architects

La axonometría «abierta» de la casa Moledo de Souto de Moura es algo más que un simple dibujo técnico. Explica su idea de la casa como una caja artificial de hormigón y un plano de tejado flotando que ha «caído del cielo» para situarse en su lugar. Souto de Moura quería una casa que aprovechara al máximo la espectacular vista hacia el oeste sobre el océano Atlántico, sin destacar en el paisaje.

En contraste con el sur y con el centro de Portugal, la región que incluye la ciudad de Caminha es ondulada y está ocupada por granjas de subsistencia. Unas paredes de contención de piedra seca, construidas con grandes bloques irregulares de granito hace más de 200 años, crean unas terrazas que cubren los lados de las colinas; su objetivo es evitar la erosión del suelo y permiten que los campesinos utilicen toda la superficie de tierra disponible.

Como en la obra previa de Souto de Moura, fechada desde 1977, cuando por primera vez instaló su estudio en Oporto, la casa tiene un impacto mínimo sobre el paisaje. «Creo que la mayor aspiración de un arquitecto es ser anónimo, [crear] un espacio que posea la sabiduría acumulada a lo largo de miles de años», explica.[1]

Sin embargo, Souto de Moura no se reprime a la hora de hacer alteraciones en el paisaje, incluso si el resultado es modesto. Irónicamente, su intervención en Caminha hace que las paredes de las terrazas parezcan incluso modernas en lugar de vernáculas. Otra lectura es que la casa se ha insertado entre las viejas paredes sin cambiar nada. De hecho, los cambios del paisaje fueron significativos y, en realidad, costaron más que la casa propiamente dicha. Debido a la complejidad de la obra y a la falta de un contratista para la construcción, se tardó siete años en terminar la casa desde su diseño hasta su finalización.

Derecha
Emergente de una ladera rocosa, el liso techo de hormigón es un elemento de manufactura humana sumamente distinto en un paisaje natural.

Página siguiente, superior
Sección que muestra cómo se esconde la casa detrás de una pared de piedra que es, de hecho, una continuación del aterrazado de la colina.

Página siguiente, inferior
El contorno de la colina tuvo que alterarse para dar cabida a la casa, pero se salvó y sustituyó la piedra para que el aspecto fuera básicamente igual que antes. Todo lo que se puede ver de la casa desde este ángulo es la fachada de cristal.

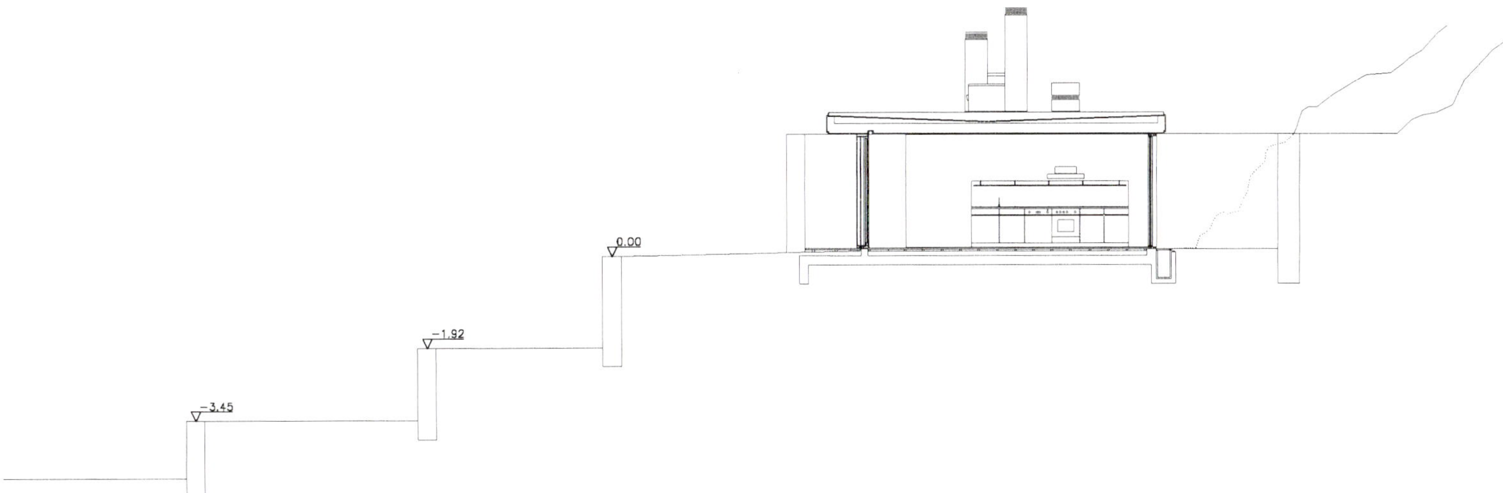
0.00
-1.92
-3.45

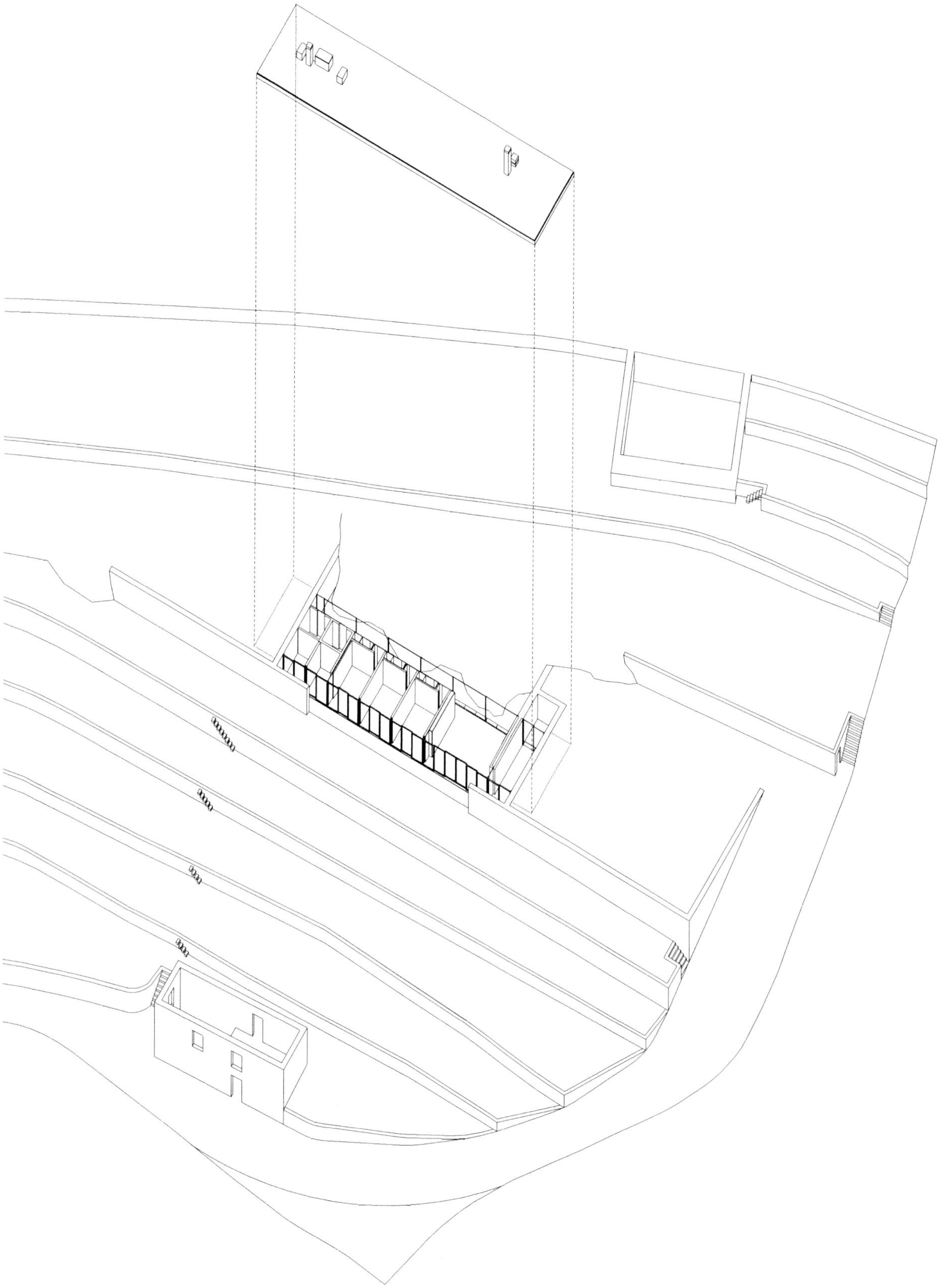

Izquierda
Axonometría que muestra cómo el espacio de vivienda encaja limpiamente entre las paredes de contención de piedra y las rocas.

Página siguiente
En la parte trasera de la casa, una pared acristalada muestra el borde desnudo de la colina y permite que la luz entre en el pasillo.

El trabajo más importante fue eliminar una de las terrazas para hacer una superficie suficientemente amplia para situar la casa. Antes de empezar el trabajo de construcción, se documentó en dibujos y fotografías la posición de cada piedra; así, la pared se podía reconstruir tal como era, utilizando la técnica tradicional de construcción de paredes con piedra seca. En la parte delantera de la casa, una fachada acristalada de punta a punta posibilita que cada habitación tenga vistas sobre el mar, y emerge desde una rendija de la pared de contención reconstruida. Con el tiempo, los árboles y las enredaderas suavizarán el impacto del vidrio, y el musgo cubrirá las lisas losas de granito que se han utilizado para formar una plataforma en el exterior de la sala de estar. El resto de las piedras originales se utilizó para crear dos paredes laterales, con hormigón detrás, que están embebidas en la colina rocosa y soportan la lámina de hormigón del tejado. Una pasarela de madera oscura forma una zona intermedia entre el interior y el exterior, protegida por el tejado y envuelta en cada extremo por una pared de piedra.

En el interior, el planteamiento es sencillo: el largo espacio rectangular está dividido por paredes transversales paralelas que forman una sala de estar, una cocina y tres dormitorios con cuartos de baño y dependencias de almacén situadas en el extremo norte, tapados delante por una pared de granito. En la parte posterior de la casa, un largo pasillo se extiende junto al vidrio, con rocas que surgen de la tierra justo detrás, dando la impresión de una cueva. La cocina queda separada de la sala de estar por una pared hueca de hormigón suficientemente ancha como para acomodar un pequeño hogar y una chimenea, que surge a través del tejado con una brillante chimenea de aluminio: uno de los seis objetos geométricos situados en el tejado para disimular las salidas del aire y los depósitos de agua.

Como la casa misma, la entrada es casi invisible, de acuerdo con el sentimiento de reclusión que el cliente quería conseguir. Una carretera empinada sube la colina por el sur de la pendiente de la terraza y conduce a una zona llana al mismo nivel que el plano del tejado. Los visitantes han de caminar de vuelta, colina abajo, hasta un tramo de escaleras de piedra, que conduce a un camino pavimentado que circula lo largo de la terraza. La entrada a la casa se produce a través de una puerta corredera de vidrio enmarcada en madera, parecida a los restantes paneles de vidrio de la fachada frontal. No es una casa que dé la bienvenida a visitantes inesperados.

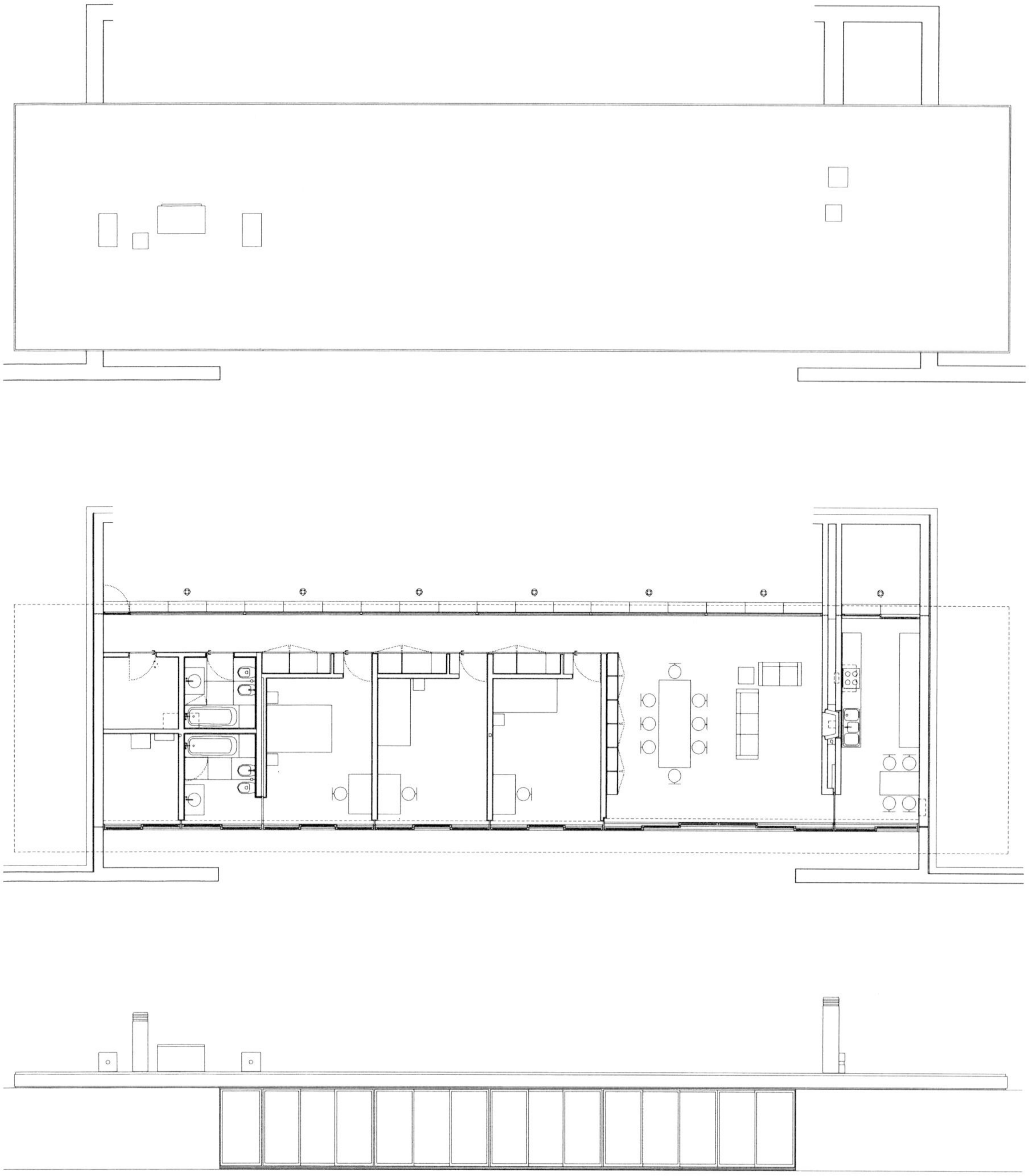

Izquierda
Planta del tejado, planta baja y alzado frontal que muestran, respectivamente, el minimalismo industrial de las chimeneas, la distribución moderna y la sencilla fachada de vidrio que emerge de detrás de la pared.

Página siguiente, izquierda
La fachada de vidrio orientada al oeste aprovecha la vista sobre el mar. Una pasarela de madera entre el vidrio y la cara interior de la pared de piedra actúa como zona intermedia.

Página siguiente, superior
Unas losas de piedra lisa forman una terraza, y son los únicos indicadores de la entrada de la casa.

Página siguiente, inferior
Las paredes de contención se construyeron con técnicas de construcción con piedra seca hace, al menos, 200 años, para formar terrazas de cultivo.

Villa S

Año de finalización
1998

Localización
Grenoble, Francia

Arquitecto
Herault-Arnod
Architects

«La historia de una casa es siempre la historia de una situación» dicen los arquitectos Isabel Herault e Yves Arnod, que fundaron su estudio en Grenoble en 1990. En la Villa S la situación en cuestión estaba formada por dos componentes principales: un precioso y estimulante emplazamiento y un cliente ambicioso. El emplazamiento ya resultaba espectacular por sí mismo, situado en la ladera de una colina de mucha pendiente con bosques de cedros, y con unas soberbias vistas sobre el valle de Grenoble y sobre las montañas de Belledonne y de Vercors. El cliente, que había pedido «una casa tipo James Bond», quería añadir más. Un empresario joven con familia buscaba una casa con piscina, terraza y un gran ventanal mirador, apropiado tanto para acoger huéspedes y como para una meditación tranquila.

El emplazamiento presentaba retos añadidos a los de su topografía. En una zona rica rodeada por grandes casas de la década de los sesenta, la villa estaba sujeta a dos legislaciones urbanísticas: la del estado, que no era particularmente estricta, y la del uso del territorio nacional, que causó algunos problemas más. Ésta era el resultado de lo que los arquitectos describen como «fiebre de estandarización» que ha dado regulaciones relativas al aspecto estético de los edificios con el objetivo de controlar el estilo regional. En este caso, las restricciones han llevado a una situación paradójica en la que los planificadores tratan de imponer una arquitectura neotradicional de revoque coloreado y de tejados a dos aguas, mientras que las casas de los años sesenta de la urbanización reflejan la diversidad de la libertad de la posguerra.

Herault y Arnod se negaron a someterse y empezaron una batalla con los urbanistas, con el apoyo incondicional de su cliente, un pionero. Después de un proceso educativo, de reuniones y de presentación de referencias arquitectónicas a los representantes locales, finalmente consiguieron escapar de las «encorsetadas regulaciones».

A pesar de rechazar los controles legislativos sobre la estética regional, Herault y Arnold basan sus ideas y diseños en circunstancias preexistentes. «No forzar, sino mostrar la fuerza y la naturaleza específica de los lugares» es, como describen, su punto de vista. La Villa S deriva su planta de las curvas

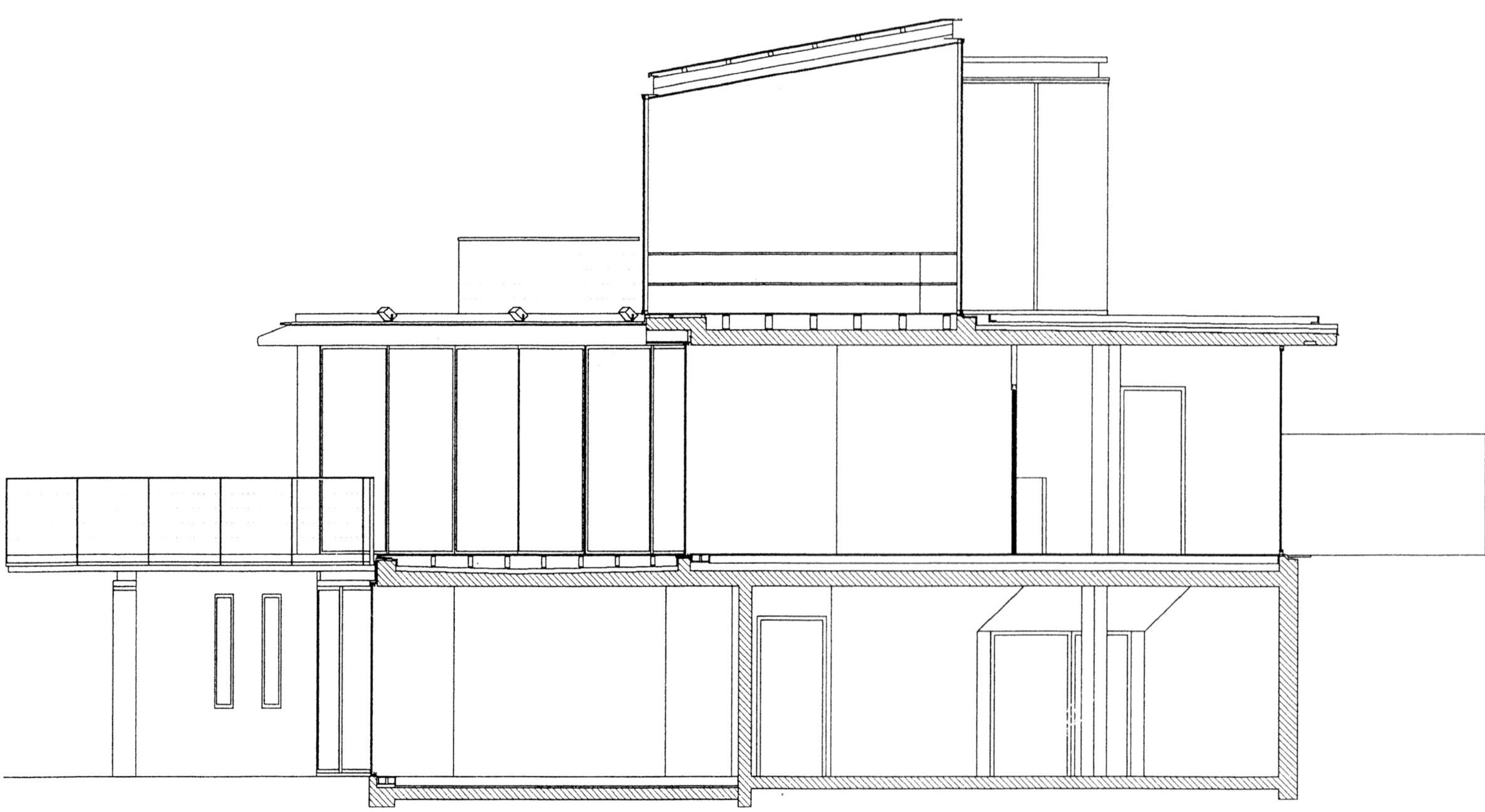

Página anterior
Sección transversal de la casa que muestra cómo los tres niveles se superponen desigualmente para crear terrazas y aleros.

Superior
El alero de la segunda planta crea un aparcamiento, mientras que el tejado de encima se convierte en una terraza exterior.

Izquierda
La piscina descubierta da la impresión de nadar entre los árboles.

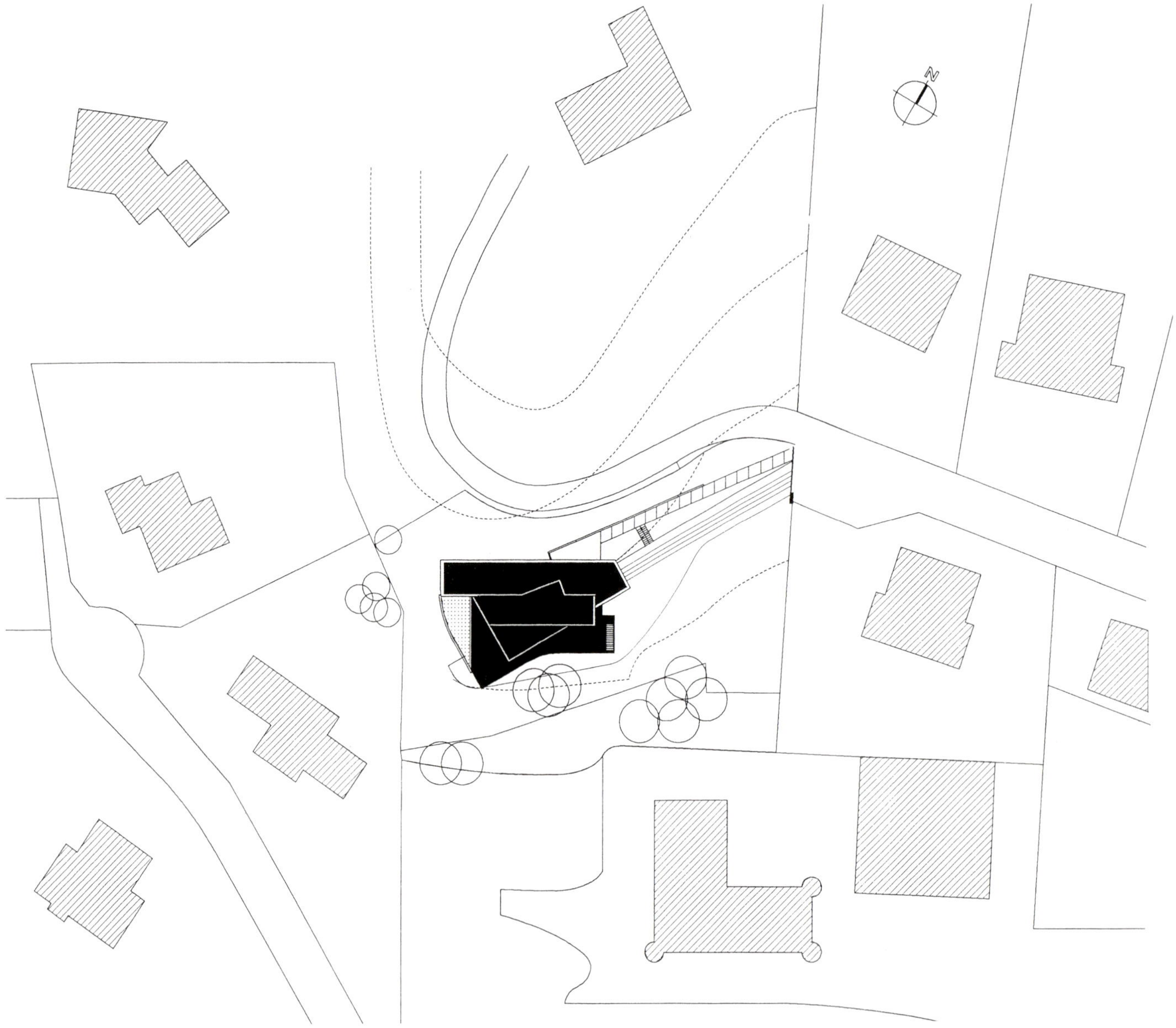

Superior
Plano de situación que muestra la urbanización de los alrededores, formada por viviendas privadas de los años sesenta, y da idea de cómo se colocan entre los árboles.

Derecha
Cada nivel toma su posición a partir de los árboles existentes en el solar y de la vista orientada sobre Grenoble.

Página siguiente, superior
La doble altura de la zona de estar alberga una biblioteca en el espacio superior.

Página siguiente, inferior
La piscina continúa en el interior, separada del exterior por una compuerta cerrada en invierno.

de la colina. Sus tres niveles siguen tres sucesivos estratos que se abren hacia el campo y al suroeste con vistas sobre Grenoble.

La organización de cada nivel depende de la posición de los árboles, de la vista y de la distribución. Las habitaciones tienen proporciones convencionales, pero se abren sobre unos aleros irregulares y sobre terrazas creadas aprovechando los voladizos y las zonas expuestas de techo plano resultantes de la superposición irregular de los pisos.

La planta baja contiene los dormitorios, los cuartos de baño y un garaje excavado en la ladera de la colina. En el plano, las inclinaciones hacia el interior están en gran medida determinadas por la distribución de los árboles, de modo que las habitaciones acristaladas en toda su altura se benefician de un sentimiento de cercanía a la naturaleza. En la parte posterior de la casa, las formas son opacas: la planta baja está revestida de bloques de piedra; la primera planta de hormigón, con un acabado texturado, y la fachada norte del segundo piso y el tejado, de cobre oxidado. La pared final sobresaliente del primer piso forma una zona de garaje, mientras que la entrada principal se sitúa a nivel del primer piso. Una verja en la zona norte del solar se abre sobre una rampa que conduce a la puerta principal y a las salas, a la cocina y a la piscina de abajo.

La piscina es tanto interior como exterior, con la parte interior cerrada por una compuerta en invierno. La piscina da la sensación de que se nada entre los árboles. En verano, la sala de estar de planta abierta se abre sobre una terraza (el tejado del piso de abajo), que se extiende hacia arriba en un doble espacio, con la biblioteca entre los árboles.

5

La arquitectura civil y lo vernáculo

¿Qué pueden tener en común un enorme centro comercial del sudeste de Inglaterra y una pequeña escuela rural de la India? Estos dos edificios están (*véanse* páginas 182 y 192) en los extremos opuestos del espectro social: el primero es el producto de millones de libras de la inversión privada y abastece a los ricos europeos, mientras que la segunda se ha construido con financiación reunida por las organizaciones humanitarias y proporciona educación primaria en su nivel más básico. Sin embargo, una mirada atenta revela ideas acerca del papel de la arquitectura en la sociedad que son comunes en el mundo desarrollado y en el así llamado «en vías de desarrollo». Éstos, y los restantes edificios de este capítulo, se suman a la idea de que lo vernáculo intensifica el sentimiento de comunidad y de pertenencia, provoca directamente a la gente una experiencia de lugar, y ayuda a la regeneración y al sostenimiento de las economías locales.

Mientras que los arquitectos del Movimiento Moderno tendían a tener un punto de vista transformador de la sociedad, los arquitectos que aquí se contemplan, en general, están interesados en conservar el *status quo*, e incluso la vuelta a modelos del pasado.

Para ellos, adoptar el cambio tecnológico y social es menos prioritario que conservar el carácter y las tradiciones sociales del lugar. Según Eric Kuhne, arquitecto del centro comercial Bluewater –un fenómeno de finales del siglo XX–, incluso éste se basa en la ciudad mercado medieval, donde las personas como individuos se reunían por motivos comerciales.

Tanto la Escuela Primaria de Turkapally como el pueblo suizo de Vrin (*véase* página 196) han utilizado la arquitectura como modo de conservar unos arreglos sociales arcaicos. En cada caso, el arquitecto se ha situado a sí mismo simultáneamente en el papel de trabajador y en el de diseñador, teniendo en cuenta los efectos de la construcción y el proceso constructivo propiamente dicho sobre la comunidad. En Turkapally, P. K. y Peu Banerjee Das, arquitectos de Nueva Delhi, propusieron técnicas de construcción tradicionales para enseñar a la gente del pueblo el oficio de albañil y mantener así la prosperidad del pueblo. Éste es un planteamiento que apoya el Departamento de Desarrollo Internacional de Gran Bretaña, que es quien financió la escuela, y se adhiere a la política de la arquitectura sostenible defendida por la Conferencia sobre los Asentamientos Humanos de las Naciones Unidas (generalmente conocida como Hábitat).

La arquitectura sostenible tiene sus orígenes en la obra del arquitecto egipcio Hassan Fathy, una influencia clave en la obra de P. K. y Peu Banerjee Das. En su libro *Architecture for the Poor*, Fathy defiende el argumento de que los pobres del mundo podrían estar mejor alojados si utilizaran los materiales que tienen más a mano.[1] Fathy redescubrió por primera vez las técnicas egipcias de ladrillo de barro en la década de los treinta. En esa época era prácticamente imposible encontrar trabajadores hábiles en la construcción de las tradicionales bóvedas de ladrillos sin estructura, pero Fathy reunió su propio equipo de albañiles y empezó a ganar fama con las viviendas de bajo precio. En 1945, empezó a trabajar en su proyecto más famoso, el pueblo de Gourna, cerca de Tebas, donde se debían realojar 7.000 campesinos. El proyecto fracasó por problemas burocráticos, y sus ideas continuaron en los límites de la arquitectura hasta hace poco, cuando se convirtieron en una influencia clave en las políticas de las organizaciones no gubernamentales occidentales en referencia al mundo en vías de desarrollo.

En Turkapally, un planteamiento a lo Fathy fue el medio para afrontar dos problemas: la falta de trabajo y la necesidad de un nuevo edificio. En este caso, el proceso de construcción se convirtió en una especie de motor de prosperidad para los habitantes locales y, en consecuencia, se favorecieron las técnicas tradicionales con mucha mano de obra. «Los sistemas de mucha mano de obra, como la construcción tradicional y la modificada construcción con barro, pueden ser particularmente útiles para crear puestos de trabajo para gente del lugar sin formación», explica Graham Tipple, director de Centro de Investigación Arquitectónica y de Desarrollo en el Extranjero de Gran Bretaña [2]. Sin embargo, Tipple también plantea un dilema: «Se puede objetar que, si el progreso local se consigue manteniendo mal pagados a trabajadores con bajos salarios, esto es explotación». Un remedio es promover «actividades de estímulo del oficio y de enseñanza en el trabajo» (tal como se proporcionó en Turkapally). Sin embargo, el peligro continúa en pueblos como Turkapally, que no tienen otra solución que la de aceptar la ayuda occidental para financiar los edificios locales y que, por lo tanto, están atados a una filosofía cuyo objetivo es conservar el *status quo*, en vez de encontrar una salida permanente a la pobreza.

El trabajo intensivo también tuvo sus beneficios en el pueblo suizo de Vrin, donde se empleó a la gente del pueblo para construir nuevos edificios como medio para ganarse su aprobación al proyecto y mantener los beneficios en el pueblo. El arquitecto y urbanista Gion A. Caminada, que creció en Vrin, forma parte del consejo local y ayuda a determinar la dirección del desarrollo –un papel que une la arquitectura con el progreso económico del pueblo–. Cerca de la mitad de los 280 habitantes se ganan la vida en la agricultura, y el turismo– que domina la región – no ha tenido allí casi ningún impacto. No obstante, aunque los edificios de Caminada respetan el tejido existente del pueblo, están abiertos a la posibilidad de cambios: «Para mí, una arquitectura apropiada es la que se ajusta a la normalidad, la que busca respetar las necesidades de su tiempo.»[3] En consecuencia, sus edificios están libres de muchas de las referencias nostálgicas de otros proyectos que aquí se discuten.

Para Daniel Solomon, arquitecto de Britton Courts, un proyecto de viviendas en un barrio degradado de San Francisco (*véase* página 188), ser fiel al tiempo es mucho menos importante que ser fiel al lugar. «A diferencia del siglo XIX, nada amenaza con cambiar, pero el verdadero asunto es la calidad del lugar», explica. Britton Courts, que reemplaza dos bloques de viviendas de 20 pisos ya derribados, es simbólico por su retorno a la trama urbana tradicional de la vivienda de madera. El planteamiento de Solomon debe mucho al Congreso para un Nuevo Urbanismo (CNU), que se celebró en 1993, y que ha moldeado las nuevas promociones urbanísticas como la de Seaside y Celebration, en Florida. CNU es una reacción en contra del «no lugar» de los suburbios americanos y contra la división creciente de las comunidades en conceptos de raza y de salario, y favorece un estilo de arquitectura que toma en consideración la historia local, el clima y los sistemas constructivos.

Un planteamiento similar es el que sigue el arquitecto americano Eric Kuhne, quien diseñó Bluewater, aunque para él no existía un modelo vernáculo real. Kuhne pretende que incorporar elementos particulares –por ejemplo, la forma de los tejados de los secaderos de lúpulo habituales en Kent para secar esta gramínea– facilita que el edificio se dirija más directamente a la experiencia de la gente común. Bluewater, como explican los folletos de propaganda, es mucho más que un centro comercial; es casi como una nueva ciudad. Tiene su propia policía, sus propios equipamientos comunitarios, como parvulario y exposiciones provenientes de instituciones culturales de Londres, y ha desempeñado un papel importante en la regeneración de la región, lo cual tiene como consecuencia la subida de los precios inmobiliarios y la creación de empleo. Su éxito ha provocado numerosas imitaciones y, como modelo para una nueva raza de promotores comerciales socialmente responsables, es probable que se convierta en una parte más importante del paisaje contemporáneo.

Página anterior
La arquitectura en madera de Gion A. Caminada, quien ha ayudado a restaurar y desarrollar el pueblo suizo de Vrin, respeta la construcción de los edificios locales.

Inferior
El centro comercial de Bluewater, en el sureste de Inglaterra, tiene una diversidad de referencias arquitectónicas familiares, que incluyen las cúpulas inspiradas en sir John Seoane.

Extremo inferior
Britton Courts, un proyecto de viviendas en San Francisco, de Solomon ETC (en colaboración con Michael Willis & Associates), vuelve a la vivienda tradicional revestida de madera.

Bluewater

Año de finalización
1999

Localización
Dartford, Inglaterra

Arquitecto
Eric Kuhne and Associates

Es difícil encontrar un precedente vernáculo de un centro comercial, y menos de uno de 180.000 metros cuadrados. Sin embargo, el arquitecto americano Eric Kuhne estaba decidido a que Bluewater «provocara una respuesta emocional» a la gente de la zona.[1] Su inspiración para el centro comercial fue la visión de un unicornio blanco rodeado de flores que había visto en un tapiz, y el White Heart representado contra el fondo dorado en el *Díptico Wilton*. Kuhne quería que Bluewater emergiera del acantilado de la antigua cantera de cemento Blue Circle como «una ciudad mágica cincelada en el yeso».

Bluewater no se parece en nada a lo visto hasta entonces en Gran Bretaña, cosa que lo ha convertido en un proyecto difícil de entender y de criticar. Algunos han tomado la línea de que, como centro comercial, Bluewater es moralmente indeseable; incluso su gran calidad se considera un mero acicate del consumismo. Sin embargo, desde un punto de vista comercial y económico, ha sido un enorme éxito, ha desempeñado un importante papel en la regeneración económica del sudeste de Inglaterra, e incluso le ha dado la vuelta a la gastada imagen de los centros comerciales de las afueras de la ciudad: la bestia negra de los urbanistas y de los paisajistas británicos durante la década de los noventa.

Kuhne cree que el centro funciona estéticamente porque las referencias al pasado de la región «llegan al corazón de la gente». El tema regional más claro –obvio en el mismo momento en que se ve el centro desde arriba– lo representan docenas de estructuras cónicas situadas sobre el tejado metálico gris del centro comercial. Estas estructuras se basan en el tejado vernáculo de los secaderos de lúpulo de Kent, una estructura cónica que antes se utilizaba para secar este cereal. En este caso, Kuhne ha invertido la corriente de aire de modo que la cubierta –tradicionalmente de madera– se convierte en un elemento de entrada de aire, lo cual proporciona al centro una suave brisa.

La ironía de Bluewater es que, aunque reúne una docena de referencias de la historia literaria, artística y arquitectónica de Kent, el efecto de conjunto es más típicamente americano; para muchos visitantes, ésta es precisamente la razón de su atractivo. No es simplemente el hecho de que los centros comerciales sean un tipo de edificios importados de Estados Unidos, sino que la gran escala de la estructura, la calidad de los materiales y de los acabados y el generoso ajardinamiento del exterior son decididamente no británicos.

Bluewater es algo más que un centro comercial; es un nuevo centro cívico con todas las distracciones de una pequeña ciudad, y más. Por ejemplo, proporciona servicio de guardería, empleo y posibilidades de prácticas para la población local, y está relacionado con importantes instituciones culturales de Londres, lo cual le permite montar exposiciones de arte y de otros temas. Sin embargo, es un centro cívico de iniciativa privada, estrechamente controlado

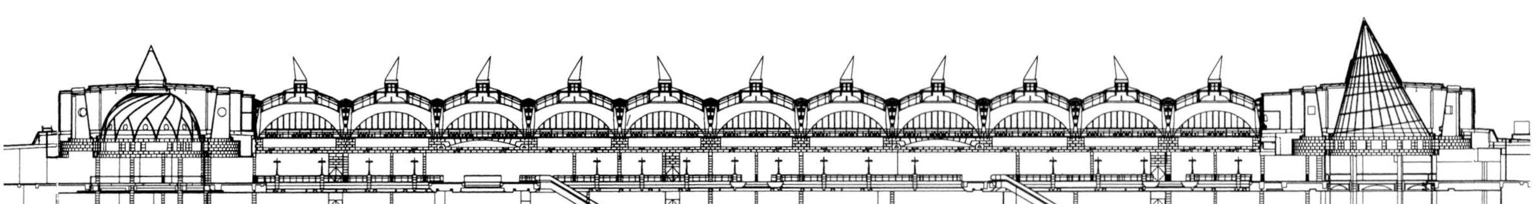

Superior
El centro comercial de Bluewater está rodeado por los acantilados blancos de una antigua cantera de cemento. Vistas desde arriba, docenas de ventiladores del tipo de los secaderos de lúpulo rompen la envergadura del tejado.

Página anterior
Sección que muestra la Sun Court conectada con la Start Court a través del Guildhall Mall, iluminado por luz natural y ventilado por aire del exterior que se introduce por el tejado.

Derecha
El Winter Garden se inspira en la Palm House, de Decimus Burton, en Kew Gardens, Londres.

Inferior
Planta triangulada por tres grandes almacenes, modelados según las casas solariegas inglesas. Están conectados con galerías y con espacios cívicos de reunión y de descanso.

Página siguiente, superior
El techo del Guildhall se inspiró en las cúpulas «de puntilla» de las Salas de Comercio del Bank of England de sir John Seoane.

Página siguiente, inferior
Uno de los tres espacios cívicos distintivos, «The Village» tiene un tema de «diseño urbano» y citas literarias escritas en las paredes.

Páginas 186-187
La Sun Court, uno de los tres espacios cívicos que forma la entrada a los grandes almacenes.

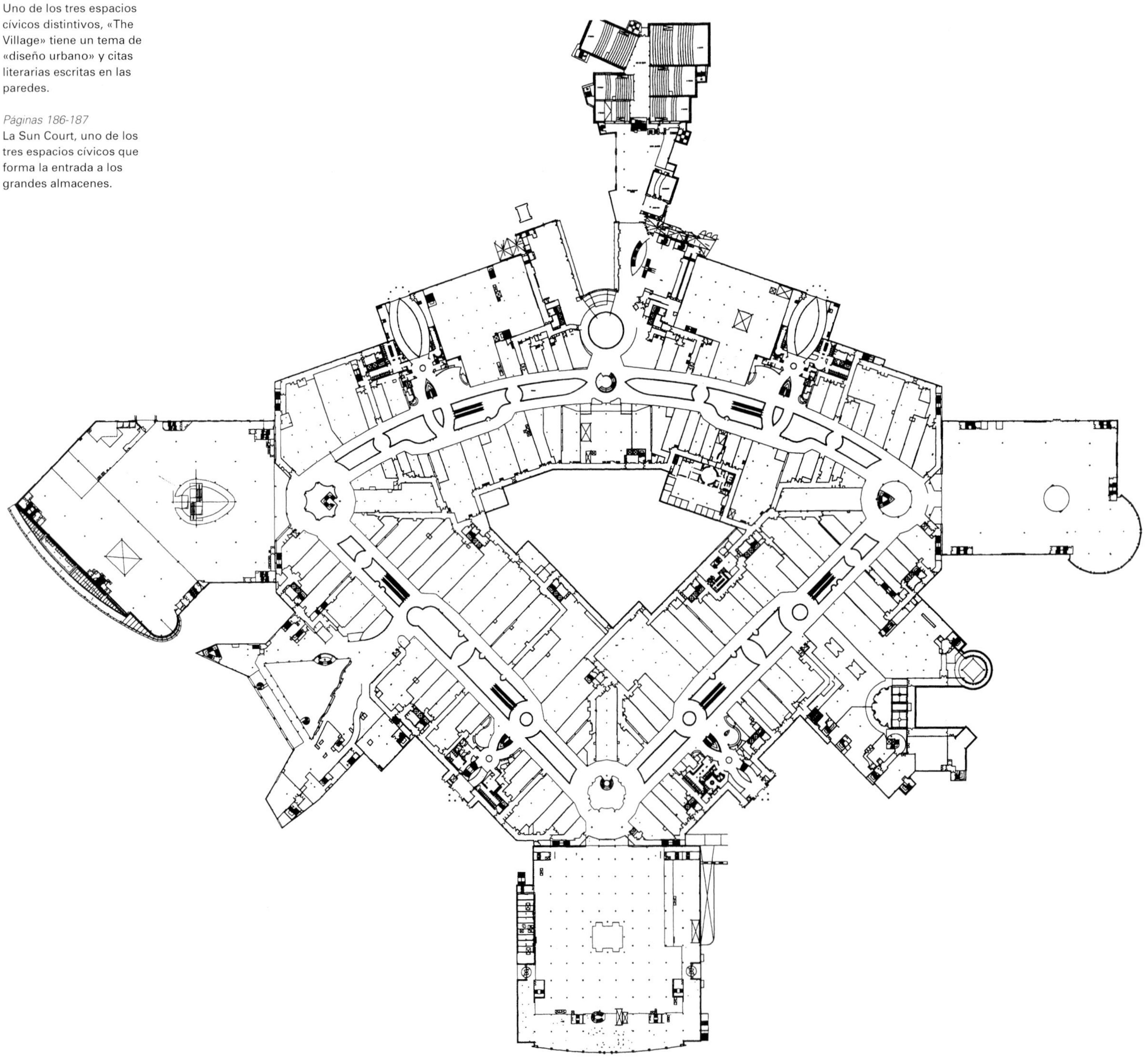

y totalmente manufacturado con poco espacio para la espontaneidad o para la evolución poco sistemática: una experiencia urbana apropiada para una época en la que nada se deja al azar.

Bluewater es rico en detalles históricos y refleja los enormes esfuerzos de Kuhne en la investigación del pasado de la región. En cada esquina de la planta triangular hay unos grandes almacenes situados al final de una avenida de robles, que, según Kuhne, se ha modelado a partir de las casas solariegas inglesas. Tres galerías conectan estas «mansiones», cada una con su propio carácter. La galería del oeste es abovedada y recuerda las bibliotecas y las salas de lectura inglesas; la galería del sur tiene unos techos de tipo vela, mientras que los de la galería del este se fundamentan en las salas de comercio, actualmente derribadas, del Bank of England de sir John Soane. En ciertos puntos, a lo largo de las galerías, los visitantes pueden pararse, por ejemplo, en el Winter Garden –un «comedor jardín botánico»– inspirado en la Palm House en Kew Gardens, Londres, de Decimus Burton, o en un jardín acuático basado en los de Blenheim Palace.

Todas las referencias se han juntado en lo que Kuhne describe como «arte cívico»: bajorrelieves de los 106 gremios de Londres situados sobre las tiendas; un mosaico de la ruta del río Támesis colocado en el suelo, y citas de escritores que vivieron y trabajaron en Kent, escritas sobre las paredes con una caligrafía de gran tamaño.

Para algunos críticos, todo esto es demasiado, y convierte al centro en una especie de parque temático sobre Kent. No obstante, Kuhne rechaza las críticas apelando que todo lo que se ha hecho es auténtico. Él y su equipo de investigadores y de arquitectos buscaron referencias exactas que realmente significaran algo para los habitantes de la zona. «Se tarda mucho tiempo en entender correctamente todo esto», explica. «De otro modo, podría parecer *kitsch* e inapropiado. A diferencia de Disney, que importa cultura, nosotros no hemos impuesto nada.»

Viviendas de Britton Street

Año de finalización
2000

Localización
San Francisco,
Estados Unidos

Arquitecto
Solomon ETC con
Michael Willis &
Associates

La explosión controlada que derribó uno de los proyectos de viviendas más problemáticos de San Francisco, Geneva Towers, se publicó en la primera página del *San Francisco Examiner*, en mayo de 1998. Dos años más tarde, tres nuevas promociones de viviendas, incluido Britton Courts, reemplazaban al edificio de 20 plantas que durante años fue famoso por sus escasas condiciones de habitabilidad y por sus altos índices de criminalidad. Siguiendo los principios de la Carta del Nuevo Urbanismo, Solomon ETC se propuso crear unos lugares donde vivir supusiera lo opuesto al entorno aislado y peligroso que sustituía.

Britton Courts proporciona 92 viviendas para gran parte de los antiguos habitantes de las Geneva Towers, y también para nuevos inquilinos de salario bajo. El emplazamiento cubre 1,5 hectáreas y está situado en el barrio residencial de Visitación Valley, a unos 15 minutos en coche del centro de San Francisco. Es una zona dura, con tensiones étnicas entre la comunidad asiática (cantonesa) dominante y la afroamericana. «Incluso hacer fotografías era peligroso», explica el arquitecto Daniel Solomon.[1] El tema principal era cómo garantizar la seguridad de las zonas comunes para los residentes sin convertir el proyecto en una fortaleza.

La solución fue adoptar una tipología de casa de ciudad de dos y tres pisos distribuidas alrededor de patios compartidos seguros. Cada apartamento o casa tiene su jardín privado y un acceso al espacio comunitario, con algunas casas que dan a la calle para alentar la vigilancia espontánea. La idea de los patios es una continuación del tejido urbano de San Francisco y, en particular, de la tipología de casas en hilera construidas a finales del siglo XIX.

Desde hace 20 años, el estudio Solomon ETC, situado en San Francisco, se ha especializado en vivienda. En 1993, Daniel Solomon ayudó a fundar una organización sin animo de lucro llamada Congress for the New Urbanism que ha influido en gran parte de la renovación urbanística y de viviendas en Estados Unidos. New Urbanism defiende la restauración de los contextos urbanos existentes, la reorganización de los suburbios extensos en comunidades, del entorno natural y del legado arquitectónico. Algunos de estos principios son eco de los de la Urban Taskforce de Gran Bretaña, creada por el arquitecto Richard Rogers, aunque el énfasis en el realce de la historia local y en la construcción es particularmente americano.

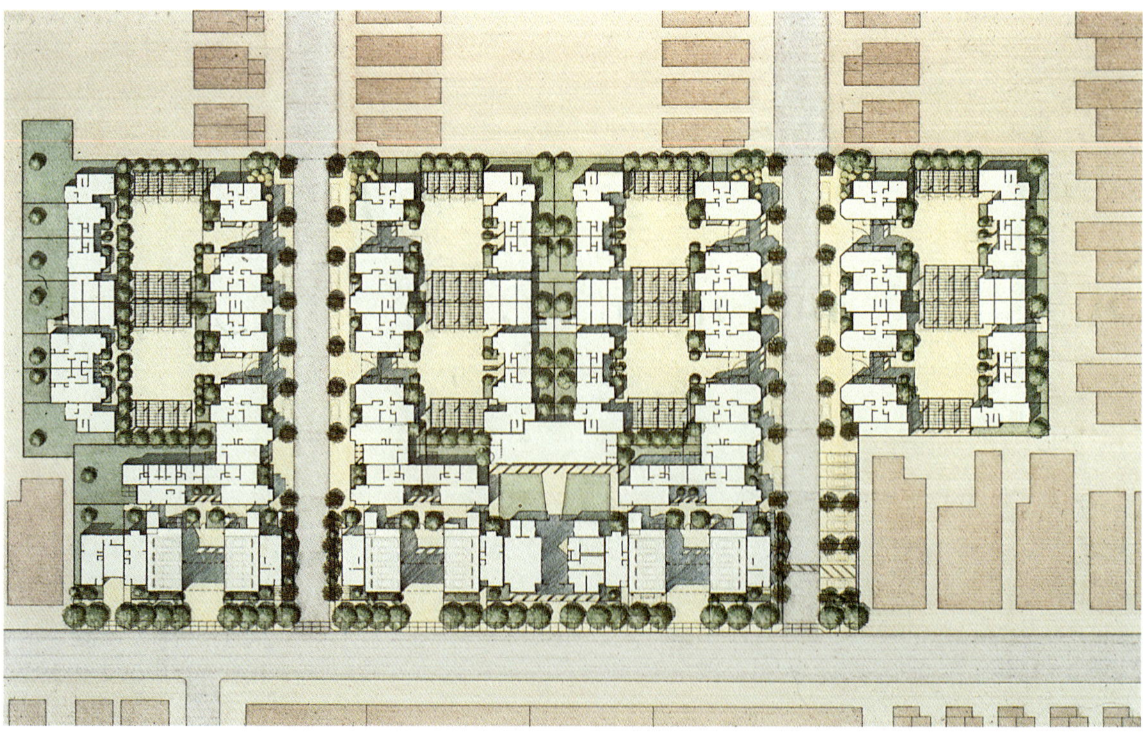

Derecha
Plano de emplazamiento que muestra la distribución de las casas alrededor de unos patios compartidos seguros.

Página siguiente, superior
Las casas están construidas con materiales modernos, como el hormigón encofrado, cuyas marcas horizontales son un recuerdo del revestimiento de listones de madera de las casas locales tradicionales.

Página siguiente, inferior
La mayoría de las fachadas de las casas dan a la calle para alentar la vigilancia natural.

Britton Courts representa la visión de Solomon sobre su idea de que el trabajo principal de todos los arquitectos debería ser la definición física de las calles y de los espacios públicos como lugares de uso compartido. Un cambio en la actividad práctica que, según cree, ha ayudado a revitalizar el espacio público es sustituir el término «retrasado» por «construido en hilera». El primero, explica Solomon, ordena las distancias mínimas desde el edificio a los límites de la propiedad y provoca «unos edificios que flotan en una matriz de espacio uniforme». Por el contrario, construir en hilera –puesto en práctica en Britton Courts– supone «prescripciones específicas para la forma de los espacios definidos por los edificios»[2]. De este modo, explica Solomon, el principio de la frontalidad se reestablece, y los edificios forman parte de grandes conjuntos que definen el espacio público.

Britton Courts está rodeado por pequeñas casas unifamiliares, conocidas como Sunstream Homes, que es el nombre de la promotora que construyó la mayoría de ellas en la década de los cuarenta. Estilísticamente, Solomon las describe como una especie de «Art Déco degradado, difíciles de asimilar a ningún contexto». Para él, la importancia de lo vernáculo en los proyectos de vivienda es doble. Primero, es una parte importante en la erradicación de la distinción entre viviendas públicas y privadas, ya que la utilización de arquitectura de vanguardia en los años treinta y cuarenta para viviendas de alquileres bajos las hizo rápidamente identificables. En segundo lugar, Solomon cree en mantener la continuidad y ser fiel al lugar. «La presión para homogenizar los lugares es mayor que la presión para homogenizar el tiempo», explica.

En sus construcciones, las casas reflejan el interés de Solomon en la fidelidad al lugar, y utilizan técnicas de la costa oeste para darles «un carácter de tipo vagamente artesano». La estructura principal es una plataforma marco, que permite un grado relativamente alto de estandarización. El revestimiento con contrachapado proporciona estabilidad en esta zona sísmicamente activa, y los tablones horizontales aglutinantes recuerdan las planchas de madera de las Sunstream Homes.

Superior
Britton Courts, como vivienda pública, es difícil de distinguir de las casas particulares que la rodean.

Izquierda
Cada unidad de vivienda tiene su propio espacio exterior particular, tanto si es un jardín en la planta baja o, como aquí, un patio en el primer piso.

Página anterior
La realidad de violencia y de crimen significa que el espacio comunitario dentro de la urbanización debe estar cerrado con verjas para mayor seguridad.

Escuela Primaria

Año de finalización
1996

Localización
Turkapally, Andhra Pradesh, India

Arquitecto
P. K.-Peu Banerjee Das

Desde finales de la década de los sesenta, una serie de programas del gobierno de la India se ha centrado en el desarrollo rural, y particularmente en la educación primaria y en las infraestructuras de salud. No obstante, el arquitecto P. K. Banerjee Das describe esta ayuda como: «Disponer de unas gotas de pintura para pintar una tela de un kilómetro de ancho».

Uno de estos programas es el Proyecto de Edificación Primaria Andhra Pradesh (APPEP), que vino a ayudar a Turkapally, un pueblo de unos cuantos miles de habitantes situado a unos 35 kilómetros de la capital del estado, Hyderabad. Antes de 1996, se utilizaba un pequeño edificio como escuela de enseñanza primaria, con cinco clases (de nivel del uno al cinco) y cerca de 40 niños en cada clase. La falta de espacio implicaba que, a menudo, las clases se hicieran fuera, bajo los árboles, pero esto resultaba difícil durante los largos meses de la estación de lluvias. Para complicar más las cosas, había sólo dos profesores, si bien la comunidad había recolectado voluntariamente 800 rupias cada mes para pagar dos maestros adicionales.

Durante algún tiempo, los habitantes habían pedido al consejo que financiara una nueva escuela con cuatro clases y, finalmente, la APPEP invirtió 200.000 rupias (aproximadamente € 5.000) para un nuevo edificio. Los arquitectos P. K. Banerjee Das y su mujer Peu resolvieron que, dado el usual precio de construcción de 250 rupias por metro cuadrado, con el dinero disponible podían construir un edificio de cerca de 74 metros cuadrados. Sin embargo, el modelo del gobierno recomendaba que la escuela tuviera al menos 135 metros cuadrados, por lo cual el reto era diseñar un edificio con el máximo de superficie utilizando el mínimo presupuesto.

La solución que adoptaron se conoce en la India como Tecnologías Constructivas de Costes Efectivos (CECT). Sus objetivos son que todas las partes involucradas en el proyecto de construcción deben aprender algo del proceso. La escuela de Turkapally iba a ser una especie de prototipo que incluía control de costes y de resultados de ciertos materiales y tecnologías. Antes de tomar ninguna decisión acerca de los métodos de construcción, P. K. y Peu Banerjee Das llevaron a cabo lo que ellos describen como un ejercicio de «mapa de recursos» para buscar qué materiales y qué oficios se podían encontrar en la región. También tuvieron encuentros con la comunidad para

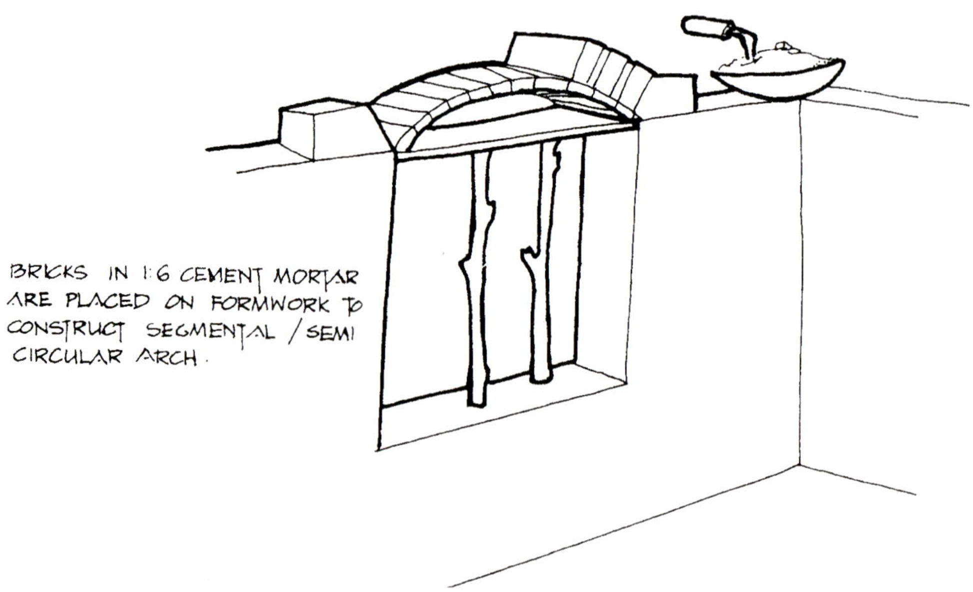

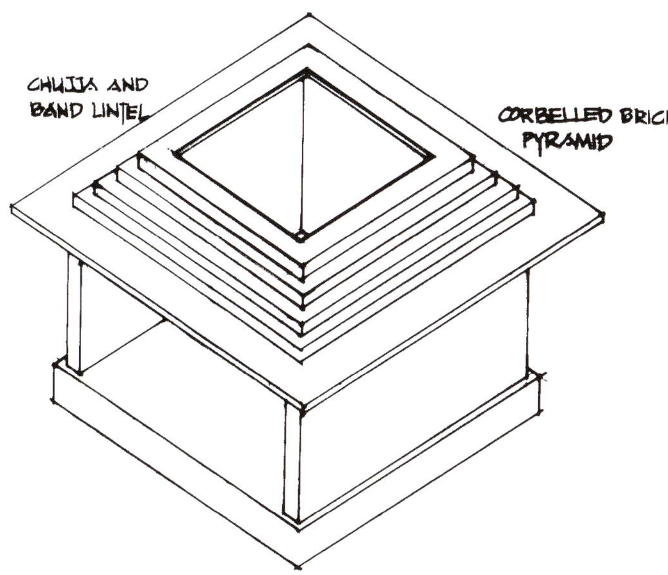

Página anterior, izquierda
Los padres dieron permiso a sus hijos para que ayudaran a colocar ladrillos y, así, reducir los costes de construcción.

Página anterior, derecha
Dibujo que muestra el sistema de construcción de los segmentos de arco de las ventanas.

Superior
La escuela proporciona dos aulas y dos terrazas para la enseñanza al aire libre y da cabida a unos 100 alumnos.

Derecha
El voladizo de los tejados se construyó utilizando técnicas tradicionales y ladrillos fabricados en la localidad.

conocer sus necesidades y para observar cómo se utilizaba la escuela existente. La investigación expuso las dificultades y el coste de ciertos métodos, pero también el potencial que ofrecían los recursos locales.

Lo primero que se tuvo en cuenta fue el clima –Andhra Pradesh es uno de los estados de la India situados más al sur y tiene una estación extremadamente calurosa y seca, que dura seis meses, y fuertes lluvias el resto del año. En estas circunstancias, tenía sentido la buena integración entre los espacios interiores y los abiertos, común en la arquitectura tradicional de la India; así, los arquitectos diseñaron una secuencia de cuatro salas octogonales de 28 metros cuadrados, dos de ellas cerradas y las otras dos semiabiertas. Tanto las paredes como el tejado se construyeron de ladrillo, para facilitar que el interior de las clases se conserve fresco durante la estación calurosa seca.

Desde el principio se desechó el cemento y el acero porque se tenía que transportar desde Hyderabad y resultaba demasiado caro. La madera para el encofrado era escasa, así que no resultaba lógico usar hormigón. Sin embargo, en las cercanías había un ladrillar que producía ladrillos artesanales, y esto parecía la opción lógica como material de construcción. Los voladizos de los templos de Orissa fueron la fuente de inspiración del diseño y de los detalles.

El octágono funciona particularmente bien como módulo para las aulas. Su dimensión de dos metros proporciona precisamente la cantidad de pared necesaria para las pizarras, las estanterías y las ventanas; las paredes, dada la escasez de libros, se cubren con pinturas educativas que representan, por ejemplo, la galaxia, las partes del cuerpo humano, o bien la acción de los sifones de agua. El edificio se asienta sobre una base de bloques de cascotes de piedra, con tres escalones que suben hasta la entrada situada entre las terrazas y las aulas. El tejado, soportado por pilares de ladrillo, consiste en cuatro zigurats de ladrillo en voladizo, y en una pequeña pirámide de cuatro lados de ladrillo en voladizo situada en el centro para cubrir el espacio restante, un pasillo que conecta las dos terrazas. Las aberturas de las aulas se formaron situando ladrillos en encofrado para producir arcos semicirculares o segmentados. Otra ventaja del ladrillo es que, como sistema constructivo de mano de obra relativamente intensiva, ofrece la posibilidad de mejorar el oficio de la gente del lugar y mantener el dinero en el pueblo.

Como parte del proceso constructivo, se enseñaba a los albañiles en la misma obra, e incluso los estudiantes ayudaban a apilar los ladrillos para ahorrar dinero. Al invertir cerca de un tercio del coste de la construcción en mano de obra, la escuela generó empleo para la población local, lo cual, a su vez, actuó como multiplicador de salario. Por ejemplo –explica P. K. Banerjee Das–, un pintor local que trabajó en el proyecto ganó cerca de 10.000 rupias y empleó cinco ayudantes, con lo cual mantuvo a unos 25 niños y adultos durante tres semanas.

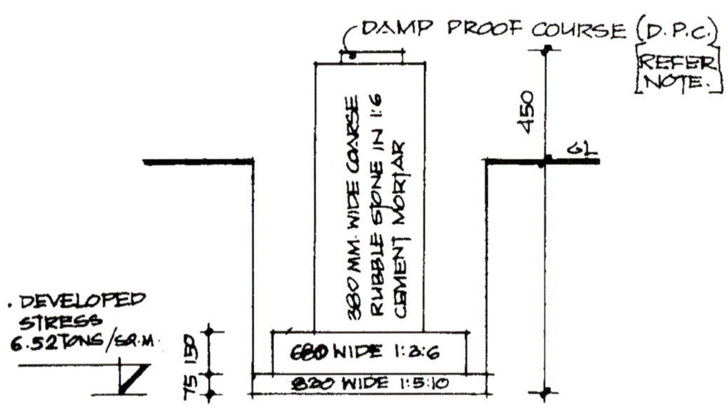

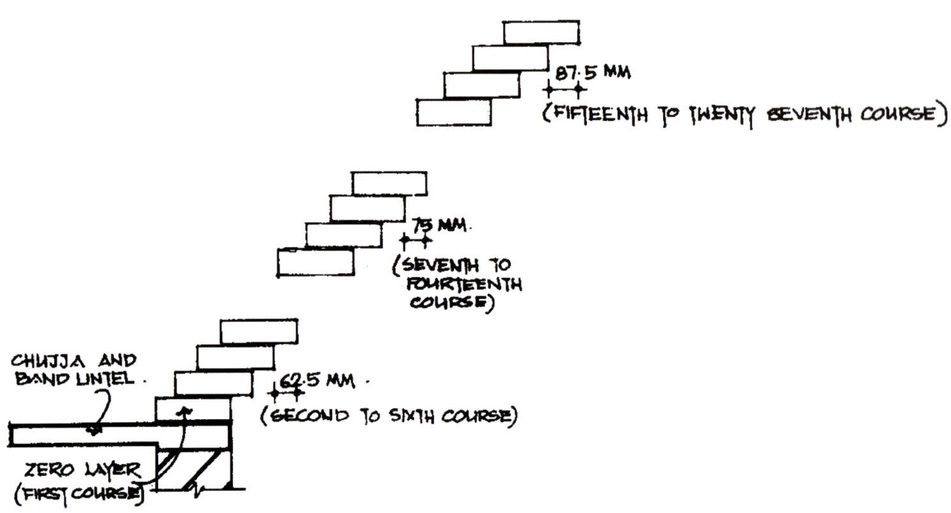

Superior izquierda
El interior de la escuela que muestra un aula típica para 40 niños y dibujos en las paredes para sustituir a los libros de texto.

Izquierda
Dibujos que muestran los detalles constructivos.

Página siguiente, superior
Sección de dos aulas y entremedio el pasillo que conecta las dos terrazas.

Página siguiente, inferior
Plano de la escuela que muestra las aulas octogonales y las terrazas abiertas por los lados.

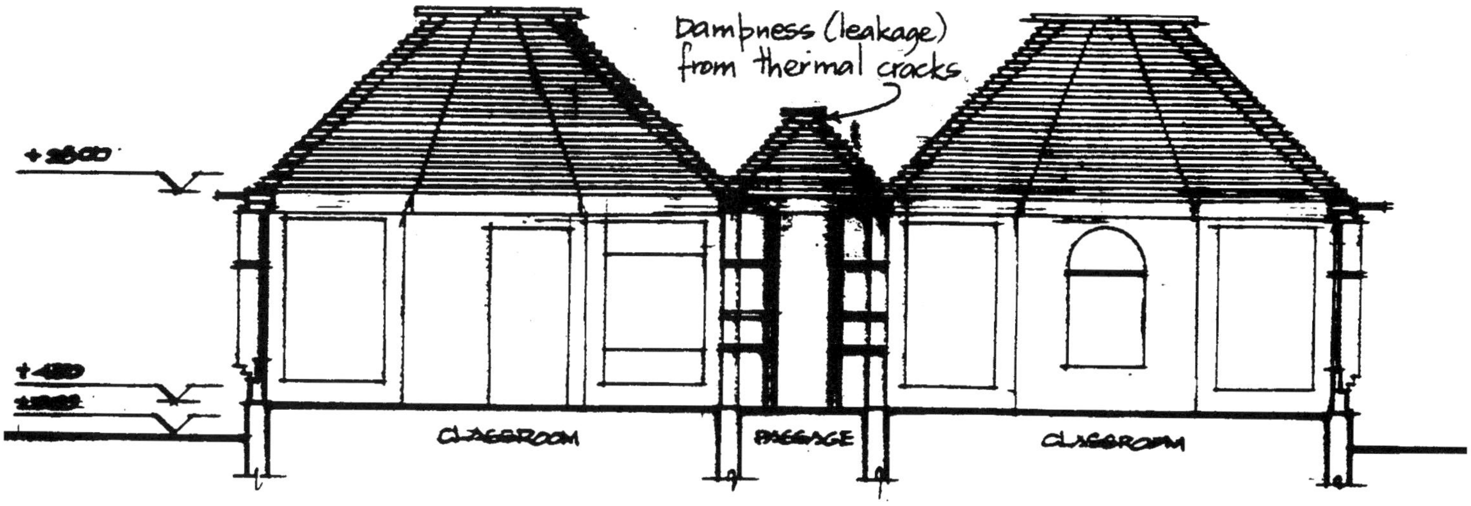
Dampness (leakage) from thermal cracks
CLASSROOM
PASSAGE
CLASSROOM

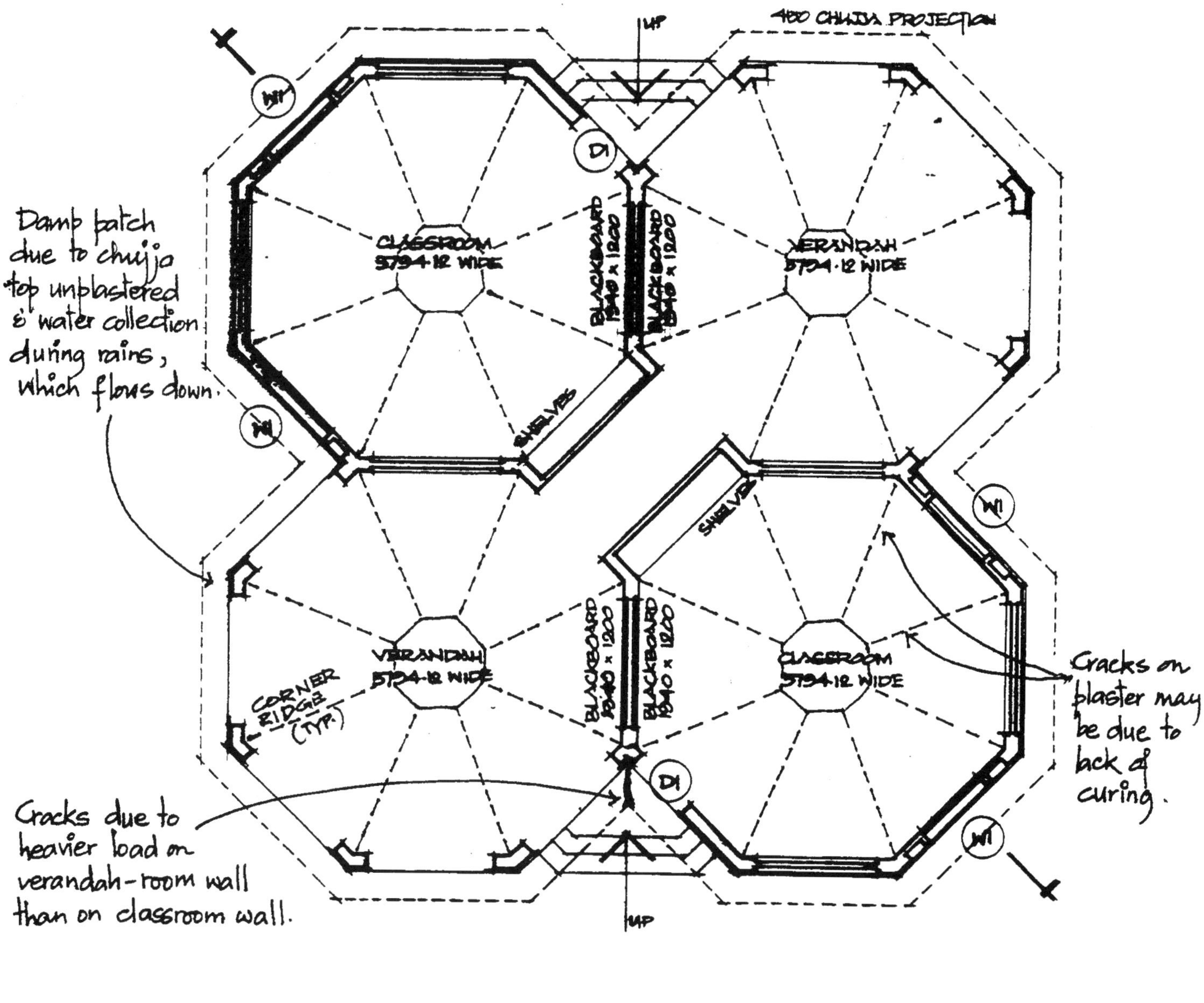
480 CHUJJA PROJECTION
UP
Damp patch due to chujja top unplastered & water collection during rains, which flows down.
CLASSROOM 5794.12 WIDE
VERANDAH 5794.12 WIDE
BLACKBOARD 1940 x 1200
SHELVES
CORNER RIDGE (TYP.)
Cracks on plaster may be due to lack of curing.
Cracks due to heavier load on verandah-room wall than on classroom wall.
W1
D1

Edificios agrícolas y cabina telefónica

Año de finalización
1998

Localización
Vrin, Suiza

Arquitecto
Gion A. Caminada

El pueblo de Vrin tiene cerca de 280 habitantes, la mayoría de los cuales son granjeros. El turismo apenas ha tenido impacto en el pueblo, y la vida comercial consiste en un taller de carpintería, un almacén de material de construcción, un cerrajero, un panadero, tres restaurantes y una empresa de transporte. Vrin está situado en el valle de Lumnezia (el Valle de la Luz), con una serie de caseríos, de ermitas y de iglesias diseminadas por los prados y por los pastos. El arquitecto y urbanista del pueblo, Gion A. Caminada, está íntimamente ligado a la vida de Vrin, es un concejal local y ha crecido allí.

Los edificios de Caminada no se pueden entender individualmente, ni como piezas de «arquitectura». Surgen de la necesidad de los habitantes del pueblo y de la tipología tradicional de las granjas de madera que caracterizan el paisaje. Su obra tiene mucho en común con la opinión de Adolf Loos, de 1913, en su ensayo *Reglas para los edificios de las montañas*: «No debe construir de un modo pintoresco. Deje estos efectos a las paredes, a las montañas y al sol [...]. Preste atención a las formas que construye la población local, ya que ellos poseen el fruto de la sabiduría recogido del pasado. Pero busque el origen de la forma. Si los avances tecnológicos hacen posible mejorar la forma, entonces utilice siempre esta mejora. La máquina de trillar sustituye el mayal».[1]

La habilidad de los habitantes del pueblo para producir sus propios medios de subsistencia continúa siendo un factor decisivo de la vida de Vrin. Las técnicas agrícolas modernas han llevado a muchos granjeros a trasladarse al centro del pueblo, y sus granjas han quedado vacías. Para seguir la tradición agrícola (en vez de convertir el pueblo al turismo), Caminada ha construido un grupo de cuadras y mataderos a las afueras de Vrin. El primer edificio de

Izquierda
La mayoría de los habitantes de Vrin son granjeros. La construcción de las cuadras con madera, según la tradición, es por razones prácticas más que nostálgicas.

Página anterior, izquierda
Vrin está situado en el Valle Lumnezia (Valle de la Luz) y lo forman una serie de caseríos, de ermitas y de iglesias diseminadas por los prados.

Página anterior, centro
El matadero tiene la planta baja o zócalo hecho con piedra sobrante local, y la planta superior de madera.

Página anterior, derecha
Plano de situación de Vrin que muestra el emplazamiento de un grupo de cuadras y el matadero, situado a las afueras del pueblo.

swisscom
VISA

un grupo de tres es un matadero que, con su planta baja o zócalo revestido de piedra, actúa como nexo con el pueblo. El piso superior está revestido de madera, con lo cual se relaciona con las dos cuadras de al lado. Prácticamente todos los materiales provienen de las cercanías y se ensamblaron utilizando técnicas locales. Caminada utiliza materiales locales por razones prácticas más que nostálgicas o simbólicas; la piedra proviene de un montón de desechos acumulados a lo largo de los años por el derribo de viejos edificios, por excavaciones y por la construcción de carreteras. Las técnicas constructivas son intensivas, y utilizan la cantidad mínima de materiales prefabricados con el objetivo de involucrar a la mayor cantidad de gente del pueblo en el proceso constructivo. «De este modo» –explica Caminada–, «la gente del pueblo acepta mucho más rápido el nuevo edificio, incluso aquellos que no se han beneficiado directamente de él.»[2]

Para las cuadras y para otros edificios agrícolas, Caminada utiliza técnicas de sistemas constructivos combinadas con la construcción tradicional de apilar troncos. Las esquinas de los cobertizos se dejan expuestas y con aglomerante, y un revestimiento de planchas cubre las estructuras interiores de troncos toscamente serrados.

La escuela, el edificio más distintivo de Caminada, se situó entre un grupo de edificios de Duvin, una aldea frente a Vrin, para conservar la distribución tradicional. El segundo edificio más importante de la comunidad es el ayuntamiento, unido a la antigua escuela y situado en el borde de la pendiente de una colina en las afueras del pueblo. Una base de albañilería fija el edificio al suelo, mientras que la estructura superior está revestida de madera. El interior está forrado de madera, y la luz entra por unas ventanas altas. El tejado se sustenta con un sistema innovador de cerchas fijadas con traviesas de cinco listones de madera de 24 milímetros de grueso clavadas juntas en el centro.

En el centro de Vrin, Caminada utiliza nuevos edificios para reorganizar el paisaje callejero del pueblo. Así, colocó una casa nueva en la calle principal para crear una curva que se utilizó como medida para controlar el tráfico. También ha arreglado y ampliado muchos de los edificios existentes y ha construido su invento más pequeño –una cabina telefónica con planchas estrechas de madera– al lado de una antigua granja.

El éxito es que Vrin ha ganado un grado de independencia a los urbanistas de la capital de Graubunden, Chur. Aunque no es probable que el pueblo cambie espectacularmente en el futuro, Caminada reconoce que no puede continuar siendo una isla. «Debemos permitir que nos influyan algunas cosas de fuera; sin embargo, tenemos la posibilidad de reaccionar respecto a esas estructuras de un modo diferente y adaptarlas a nuestras necesidades.»

Página anterior
El edificio de Caminada más pequeño en el pueblo es una cabina telefónica construida al lado de una granja con planchas estrechas de madera.

Inferior
El nuevo ayuntamiento está situado en el límite del pueblo, anexo a una edificación escolar existente de piedra y enyesado.

Páginas siguientes
En el interior, las paredes están revestidas de madera para centrar la atención en la calidez interior, aunque hay una conexión con el paisaje a traves de las grandes y altas ventanas. La construcción del tejado utiliza innovadoras cerchas unidas con traviesas finas de madera.

Página anterior
El nuevo edificio de la escuela en Duvin, al otro lado del valle, frente al pueblo suizo de Vrin.

Derecha
El interior de la escuela está totalmente construido de madera serrada.

Inferior
Un cobertizo en Duvin.

6

Nuevas direcciones del regionalismo

Durante gran parte del siglo XX los arquitectos se preocuparon por la aparente contradicción entre lo universal y lo particular. Esto reflejaba las amplias luchas de poder entre naciones y sociedades desiguales. En su influyente ensayo sobre regionalismo crítico, Kenneth Frampton expresó esta conexión entre arquitectura y una conciencia social amplia describiendo el regionalismo como un «sentimiento anticentrista –una aspiración a algún tipo de independencia cultural, económica y política–».[1] Frampton intentaba encontrar una salida hacia delante para el Movimiento Moderno, que había quedado desacreditado por su falta de especificación, y al mismo tiempo para distanciarse de la nostalgia posmoderna.

A principios del siglo XXI, el viejo debate entre lo universal y lo particular puede estar resuelto. Parece que ahora todos somos relativistas y que la cultura política que prevalece acepta la diferencia en vez de la igualdad.

El arquitecto portugués Álvaro Siza (*véase* Pabellón de Portugal, página 206) es un defensor de la idea de los valores humanos compartidos y cree que no hay contradicción entre lo universal y lo particular. «El Don Quijote de Cervantes es genuinamente una obra de relevancia universal», explica, «pero al mismo tiempo también se puede leer como cultura española sin tener la sensación de que esto sea una contradicción».

Mientras que Siza ha construido la mayor parte de su obra en su propio país, el arquitecto mexicano Ricardo Legorreta durante muchos años ha llevado a cabo sus ideas fuera, particularmente en el sureste de Estados Unidos, con influencias mexicanas.

El Centro de Artes Visuales de Santa Fe (*véase* página 218) tiene muchas de las características del México vernáculo, incluidas la utilización de revoque de colores cálidos y la importancia que otorga a las paredes como cierres de protecciones sólidamente asentados en el suelo, como un recuerdo de las haciendas regionales. A diferencia de Siza, que en primer lugar responde al emplazamiento, Legorreta plantea la posibilidad de que el regionalismo pueda existir fuera del contexto regional; el resultado, explica optimista Legorreta, es que «la globalización crea la maravillosa oportunidad para el intercambio».[2]

La obra de Siza forma un puente entre la primera ola de regionalistas del siglo XX, especialmente su gran mentor Alvar Aalto, y la joven generación de arquitectos influidos por su planteamiento contextual, en particular del uso de la luz, que él trata casi como si fuera un material de construcción por derecho propio.

El cantón de Graubunden, en la Suiza alpina, es el hogar de una dinámica línea de regionalismo centrado en el arquitecto Peter Zumthor. El típico lenguaje romance y la cultura de la zona le dan un sentimiento de tradición coherente, pero su posición en el centro de Europa, y sus relaciones con Italia, con Austria y con Alemania, lo hacen inusualmente cosmopolita para una zona rural. La nueva arquitectura más interesante del cantón está lejos de los extraordinariamente visitados centros de esquí, en pueblos remotos como Paspels, donde Valerio Olgiati ha construido una escuela (*véase* página 228).

Olgiati, al igual que otros despachos innovadores de la zona, no está interesado en seguir un estilo suizo sino en comprender la naturaleza del lugar. Olgiati responde a la espectacularidad de las montañas reduciendo las formas y los detalles de la escuela hasta sus elementos más esenciales. La Batalla de Seattle, en diciembre de 1999, y las consiguientes protestas anticapitalistas dieron una nueva urgencia al sentido de que las diferencias de la arquitectura regional se perdían en un mundo de homogeneización corporativa. Los edificios que se consideraban el compendio de la globalización y que se convirtieron en objetivos fáciles de las protestas fueron las oficinas acristaladas con aire acondicionado y los restaurantes de McDonald's. Las protestas parecían captar el estado de ánimo de nuestro tiempo y señalaban una creciente conciencia de la injusticia social y de la degradación medioambiental. En este contexto, el regionalismo se sustituye progresivamente por una discusión acerca de la sostenibilidad y de la comunidad, particularmente en el mundo en vías de desarrollo.

El cambio en las prioridades del Premio de Arquitectura Aga Khan (instituido en 1977 para fomentar la calidad arquitectónica en la sociedad islámica) ilustra este cambio de énfasis. Durante los primeros años, se consideraba que el premio apoyaba una «tercera vía» en arquitectura, entre la modernidad y la tradición. Un elemento importante de esta vía era el uso del regionalismo como forma de resistencia a la occidentalización. En su introducción al premio de 1998 (*véase* Vidhan Bhavan, ganador, de Charles Correa, página 214), el arquitecto indio y miembro del jurado Romi Khosla defiende que, en el nuevo contexto de globalización (donde la arquitectura moderna se ha vuelto inseparable del desarrollo económico de Asia), resulta menos importante para el premio centrarse en el estilo y en la identidad. Por el contrario, explica, el Premio Aga Khan debe fomentar las preocupaciones sociales que puedan ser relevantes globalmente. «Quizá el premio representa la única, y muy solitaria, posición articulada que mantiene que los arquitectos todavía tienen grandes responsabilidades en las sociedades en desarrollo», escribe Khosla.[3]

El sentimiento de que el regionalismo se ha convertido en una preocupación estilística bastante superficial no es exclusivo del mundo en vías de desarrollo. El arquitecto británico David Lea se ha dado a conocer como regionalista después de muchos años de estudio de lo vernáculo en Gales y de desarrollar una respuesta contemporánea. Sin embargo, su obra reciente y sus escritos ilustran un cambio hacia la sostenibilidad y hacia los temas sociales y medioambientales. «Últimamente, cada vez creo menos en él [regionalismo]», explica Lea. «Los urbanistas lo están utilizando para hacer un mundo de Mickey Mouse.»[4] El problema de ningún modo es exclusivo de Gales, como indica: «La industria de la construcción británica ha desarrollado un disfraz "vernáculo" para esconder las construcciones modernas; sus colores y texturas se pueden ajustar fácilmente para darles un sabor regional».[5]

Lea cree que la identidad de la arquitectura local debe surgir de los recursos básicos de los materiales. La Casa Segger, una ampliación de una granja tradicional galesa (*véase* página 224), utiliza para su estructura la madera de un bosque propiedad del cliente y la piedra de una cantera reabierta cerca del emplazamiento, y el aislante es lana natural del rebaño de ovejas de la granja. Poca gente está en situación de «criar» su propia casa, pero Lea ve en el proyecto la posibilidad de que las comunidades de todo el mundo puedan volver a establecer una relación económica con sus propias regiones.

Página anterior
El pabellón de Portugal, de Álvaro Siza, proporciona una plaza ceremonial cubierta por un tejado curvo de hormigón de imposible delgadez.

Superior
Los colores vibrantes de Ricardo Legorreta, en el Centro de Artes Visuales de Santa Fe, están inspirados en el México vernáculo de las haciendas y de los pueblos donde creció el arquitecto.

Izquierda
La escuela del pueblo de montaña de Paspels, de Valerio Olgiati, forma parte del dinámico movimiento del regionalismo suizo.

Pabellón de Portugal

Año de finalización
1998

Localización
Lisboa, Portugal

Arquitecto
Álvaro Siza

Cuando llegó el momento de elegir un arquitecto para el pabellón nacional de la Expo '98, el gobierno portugués prescindió del habitual proceso de concursos e hizo el encargo directamente a Álvaro Siza, aunque para él resultó difícil decidir un diseño porque no estaba nada claro qué uso se iba a dar al edificio. La necesidad principal del programa era proporcionar una imagen representativa de Portugal y un pabellón que destacara entre el resto, pero el edificio también tenía que ser compatible con el subsiguiente papel urbano y tener una función permanente, todavía desconocida, cuando se terminara la Expo.

A lo largo de una carrera de cerca de 50 años, Siza ha explorado la relación entre la modernidad y los aspectos característicos de la arquitectura portuguesa, y se ha inspirado particularmente en la obra de Alvar Aalto. Sin embargo, en el caso del pabellón, a pesar de su interés por las características del lugar, Siza estaba menos interesado en hacer una declaración sobre Portugal que en asegurar que el edificio se integrara bien en el emplazamiento y respondiera a las condiciones de luz.

Del mismo modo que la Expo de Sevilla de 1992, la Expo de Lisboa tenía un objetivo a largo plazo: regenerar una amplia sección de antiguo terreno industrial a lo largo de las orillas del Tajo, al noreste del centro de la ciudad de Lisboa. Además del pabellón portugués, había otros edificios permanentes en la Expo –incluyendo la nueva estación de ferrocarril y de autobuses, de Santiago Calatrava, un acuario, de Cambridge 7 y una pista, de SOM–, que formaban los comienzos de una nueva parte de la ciudad.

El primer paso de Siza fue obtener permiso del arquitecto jefe de la Expo, Manuel Salgado, para reposicionar el edificio en un solar en la esquina noroeste del muelle, «como si fuera un gran barco sólidamente anclado».[1]

El pabellón estaba formado por dos partes: una plaza ceremonial y zonas interiores que incorporaban un espacio de exposición, restaurantes, salas de recepción y servicios en el sótano. Sin embargo, el pabellón tiene esencialmente una idea brillante: un tejado curvado de hormigón de una delgadez casi imposible que cubre la amplia plaza ceremonial. Este toldo o lámina tiene el efecto de crear una poderosa imagen gráfica, pero también funciona como

Página siguiente
La plaza queda definida por un tejado de hormigón armado de sólo 20 centímetros de espesor, que parece doblarse por la fuerza de la gravedad y está soportado por dos pórticos.

Inferior
Alzado del lado oeste que muestra los dos aspectos principales del pabellón: una plaza cubierta y un edificio de exposiciones.

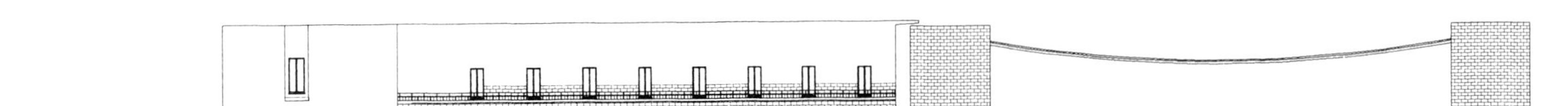

Superior
El Pabellón de Portugal se sitúa en la esquina noroeste del muelle, en el antiguo puerto de Lisboa. En la fachada este, un porche de columnas de mármol se eleva sobre el lado del muelle. Hacia el norte está el estadio polivalente, de SOM, y hacia el oeste, la Estación de Oriente de Santiago Calatrava.

nuevo elemento de la ciudad, ya que enmarca generosas vistas de los edificios vecinos. Como una enorme ola, recuerda el movimiento del agua, y la atracción de la curva catenaria hacia abajo ancla el edificio al solar.

Diseñada en colaboración con el ingeniero Cecil Balmond, la losa mide 65 × 58 metros y tiene sólo 20 centímetros de grosor. Cuelga de unos cables de acero postensionados separados entre sí en intervalos de 50 centímetros, y en su punto más bajo está a 10 metros del suelo. La separación entre el toldo y el edificio muestra los cables de acero y permite que la luz caiga sobre la piedra del pórtico. Con su elegante curva, similar a un trozo de tela, hace referencia a la efímera naturaleza de las estructuras extensibles de la Expo, pero como logro espacial y estructural es mucho más profundo.

Se rumoreaba que Siza tenía un presupuesto ilimitado para el pabellón y, ciertamente, la cantidad de mármol local utilizado sugiere que en realidad así era. Los dos enormes pórticos que soportan el tejado ceremonial están revestidos de mármol; los bancos y las ventanas revelan que están hechos de piezas sólidas de mármol; y se han utilizado grandes trozos para reemplazar las piedras que recubrían el muelle en el lado este del edificio. Aquí, de cara al agua, otro porche proporciona un camino protegido a lo largo del agua, y unas delgadas columnas estructurales emergen de la pared del muelle.

En el interior de cada alcoba de los dos porches principales, las paredes están cubiertas por baldosas cerámicas tradicionales portuguesas, que reflejan la luz casi como si fueran de metal. La entrada bajo el techo curvo y a través del porche da acceso a los espacios de exposición, organizados alrededor de un patio central.

La combinación de viejos materiales y nuevas tecnologías e ingeniería es una característica común en la obra de Siza. Aunque sus edificios se han convertido en sinónimo de arquitectura portuguesa, no está tan centrado en lo local como para olvidar las nuevas posibilidades. No obstante, como se muestra en el Pabellón de la Expo, no está interesado en la tecnología en sí misma, sino como medio para alcanzar una finalidad.

Página anterior, superior
Dos porches recubiertos de mármol, con el interior de baldosas cerámicas de color, soportan el toldo de cubrimiento.

Página anterior, inferior
Un primer esbozo de Álvaro Siza para la idea de la plaza ceremonial cubierta que albergaría las celebraciones de la Expo 98 y que, posteriormente, actuaría como nuevo espacio público urbano.

Derecha
Esbozo que muestra el pabellón en relación al muelle y estadio polivalente, al norte (superior).

Inferior
Planta que muestra una compleja distribución de espacios agrupados alrededor de un patio interior.

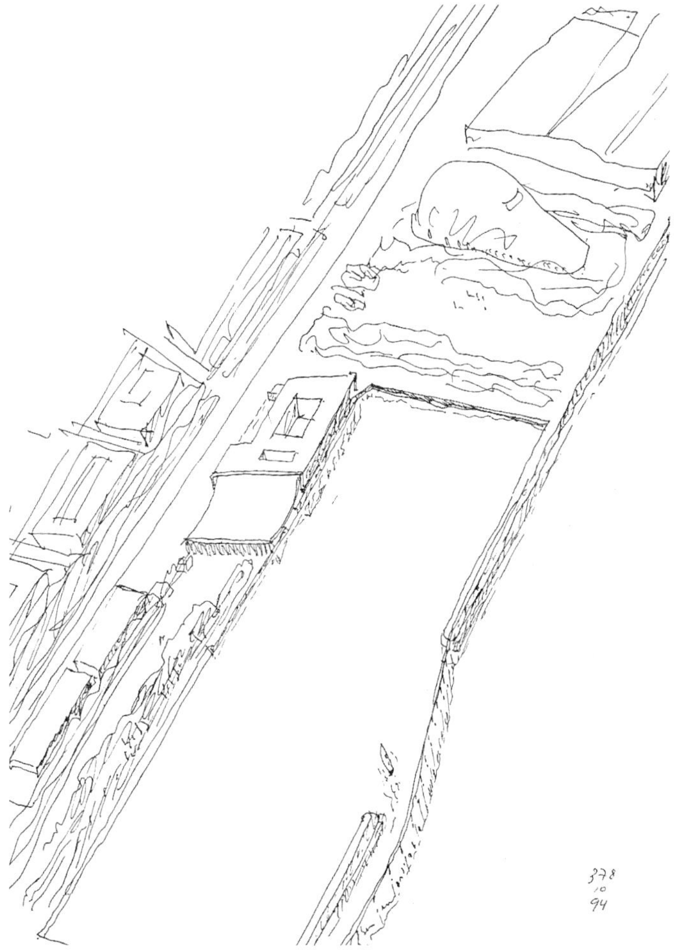

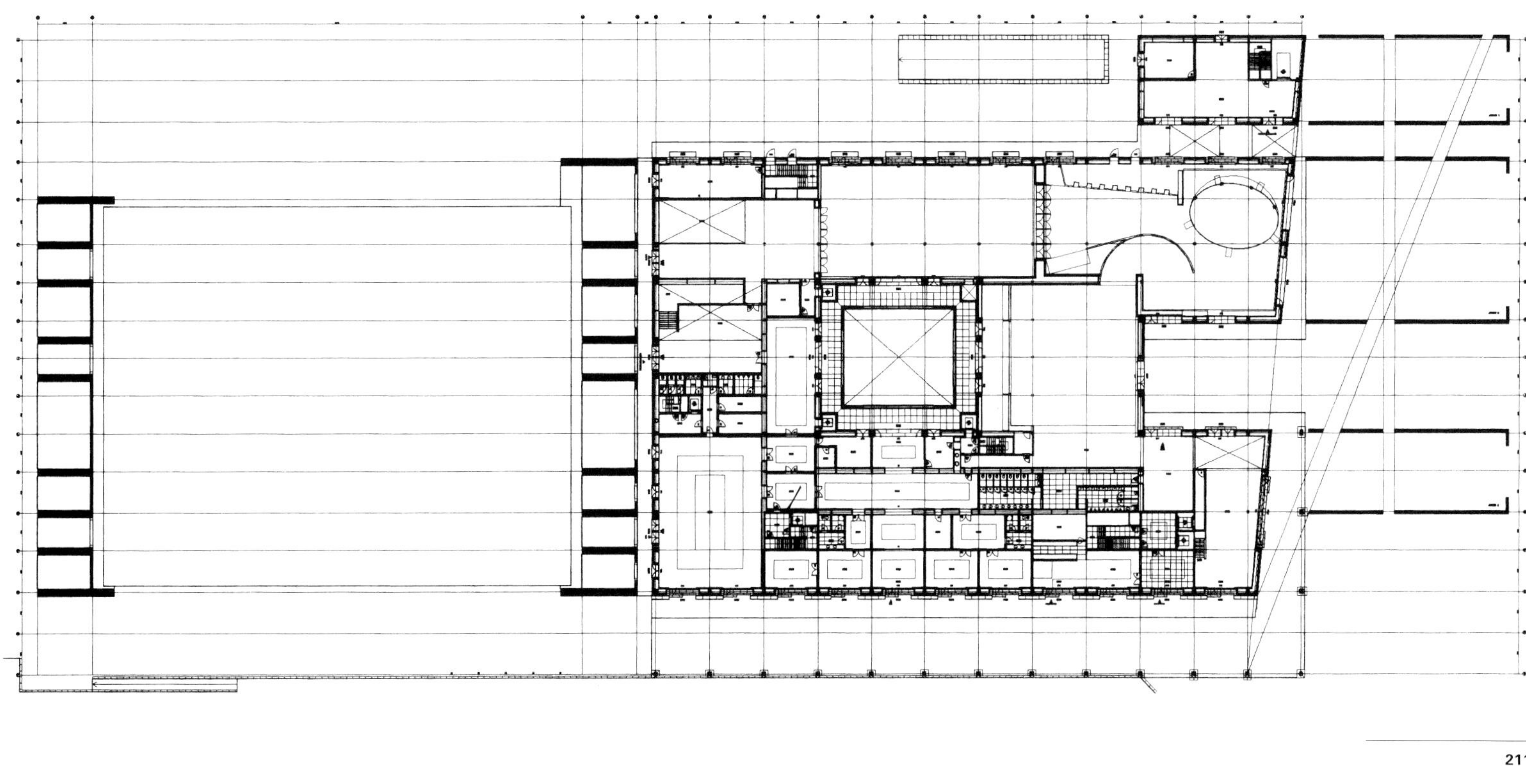

Superior
Vista del espacio de exposición que da a un patio interior.

Izquierda
Un patio interior proporciona luz natural al centro del edificio, que acoge un espacio de exposición, una zona de recepción y restaurantes.

Página siguiente
Las columnas de mármol del porche oriental parecen surgir del borde de piedra del muelle. El suelo está pavimentado con bloques de piedra arenisca tradicional portuguesa.

Vidhan Bhavan (asamblea estatal)

Año de finalización
1996

Localización
Madhya Pradesh, India

Arquitecto
Charles Correa

Bhopal, capital del estado de Madhya Pradesh, es conocida por la mayoría de la gente como la ciudad en la que ocurrió el trágico accidente de Unión Carbide que mató a más de 2.500 personas en 1984. Aunque el Vidhan Bhavan estaba previsto desde mucho antes de que ocurriera el desastre, su finalización, doce años después del accidente, ha ayudado a que la gente recupere la confianza en el futuro. Charles Correa ganó el proyecto por concurso en 1980, y la construcción empezó dos años después. Acosado por problemas económicos, se tardó 14 años en terminar el edificio.

Vidhan Bhavan domina Bhopal desde la cima de la colina Arera. Ocupa el solar de un edificio colonial que había servido como casa de invitados del virrey de la India antes de convertirse en el edificio de la asamblea después del Acta de Reorganización de los Estados Indios de 1956.

Objeto de la atención de Correa durante muchos años, este edificio grande y elaborado incorpora muchos de los principios de diseño clave del arquitecto. Correa abrió su estudio de arquitectura en la década de los cincuenta en la recientemente independizada India, después de sus estudios en Estados Unidos y, desde entonces, se comprometió con el desarrollo de una línea de la modernidad basada en tradiciones y técnicas pre-Raj. Esto le ha llevado a incorporar muchos de los símbolos y recursos tradicionales de la India y, además, a responder a la influencia del clima, más intemporal.

La referencia más llamativa a la tradición india se aprecia mejor en la planta, basada en el *mandala*, un «diagrama mágico» que está en la base de los planos de los templos y que consiste en un círculo que encierra una retícula de nueve secciones. Como motivo bien conocido, el *mandala* provoca una distribución compleja del interior de la asamblea –casi una ciudad en sí misma– fácil de entender. Dos ejes biseccionan la pared perimetral circular y conducen al visitante a través de una secuencia de cinco patios cuadrados. El resto de los cuadrantes del diagrama albergan el Vidhan Sabha, o cámara baja, para 366 miembros; el Vidhan Parishad, o cámara alta, para 75 miembros; el vestíbulo compartido; salas subsidiarias; oficinas y biblioteca. Esta distribución prescinde inteligentemente de pasillos y deja todo el espacio de circulación a cielo abierto.

La pared perimetral mantiene unidos todos los elementos y presenta una fachada unificada hacia la ciudad, con sólo la cúpula blanca del Vidhan Sabha que se eleva sobre el conjunto. Sin embargo, aunque el cierre es de escala monumental, no resulta defensiva ni distante; está rota en tres zonas, con lo cual se crean entradas separadas para los ciudadanos, para los legisladores y para las personalidades. La entrada del público es la mayor, flanqueada por un estanque de la forma de Madhya Pradesh. A través de una expansiva abertura en la pared de piedra, un patio formal conduce a una sala al aire libre con

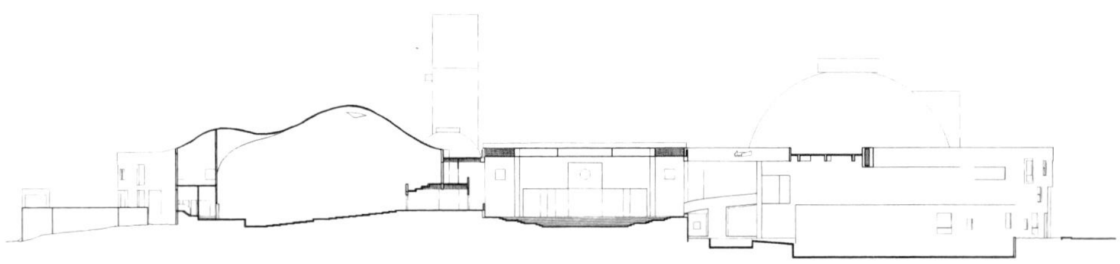

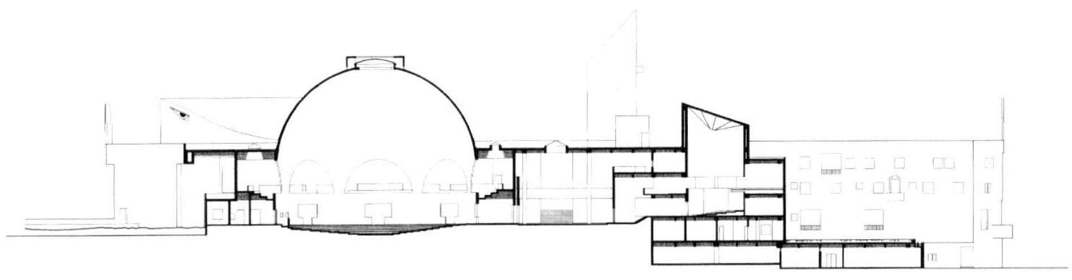

Página anterior
Secciones que ilustran la variedad de formas y de espacios dentro de la planta circular.

Superior
El Vidhan Bhavan está situado en la cima de una colina que domina Bhopal. Su pared circular se abre en distintos lugares para romper la monumentalidad del edificio.

Derecha superior
La entrada conduce primero a una sala al aire libre, con asientos escalonados de ladrillo para los visitantes y con las paredes decoradas por un artista local.

Derecha inferior
La entrada pública está flanqueada por una piscina de la forma de Madhya Pradesh.

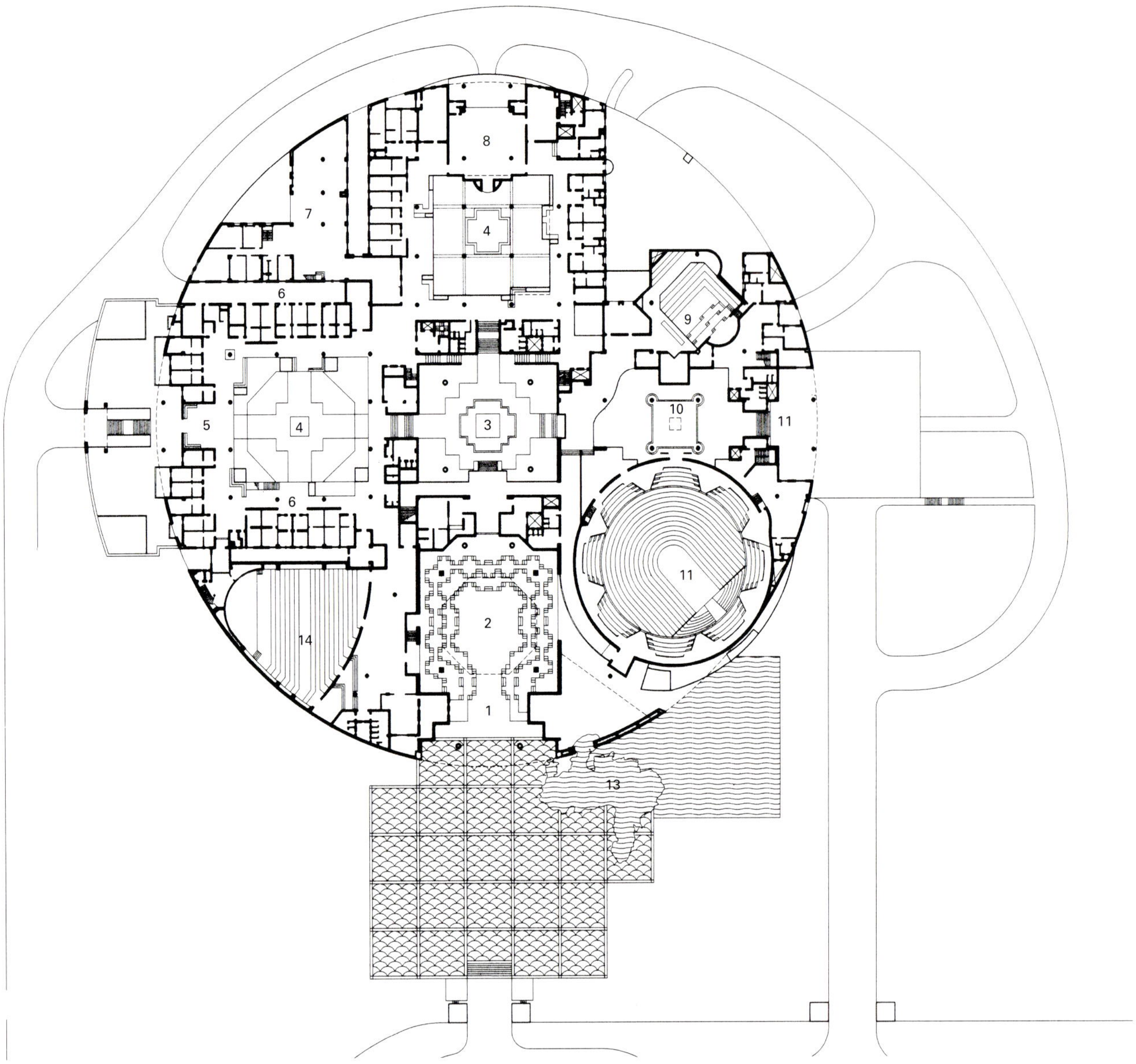

Izquierda
La planta se basa en el *mandala*, un diagrama mágico que se utiliza en el diseño de templos y que consiste en un círculo que encierra nueve secciones.

1 entrada pública
2 sala del pueblo
3 vestíbulo central
4 patio
5 entrada de los legisladores
6 oficinas de los ministros
7 biblioteca
8 sala del Consejo de Ministros
9 Vidhan Parishad (cámara alta)
10 vestíbulo de los legisladores
11 Vidhan Sabha (cámara baja)
12 entrada para personalidades
13 estanque
14 vestíbulo compartido

Inferior
La mayoría de los espacios públicos están sólo parcialmente cubiertos para facilitar que el aire circule por el edificio.

Página siguiente
La cúpula blanca de la cámara baja se basa en la cúpula del templo budista (stupa) de Sanchi, a 48 kilómetros al este de Bhopal.

asientos de ladrillo escalonados distribuidos de forma geométrica. Las paredes están decoradas con pinturas de animales y pájaros, realizadas por Jangarh Singh, un artista local.

«En la India es muy habitual desintegrar las formas arquitectónicas en una serie de volúmenes separados pero interdependientes», escribe Correa.[1] Señala que la secuencia de la asamblea de interconectar patios abiertos y vestíbulos cerrados también se puede encontrar en las viviendas indias, por ejemplo, cuando una serie de chozas circulares se distribuye alrededor de un patio central: «una especie de vida nómada».

En la asamblea, la distribución «nómada» proporciona diversos grados de protección que van desde la caja cerrada a los patios abiertos, y crea un cuidadoso equilibrio entre los beneficios y las desventajas de la fuerte luz solar y de las refrescantes corrientes de aire.

El recurso del *mandala* da al edificio una coherencia general, y permite a Correa crear espacios con materiales, colores y ambientes distintos. En el vestíbulo central, que da acceso a las salas principales, el ambiente es formal, y la luz está muy manipulada. Parece que el techo esté separado de las paredes sobre cuatro columnas, con bandas de luz que penetran a través de la lámpara del techo alrededor del perímetro, sobre las paredes. Unos escalones desde el vestíbulo conducen a la sala del Consejo de Ministros, que está parcialmente cubierta: así el cielo se refleja en un estanque central cruciforme.

Mas allá está la sala mayor, el vestíbulo de los legisladores, un espacio a doble altura articulado por cuatro columnas coronadas por la interpretación que Correa hace de las capitales en bronce brillante. A ambos lados del vestíbulo, unos murales coloreados conducen a la Vidhan Sabha, cubierta por una cúpula, inspirada en la cúpula del stupa (templo) budista de Sanchi, a 48 kilómetros al este de Bhopal, y, en el otro lado, hacia el Vidhan Parishad.

Los «préstamos» de formas y de motivos arquitectónicos tradicionales que Correa toma han recibido una importante crítica: se han cuestionado por qué un edificio democrático debe incluir formas simbólicas del pasado «que nada sabía sobre la libertad, la transparencia y la abertura».[2] Correa defiende que las referencias tienen poco que ver con lo que él llama «excavar en las tumbas», y que las formas tradicionales sólo se utilizan donde reflejan una sensibilidad contemporánea. «Sólo una arquitectura decadente mira obsesivamente hacia atrás. En su aspecto más vital, la arquitectura es un agente de cambio», explica.[3]

Centro de Artes Visuales de Santa Fe

Año de finalización
1999

Localización
Nuevo México, Estados Unidos

Arquitecto
Legorreta y Legorreta

«En lo vernáculo no existe la razón, sólo la emoción», explica Ricardo Legorreta.[1] Aunque entre 1948 y 1960 fue aprendiz de uno de los más puristas seguidores mexicanos del Movimiento Moderno, José Villagran, la mayor influencia en la obra de Legorreta son los pueblos mexicanos, las haciendas, los conventos y las iglesias en los que pasó su infancia. Desde la fundación en 1960 de su propio estudio, Legorreta ha estado fuertemente influido por el arquitecto mexicano Luis Barragán. Juntos desarrollaron una interpretación regional del Movimiento Moderno basada en la intuición por encima de la racionalidad, lo cual sentían que estaba más de acuerdo con el estilo de vida mexicano y el disfrute de la luz y el color. La obra de ambos arquitectos está influida por lo vernáculo: el uso de paredes para formar recintos protegidos, el tratamiento del paisaje como un elemento importante de un edificio y, lo más significativo, el uso exuberante del color.

Mientras que Barragán apenas construyó fuera de México y se centró en el diseño de casas particulares, la obra de Legorreta lo ha llevado al extranjero. En el verano de 2000 se terminó su primer edificio en Europa –un museo de la moda en el sur de Londres–, pero la mayoría de sus proyectos en el extranjero se han llevado a cabo en el suroeste de Estados Unidos, en una zona de influencia mexicana. El último de ellos es el Centro de Artes Visuales de Santa Fe que, como el resto de sus edificios lejos de casa, es una fusión de influencias mexicanas y de elementos inspirados por el contexto inmediato.

En los últimos años, Santa Fe se ha convertido en el segundo centro de Estados Unidos en importancia en cuanto a museos y galerías. Como colaboración entre el College of Santa Fe y el Art Institute, el Centro de Artes Visuales pretende ser una de las escuelas líderes en arte. Tener un edificio nuevo e impresionante era un elemento importante en su apuesta por atraer a los mejores estudiantes y profesores-artistas, que actualmente incluyen a Larry Bell, a Helen Frankenthaler y a Fritz Scholder.

La primera fase, terminada en abril de 1999, está situada fuera del centro histórico de la ciudad e incorpora cinco departamentos: el Marion Center de Artes Fotográficas, el Centro de Historia del Arte, el Tishman Hall, el Tipton Lecture Hall y el Instituto de Arte de Santa Fe. La segunda fase, que está dedicada a las artes tridimensionales, seguirá hasta 2004.

Página anterior
La primera fase del Centro de Artes Visuales de Santa Fe está situada en las afueras de la ciudad y forma un «pequeño pueblo» al estilo tradicional.

Izquierda
Las paredes enyesadas, pintadas de vivos tonos de naranja y fucsia, rompen con la tradición local del adobe marrón.

Inferior
El énfasis horizontal y la escala residencial del campus quedan equilibrados por la torre, que marca la entrada.

En vez de diseñar un único edificio para albergar la amplia gama de funciones del centro, Legorreta se planteó el edificio como si fuera una pequeña ciudad mexicana, o un «pequeño pueblo».[2] Esto proporcionó a cada departamento su propia identidad y encajaba en la diversa colección de edificios existentes del campus.

Aunque no está situado en el contexto urbano, el edificio adopta la escala residencial de Santa Fe y se extiende horizontalmente. En el interior de las paredes protectoras, cada edificio tiene su propio patio, que proporciona espacios abiertos pero recogidos que se conectan con los otros departamentos sin necesidad de largos tramos de pasillo. Aunque el perímetro ciego de la pared tiene sentido en el interior, desde el exterior la ausencia de rasgos, como ventanas o puertas, da al edificio una postura defensiva con respecto a la autopista. Las únicas concesiones al paisaje de la calle son el llamativo color rojo, la animada línea del tejado, compuesto por tejados piramidales de metal, un control de iluminación curvado y, elevándose por encima del complejo, una torre de entrada de tres lados.

Las paredes, en sus distintas formas –decoradas con pequeñas ventanas cuadradas, agujereadas por grandes marcos protuberantes, distribuidas y sobrepuestas entre ellas como planos flotantes–, son uno de los aspectos más importantes del localismo mexicano. Las paredes forman el telón de fondo para muralistas como Diego Rivera, y tienen una significación social: mantienen la separación entre la vida pública y privada. Para Legorreta, las paredes son una base para experimentar con el color, que utiliza para provocar una respuesta emocional. Toma su inspiración de los puestos del mercado, del arte popular mexicano, de las casas autoconstruidas y del medio natural.

En Santa Fe, Legorreta se apartó de las paredes de adobe vernáculas, diciendo que «lo que forma Santa Fe es un sistema de vida, no una paleta de color marrón. Santa Fe está preparada para la experiencia de otros colores y de otras formas. Esto forma parte del proceso de crecimiento y evolución». En vez del habitual marrón, la pared perimetral es de dos tonos de rojo –uno cercano al ocre, el otro más naranja– inspirados en la roca roja de las montañas del norte de la ciudad y en los asombrosos cambios de color del cielo, «del rosa al morado, al azul, al carbón».[3]

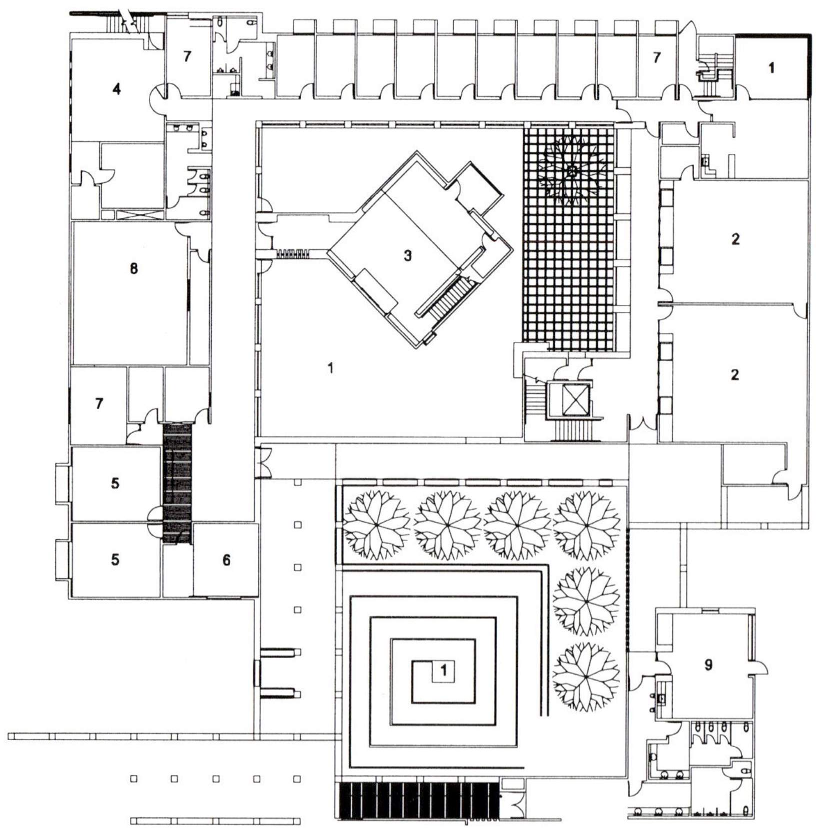

Página anterior
Las aberturas en las paredes están precisamente definidas en tres dimensiones para utilizar la luz y la sombra.

Página anterior, inferior
Plano de la planta baja del Centro de Historia del Arte y del Tishman Hall con estudios, salas de conferencias y bibliotecas, agrupadas alrededor de dos patios.

1 patio
2 estudio
3 biblioteca de Historia del Arte
4 biblioteca de Artes Visuales
5 seminario
6 conferencias
7 oficinas
8 aulas
9 salón

Superior izquierda
El Instituto de Arte tiene patios para el trabajo y para el ocio, y sus estudios están cubiertos por tres formas piramidales, que proporcionan luz del norte.

1 patio de trabajo
2 patio de descanso
3 dormitorio
4 sala común
5 conferencias
6 recepción
7 director
8 estudio
9 artista profesor

Derecha
El plano general de la segunda fase del campus muestra la integración de los espacios abiertos y cubiertos.

1 Historia del Arte/ Tishman Hall
2 Instituto de Arte
3 Marion Center

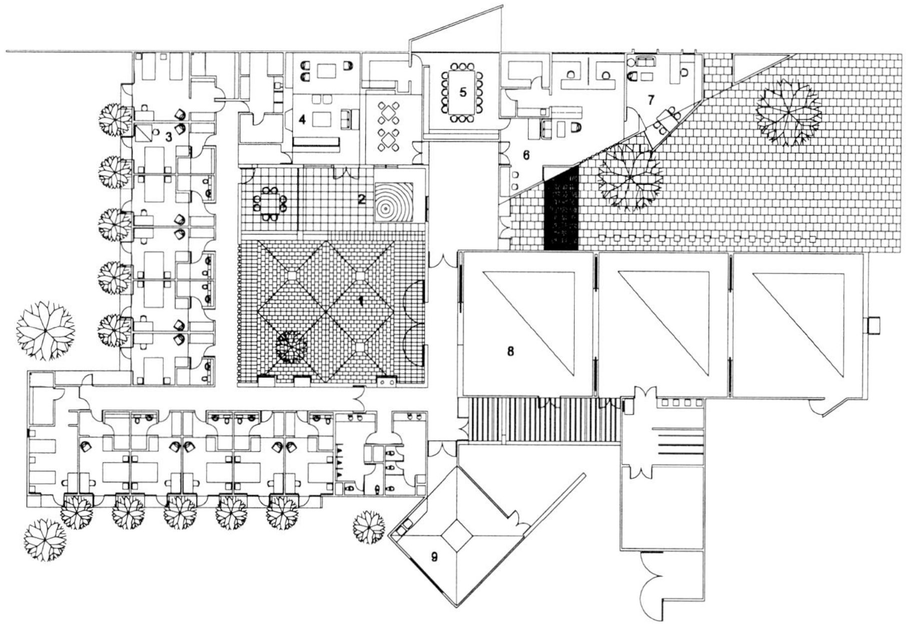

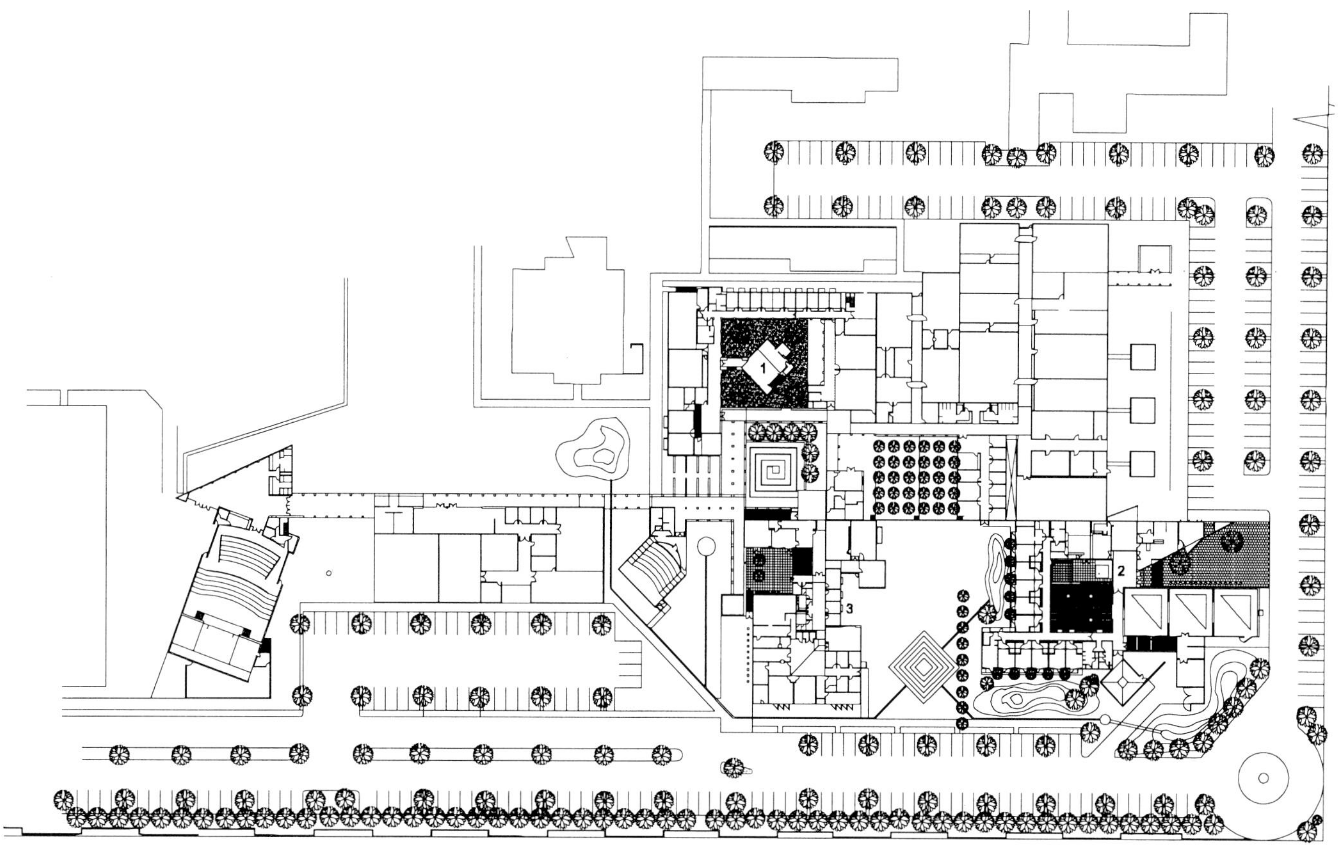

Izquierda
Los estudios de arte dan sobre un patio cerrado, que los estudiantes utilizan para encontrarse y mostrar su obra.

Inferior izquierda
Plano de la planta baja del Marion Center, que incorpora la principal sala de conferencias, la torre de entrada y la galería.

1 torre de entrada
2 sala de conferencias
3 cuarto oscuro
4 seminario
5 director
6 galería
7 biblioteca
8 profesorado
9 atrio
10 laboratorio

Inferior
Cada departamento tiene su propia personalidad y se conecta con los demás a través de claustros semiabiertos.

Página siguiente
El Centro de Historia del Arte se envuelve alrededor de un patio, con la biblioteca colocada en solitario en el centro, como un objeto escultórico.

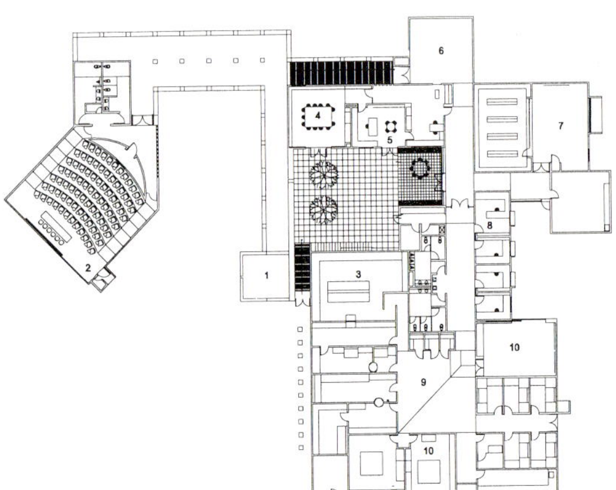

Casa Segger

Año de finalización
1999

Localización
Blaen Camel, Gales

Arquitecto
David Lea

David Lea practica la arquitectura con una actitud similar a la del granjero ecológico para quien construyó la Casa Segger. Peter Segger le encargó la ampliación de su granja galesa después de darse cuenta de que compartían un mismo respeto por el medio ambiente y por la tierra, de la que ambos dependen. Después de trabajar durante 25 años en la zona rural del norte de Gales, Lea se inspira en su cercana relación con la naturaleza (combina la arquitectura con una pequeña propiedad) y en los conocimientos de los artesanos que construyeron la casa de campo y el granero donde vive.

Éste era el encargo perfecto para Lea para demostrar su punto de vista sobre la arquitectura regionalista, que, según opina, debe basarse en los materiales locales en lugar de en la noción de estilo local. A partir del espíritu de autosuficiencia y de vivir de la tierra, tanto él como su cliente querían construir una ampliación con los materiales que se encontraban cerca de la granja. La familia tenía una casa de campo de piedra típica de Gales, con un tejado a dos aguas de pizarra y chimeneas en ambos extremos. Ampliar una unidad tan autocontenida del modo apropiado requería una gran sensibilidad, tanto con el carácter vernáculo galés como por las posibilidades que ofrecía la arquitectura moderna. La ampliación, que proporciona una nueva sala de estar, un dormitorio, un cuarto de baño y una oficina-habitación de invitados al lado de la casa antigua, tiene un tejado a dos aguas, orientado perpendicularmente al tejado existente. Con sus paredes enyesadas blancas y sus ventanas de suelo a techo sin marcos, la ampliación no pretende fundirse con la casa, sino complementarla.

En Gales, el regionalismo se ha desacreditado, a los ojos de Lea, por culpa de los promotores y urbanistas ignorantes que quieren reforzar su catálogo de estilos indígenas, incluso con guías de diseño que estipulan unas formas, unos estilos y unos materiales en particular –que, explica, llevan al «vacío de Disneylandia».[1] Lea cree que «la identidad arquitectónica surge de la identidad local, que nace de los recursos básicos locales».[2] En este espíritu, la ampliación de la casa está cercada por una pared de «jardín» hecha de piedra extraída de una cantera de los alrededores. La piedra proporciona un elemento de continuidad con la granja, cierra la nueva ampliación, por detrás y por los lados, y forma una base baja y sólida en la parte delantera. Se utilizaron los árboles de la propiedad de Segger como madera para la estructura y para las separaciones interiores, e incluso el aislamiento se hizo con la lana de sus ovejas.

En planta, el nuevo edificio es esencialmente un cuadrado dividido en habitaciones semicerradas por divisiones colocadas en una retícula de postes de madera. Sin embargo, en sección parecen dos vestíbulos definidos por tejados a dos aguas de diferentes alturas. Entre los vestíbulos y alrededor de ellos hay unos intercolumnios bajos coronados por claraboyas, que desde el exterior

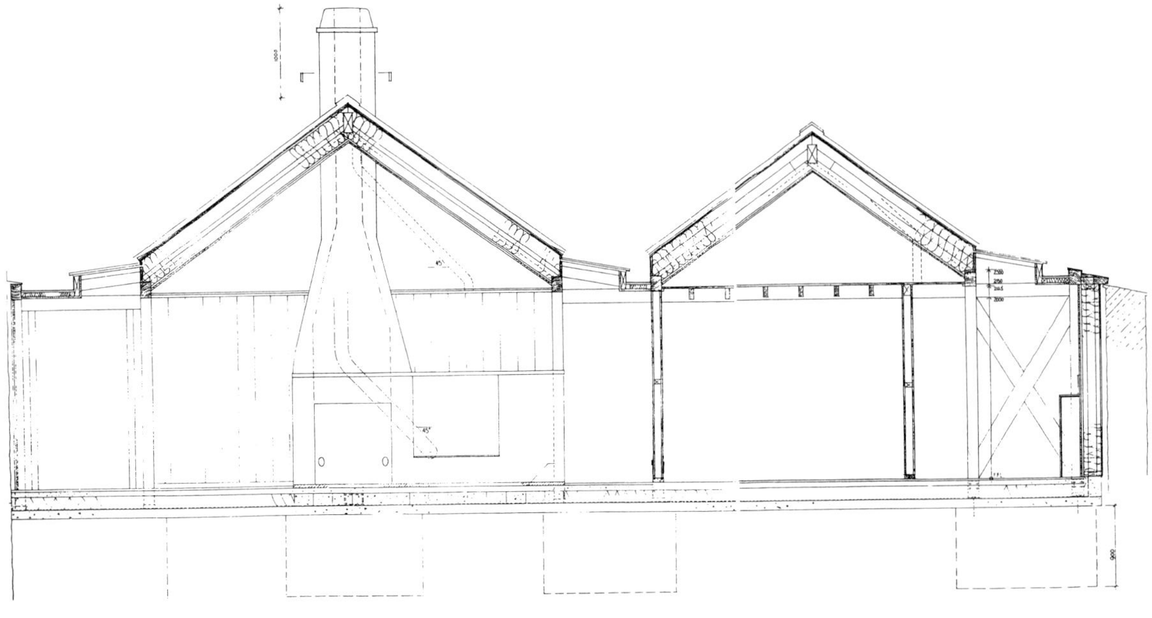

Página anterior
Sección que muestra los dos tejados a dos aguas de la ampliación, colocados perpendicularmente al tejado de la granja.

Derecha
La pared de piedra envuelve el lateral y la parte trasera del nuevo edificio, con un espacio para una terraza protegida.

Inferior derecha
La ampliación de una granja de piedra galesa consiste en capas de espacios horizontales llenos de luz. Las paredes exteriores enyesadas se asientan sobre una base de piedra local.

Extremo inferior, derecha
La luz entra por unas claraboyas y por el acristalamiento de suelo a techo.

dan al edificio un aspecto moderno y proporcionan entradas de luz natural y rutas de circulación en el interior.

Los intercolumnios tienen una función estructural a la vez que organizativa. Desprovisto de los listones de madera y del enyesado, el edificio es esencialmente una estructura de roble verde. El esqueleto de madera y las paredes de piedra son estructuras independientes que no confían entre ellas para aguantarse. Así, para proporcionar una estructura con la solidez necesaria, sin utilizar uniones que oscurezcan el espacio del techo interior, las fuerzas laterales del tejado se transmiten a una serie de cruces de madera situados al final de cada pequeño intercolumnio.

El exterior del edificio está revestido con listones de madera fuertemente aislada con un enyesado de cal y con un acabado de cal blanca. El rebaño de cincuenta ovejas del cliente proporcionó la lana aislante (complementada con un aislante de fibra de celulosa), que se colocó a mano en las cavidades. Las divisiones internas –por ejemplo, para crear un recinto íntimo en el dormitorio– están compuestas de planchas de roble o de fresno, en ambos casos sin tratar.

No todos los materiales son tradicionales, *low-tech* o incluso locales. Lea cree en la aplicación de las nuevas tecnologías donde se pueda conseguir un máximo beneficio. Por ejemplo, hay ventanas de vidrio doble a toda altura y claraboyas de vidrio doble protector de rayos de baja emisión. «La tecnología suplanta la artesanía y el arte decorativo, pero devuelve la experiencia vigorosa de vivir en la naturaleza», afirma Lea.[3]

Aunque el edificio representa casi un manifiesto de las ideas de Lea, no lo propone como modelo (en cualquier caso pocos clientes pueden proporcionar su propio suministro de madera o aislante de lana natural). Sin embargo, la casa demuestra un paso adelante para el regionalismo que no se basa en la imposición de un disfraz vernáculo de estilo y de forma. En el marco mayor de una economía globalizada, el edificio es la propia contribución de Lea a permitir que la gente vuelva a establecer raíces económicas en sus propias regiones.

Página anterior, izquierda
El marco estructural de roble verde local queda expuesto en el interior. Las claraboyas crean un sentimiento de abertura y de conexión con el exterior.

Página anterior, derecha
Rincones íntimos dentro de la planta abierta están revestidos de roble y fresno sin tratar.

Página anterior, inferior
Muebles fijos hechos de madera sin tratar organizan el espacio.

Derecha
Una habitación fluye hacia la siguiente, y el espacio de la sala de estar se extiende sobre una terraza exterior protegida por una pared de piedra local.

Escuela

Año de finalización
1998

Localización
Paspels, Suiza

Arquitecto
Valerio Olgiati

En un emplazamiento perfecto como las montañas del sureste del cantón suizo de Graubunden (también conocido como Grisones), los nuevos edificios se miran con ojos particularmente sensibles. La escuela de Valerio Olgiati en el pequeño pueblo de Paspels, que es una ampliación de la escuela secundaria existente, completa el escenario de imagen de postal y muestra que la arquitectura racional artificial puede ser un complemento a la naturaleza mucho mejor que una imitación orgánica. La estructura cúbica del edificio está hecha de un hormigón blanco liso cuidadosamente encofrado, y se coloca sobre un campo de trigo ligeramente inclinado, con su tejado siguiendo el ángulo del lado de la colina. Colocado en el extremo del pueblo, el edificio se incorpora a la tierra de cultivo, pero se orienta hacia la escuela existente, aunque no esté visiblemente conectado con ella.

Paspels es un pueblo de 400 habitantes que, a efectos de escolarización, se une a nueve pequeñas comunidades de las montañas de la zona de Domleschg. El mismo Olgiati creció en Chur, un pueblo de Graubunden, donde su padre, Rudolf Olgiati, era un arquitecto muy respetado.

Mientras que el impacto exterior de la escuela parece particularmente importante en este espectacular paisaje, el edificio realmente se explica a sí mismo cuando se explora el interior. En planta, está lleno de sutiles sorpresas. Por ejemplo, la ligera distorsión del cubo produce espacios tan irregulares como los edificios tradicionales del pueblo. Unos detalles cuidadosamente trabajados dan a entender que el edificio se puede apreciar a diferentes escalas. Olgiati lo describe como una «piedra» situada en el paisaje, pero el modo en que los materiales se han manipulado hacen que sea un placer pasar algún tiempo en él. La entra-

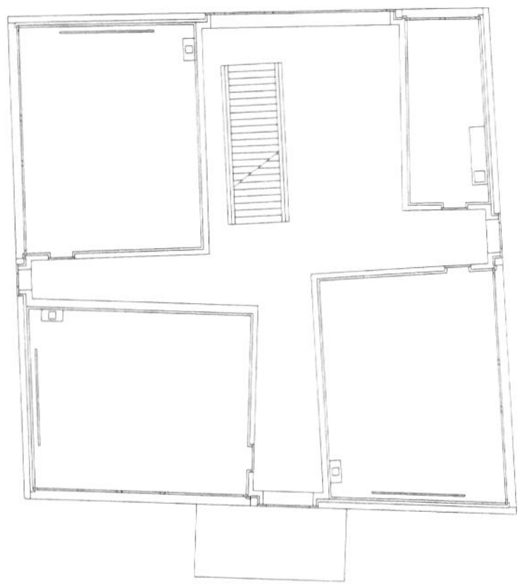

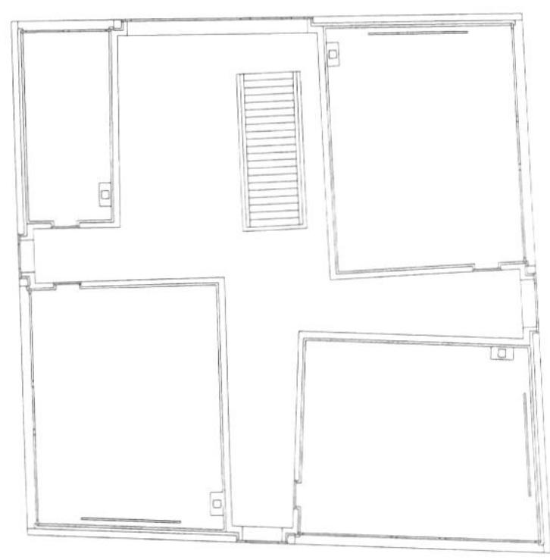

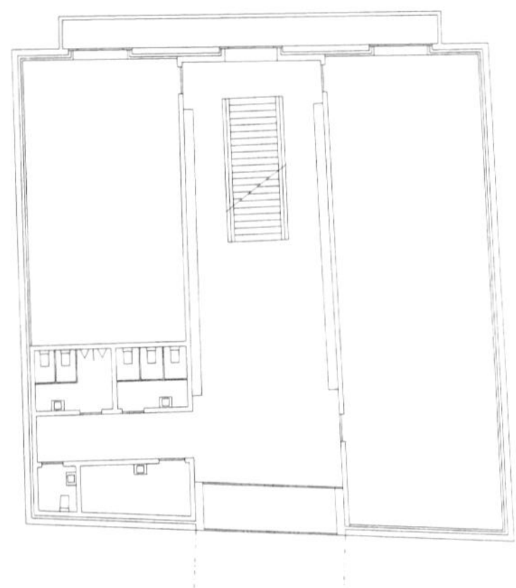

Derecha
El sencillo exterior esconde una planta compleja, que varía en cada uno de los cuatro pisos. Los dos pisos superiores tienen un espacio de circulación cruciforme entre cuatro aulas en las esquinas, cada una con su propio carácter.

Página siguiente, superior izquierda
Sección que muestra el nivel del sótano, que se comunica con el edificio de la escuela existente.

Página siguiente, superior
En la planta sótano, un túnel bajo tierra conecta el nuevo edificio con la escuela existente.

Página siguiente
El nuevo edificio de la escuela se coloca en un campo de trigo ondulante con un espectacular telón de fondo de montañas y de abetos.

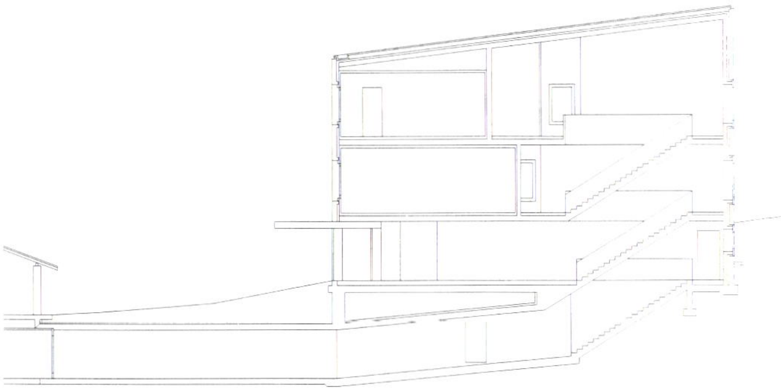

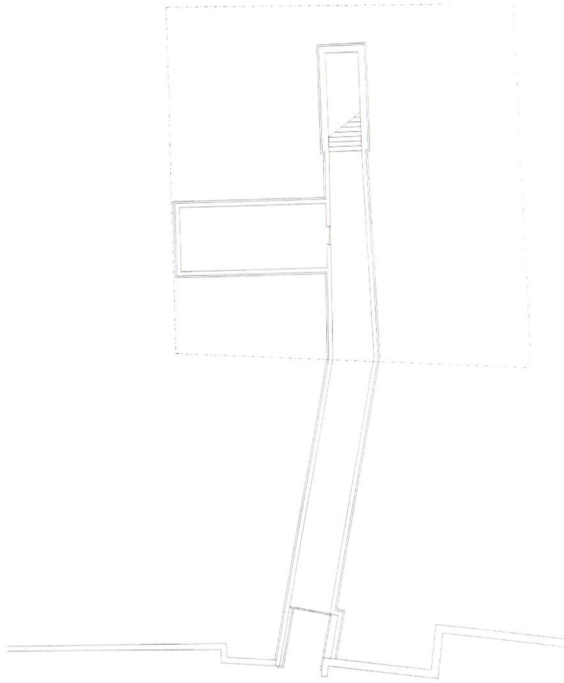

Derecha
Un alero de hormigón protege la entrada, y la puerta principal está enmarcada en bronce patinado.

Página siguiente, superior
En contraste con los pasillos, las aulas son espacios íntimos, revestidos con madera de alerce y con grandes ventanas que enmarcan el paisaje.

Página siguiente, izquierda y derecha
Las paredes, los suelos y los techos de los espacios de circulación son de hormigón visto, bellamente encofrado, que refleja el cambiante tono de luz del exterior.

da es bajo un alero de hormigón, y la primera experiencia del visitante de esta sensibilidad es la puerta de entrada, hecha de bronce y vidrio, con sutiles variaciones del color del metal.

Los suelos, paredes y techos de los espacios de circulación se solucionan simplemente con hormigón gris liso, aunque la luz se vierte en el interior creando matices sutiles de color a diferentes horas del día; la consistencia del material llama la atención con las variaciones de estación y de luz natural. En el interior no hay dos aulas iguales, ni en planta, ni en la calidad de la luz, ni en la altura de techo, y el edificio se convierte en una especie de exploración espacial. En la planta baja y en el primer piso, la altura del techo es de tres metros, mientras que en el segundo piso, el techo sigue la pendiente del tejado, y en su punto más alto alcanza el doble de esa altura. La característica principal que une los niveles es la escalera, que sube desde el sótano, desde donde un túnel une el nuevo edificio con la antigua escuela. Una gran ventana situada cerca de la parte superior de la escalera, en el primer piso, rompe la separación entre el interior y los campos de los alrededores.

Las plantas del primer piso y las del segundo están dominadas por la forma de cruz, que es ligeramente distinta en cada caso. Olgiati ha conectado este espacio con las intersecciones de las calles del pueblo, ya que considera las aulas como las salas de recibir de las viviendas locales. Las aulas, que existen en los espacios negativos alrededor de la cruz de circulación, tienen un carácter completamente distinto de los pasillos de hormigón, con los suelos, las paredes y los techos forrados en madera de alerce. Unas grandes ventanas horizontales a lo largo de todo un lado de cada aula enmarcan la vista como si fueran pinturas colgadas en la pared. Olgiati ha recordado que estas aulas, en las que los niños pasan una parte larga e importante de sus vidas, necesitan solucionar distintas necesidades: idealmente, deberían aportar la calidez y la seguridad del hogar, pero deberían ser suficientemente distintas para crear un marco en que los pensamientos de los niños se abrieran al mundo del exterior. La planta irregular explota el potencial estructural del hormigón, pero conseguir este nivel de complejidad geométrica mientras se mantienen las esquinas absolutamente precisas y la superficie totalmente lisa requería un considerable compromiso por parte del equipo de construcción. Como inspiración, y para convencerlos de que no eran requerimientos sobrehumanos, Olgiati llevó a todo el equipo y al consejo local a ver la superficie lisa de hormigón del Kunstmuseum, de Peter Zumthor, en Bregenz. La reacción fue mejor de lo que esperaba. «Podemos mejorarlo fácilmente», dijeron.

Centro social

Año de finalización
1999

Localización
Riudaura, España

Arquitecto
Aranda Pigem Vilalta

Antes de la construcción de su nuevo centro cívico, Riudaura, en la provincia catalana de Girona, tenía solo dos edificios públicos: la iglesia y el ayuntamiento. El espacio común para que los 425 habitantes se reunieran, celebraran actos y representaciones era limitado, e incluso la escuela estaba confinada a la planta baja de una casa. Aranda Pigem Vilalta, un joven estudio situado en la cercana ciudad de Olot, ya había construido varios equipamientos comunitarios en la zona y había desarrollado una cierta sensibilidad hacia el carácter del lugar, sin permitir que las expectativas de la población local comprometieran las ideas del estudio. El plan era utilizar el centro cívico para definir el espacio público y enfatizar las cualidades de los edificios existentes del pueblo.

El emplazamiento escogido por el consejo local era un solar a la entrada del pueblo, en una ligera depresión del terreno enfrente de la iglesia. Por su posición y por su forma con poca altura, el edificio define la plaza; se ha creado una zona separada para el deporte en el lado más bajo de la pendiente del solar detrás del edificio. Para captar el medio ambiente sin mimetizarlo, los arquitectos han utilizado la forma oscura como una línea horizontal para enfatizar la verticalidad de la iglesia, que continúa siendo el edificio dominante del pueblo, ya que sobresale por encima de las pequeñas casas de piedra.

Al principio, el centro cívico parece una masa oscura, en cierto modo severa, que contrasta con el suelo pálido polvoriento y la piedra local. No obstante, a la luz del día, su revestimiento metálico oxidado y barnizado produce una superficie reflectante que permite que se integre confortablemente en su ambiente. Una serie de espacios semiabiertos y de terrazas equilibra el peso de las fachadas metálicas, y el edificio se convierte casi en una extensión de la

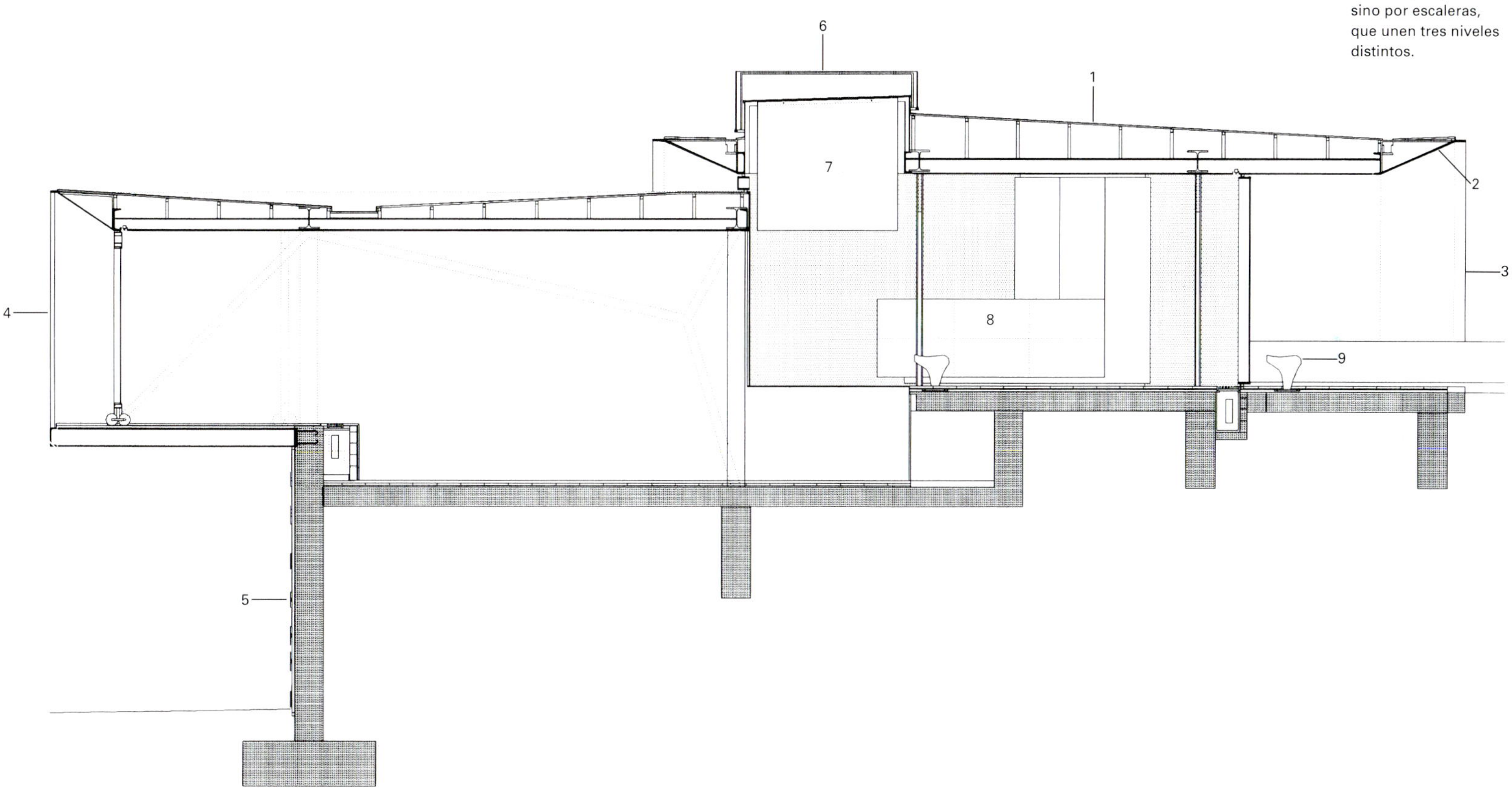

Clave

1 tejado de lámina de zinc
2 láminas de metal oxidado y barnizado
3 acristalado laminado transparente
4 ventana corredera
5 lámina de metal moldeado con acabado oxidado y barnizado
6 claraboya
7 pantalla de cristal con iluminación interior
8 barra de bar hecha de piedra pómez de Cabra
9 banco de piedra artificial

Página anterior
El centro social es el tercer edificio público del pueblo de Riudaura, España. Se ha diseñado para ser una línea horizontal que complemente la verticalidad de la torre de la iglesia en el lado opuesto de la plaza.

Izquierda
El tejado, revestido de acero oxidado y barnizado, navega sobre la fachada de vidrio del edificio y proporciona un lugar protegido para sentarse. A cada extremo, unos caminos cubiertos conducen al campo de deportes de detrás del edificio.

Inferior
Sección transversal que revela el cambio de niveles entre las partes delantera y posterior del edificio. En el interior, el espacio no está dividido por paredes sino por escaleras, que unen tres niveles distintos.

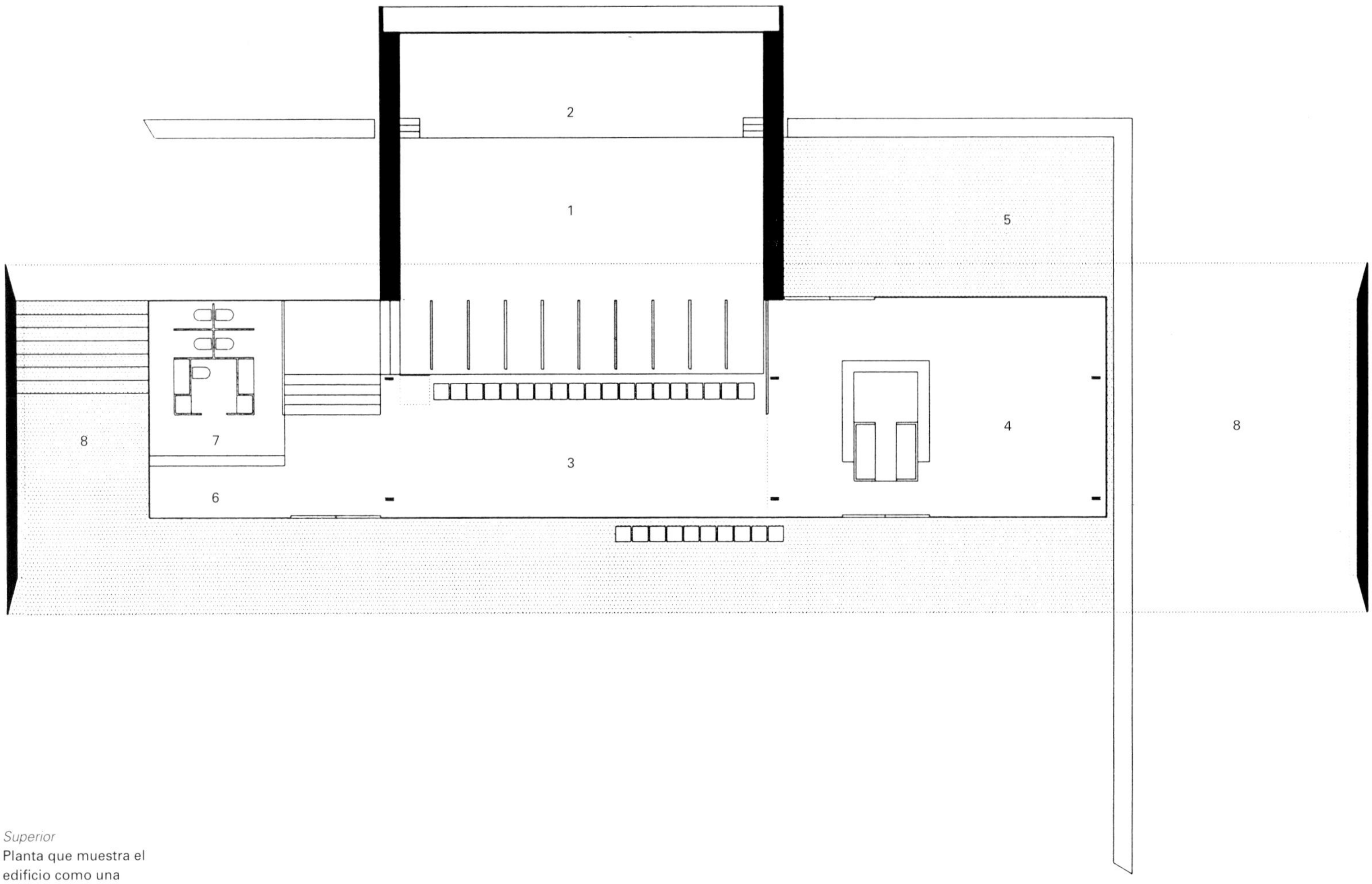

Superior
Planta que muestra el edificio como una serie de planos superpuestos y espacios abiertos de transición sombreados por el tejado

1 espacio polivalente (teatro, danza, conferencias)
2 escenario reversible
3 espacio de exposición
4 bar
5 terraza exterior
6 espacio turístico y de promoción
7 lavabos
8 acceso al espacio público

Página siguiente, superior
La fachada este mira sobre el campo de deportes, con un gran ventanal en voladizo a una planta por encima del nivel del suelo, que se puede abrir para formar un escenario exterior.

Página siguiente, inferior
Alzados orientados al norte (superior) y al sur (inferior) muestran la base del edificio revestida de acero moldeado y la forma de alero que alberga el piso de danza y escenario.

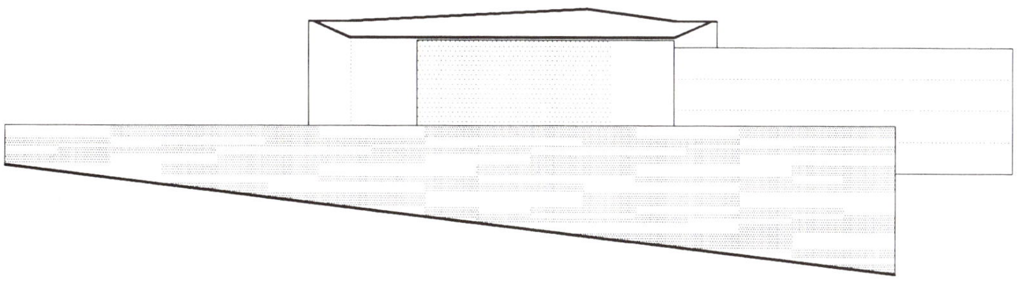

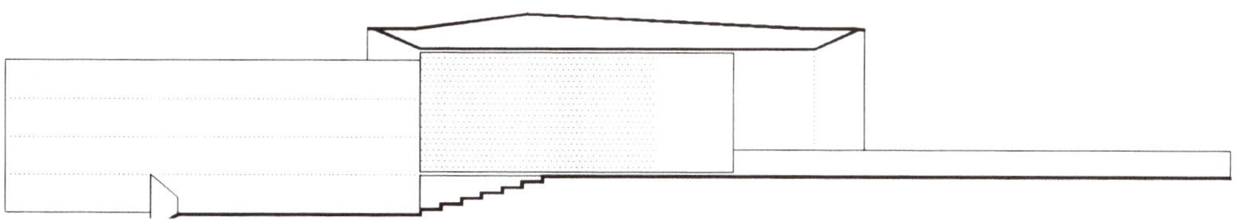

superficie del terreno. Las fachadas este y oeste son distintas, debido al cambio de nivel. El tejado de acero que cubre toda la superficie sombrea la fachada oeste acristalada, y unos bancos de piedra proporcionan un lugar para disfrutar las idas y venidas de la plaza. Al otro lado del centro, la base revestida de acero moldeado parece crecer en la pendiente, y en los extremos norte y sur el tejado cubre dos pasadizos abiertos por los extremos que conectan la plaza del pueblo con el campo de deportes.

En el interior, la distribución toma forma de «T» y se divide en zonas rectangulares que proporcionan un bar, un espacio de exposición, un espacio polivalente para danza o para teatro y lavabos. Aunque es esencialmente una gran sala sin divisiones, el espacio está sabiamente organizado, e incorpora el cambio de nivel que responde a la pendiente del solar. El espacio se unifica con el foco central de una caja de luz y una gran claraboya, de donde cuelga una serie de pantallas de vidrio con luz fluorescente que transmiten una luz difusa al interior. Los escalones conducen desde la entrada hacia el nivel inferior del piso de baile, al fondo del espacio hay un escenario elevado. El conjunto del escenario y del piso de baile forma un elemento separado de tipo caja que emerge de detrás del tejado y se prolonga en voladizo sobre el campo de deportes. Desde el interior, la gran ventana corredera de vidrio detrás del escenario enmarca la vista más allá del campo de deportes y sobre el pueblo al fondo.

La arquitectura de Aranda Pigem Vilalta refleja típicamente el contexto local de un modo sutil, en vez de directo: el uso de los materiales no se restringe en un intento de que el edificio surja del entorno. Así y todo, el edificio no está de espaldas al pueblo. Bien al contrario, proporciona lugares desde los que contemplar los edificios de los alrededores y mirar la actividad pública. En este sentido, sigue la tradición catalana de espacios recreativos que son el foco de la vida de la comunidad. En términos filosóficos, explica el estudio, el centro social es tradicional porque es arquitectura para su época mientras que, paradójicamente, «construir arquitectura antigua sería antitradicional».

Página anterior
El escenario elevado, con la puerta corredera de vidrio (a la izquierda), se puede transformar en un teatro al aire libre: el público se sitúa en el exterior.

Superior
Espacio de exposición con bancos de piedra que lo separan del espacio polivalente del nivel inferior. Una pantalla de vidrio cuelga sobre el espacio.

Notas

Introducción – La arquitectura desmentida

1 Nikolaus Pevsner, *An Outline of European Architecture*, Pelican, Londres, 1943
2 Paul Oliver (ed.), *The Encyclopaedia of Vernacular Architecture of the World*, Cambridge University Press, 1997
3 Bernard Rudofsky, *The Prodigious Builders*, Secker & Warburg, Londres, 1977
4 A. W. N. Pugin, *The True Principles of Pointed or Christian Architecture*, Londres, 1841; citado en Peter Davey, *Arts and Crafts Architecture*, Phaidon, Londres, 1995
5 John Ruskin, *The Stones of Venice*, Vol. II, 1853; citado en Peter Davey, *Arts and Crafts Architecture*, Phaidon, Londres, 1995
6 Gertrude Jekyll, *Old West Surrey*, 1904.
7 Citado en Margaret Richardson, *Architects of the Arts and Crafts Movement*, RIBA Drawings Series, Trefoil Books, Londres, 1983
8 Hermann Muthesius, *The English House*, trad. Janet Seligman, Crosby Lockwood Staples, Londres, 1979; citado en Peter Davey, *Arts and Crafts Architecture*, Phaidon, Londres, 1995
9 William J. R. Curtis, *Modern Architecture since 1900*, Phaidon, Londres, 1996
10 Sigfried Giedion, *Space, Time and Architecture: The Growth of a New Tradition*, Harvard University Press, Cambridge, Mass, 1967 (quinta edición); publicada por vez primera en 1941
11 *Ibid.*
12 Kenneth Frampton, «Toward a Critical Regionalism», *Perspecta* 20, 1982
13 «Universal Civilisation and National Cultures», Paul Ricoeur, 1961; citado en Kenneth Frampton, *Modern Architecture: A Critical History*, Thames & Hudson, Londres, 1980
14 Alan Colquhoun, «The Concept of Regionalism», in G. B. Nalbantoglu y C. T. Wong (ed.), *Postcolonial Space(s)*, Princeton Architectural Press, Nueva York, 1997
15 *Ibid.*
16 Vittorio Magnano Lampugnani, «What remains of the project of the Modern?», *Casabella 677*, abril, 2000

1: Innovación desde la tradición

1 «Looking back in appreciation», *Building Design* 29, septiembre 2000
2 Helen Castle (ed.), *Modernism and Modernisation in Architecture*, pág. 6, Academy Editions, 1999
3 «Tyranny of the New», *Blueprint*, mayo 1998
4 Conversación con el autor, 19 de julio de 2000
5 Conversación con el autor, 9 de agosto de 2000
6 Robert Venturi, *Complexity and Contradiction in Architecture*, The Museum of Modern Art, Nueva York, 1990
7 «The Feeling of Things», *A+T* 13, 1999
8 Carta al autor, 27 de junio de 2000
9 Hans Iberlings, *Supermodernism: Architecture in the Age of Globalisation*, Nai Publishers, Rotterdam, 1998
10 Conversación con el autor, 15 de mayo de 2000

Casa Zachary
1 Todas las citas proceden de una carta al autor, 27 de junio de 2000

New Art Gallery
1 Todas las citas, Peter St. John en conversación con el autor, 9 de agosto de 2000

Prototipo de vivienda social
1 Noas de Sergison Bates, enero 2000
2 Inicio de las viviendas en 1946
3 Conversación con el autor, 19 de julio de 2000

Sheep Field Barn
1 Todas las citas de Roger Hawkins, de una conversación con el autor, 15 de mayo de 2000

Casa Flawil
1 Correspondencia con el autor, 13 de octubre de 2000

2: Técnicas y materiales

1 Robert Venturi, Denise Scott Brown, Steven Izenour, *Learning from Las Vegas: The Forgotten Symbolism of Architectural Form*, MIT Press, Cambridge, Mass, 1972
2 Carlos, príncipe de Gales, *A Vision for Britain: A Personal View of Architecture*, Doubleday, Londres, 1989
3 Kenneth Frampton, «Rappel à l'Ordre: The Case for the Tectonic», *Architectural Design*, Vol. 60, No. 3-4, 1990

Biblioteca de Teton County
1 *Architecture d'Aujourd'hui*, octubre 1996
2 1999 John Dinkeloo Memorial Lecture, publicado por University of Michigan
3 Conferencia de Will Bruder en University of Westminster, Londres, 26 de septiembre de 2000
4 Correspondencia del autor, 31 de mayo de 2000
5 Conferencia de Will Bruder en University of Westminster, Londres, 26 de septiembre de 2000

Casa autoconstruida
1 Todas las citas de la correspondencia con el autor, 5 de julio de 2000

Museo River and Rowing
1 «Natural Selection», *Architecture Today* 49, págs. 24–29

Orfanato
1 Conversación con el autor, 27 de septiembre de 2000

Sibelius Hall
1 Correspondencia con el autor, 2 de octubre de 2000

3: Dar forma a la identidad

1 «Global-blanding», charla para el seminario, Institute of Ideas, Londres, 17 de junio de 2000
2 Chris Abel, *Architecture and Identity*, pág. 154, Architectural Press, 1997
3 Catherine Slessor, «Hungarian Ark», *Architectural Review*, septiembre 2000
4 «Country Focus: Hungary», *World Architecture* 80, octubre 1999
5 Peter Wilson, «No More Messiahs», *ARCA: The Journal of Scottish Architecture*, Issue 4, abril 2000
6 Penny Lewis, «Message from Edinburgh: No One Owns Culture», *The Independent*, 31 de agosto de 2000
7 From *Renzo Piano Logbook*, Thames & Hudson, Londres 1997

Biblioteca Nacional de Letonia
1 Todas las citas de Gunnar Birkerts, 31 de mayo de 2000

Casa de Cultura
1 Referencias escritas del autor, 19 de junio de 2000
2 *Architectural Design*, Vol. 63, noviembre/diciembre 1993

Centro Cultural Tjibaou
1 De *Renzo Piano Logbook*, Thames & Hudson, Londres 1997

Embajada de la India
1 Ulf Meyer, *Berlin Capital City*, Jovis Verlagsbüro, Berlín, 1999

Parlamento de Escocia
1 Entrevista con Penny Lewis, 1 de junio de 1998
2 Conversación con el autor, 3 de noviembre de 2000

Wales Millennium Centre
1 Conferencia en el Institute of Welsh Affairs

4: Construir con el paisaje

1 Simon Schama, *Landscape and Memory*, Alfred A. Knopf, Nueva York, 1995
2 Jacob Bronowski, *The Ascent of Man*, 1973
3 Geoffrey y Susan Jellicoe, *The Landscape of Man*, Thames & Hudson, Londres 1989

Casa Moledo
1 Tom Heneghan, «Souto Moura Arquitectos», *10x10*, pág. 356, Phaidon, Londres, 2000

Centro Científico de Arizona
1 Todas las citas de una conversación con el autor, 29 de agosto de 2000

Centro Educativo Arthur and Yvonne Boyd
1 *UME*, No. 10, págs. 46-61, 1999
2 *Ibid.*

Museo Miho
1 Citado por el arquitecto Tim Culbert en *Orientations*, octubre 1997

Pabellón en el monte Kamiichi
1 Todas las citas de una conversación con el autor, 25 de julio de 2000
2 Un pesquero tradicional del oeste de Irlanda

5: La arquitectura civil y lo vernáculo

1 Hassan Fathy, *Architecture for the Poor*, University of Chicago, 1973; publicado por primera vez como *Gourna: A Tale of Two Villages* en 1969.
2 Graham Tipple (Director del Centre for Architectural Research and Development Overseas (CARDO) en University of Newcastle-upon-Tyne, Reino Unido), «Building Homes to Build Local Economies», *Habitat Debate*, Vol. 5, No. 2
3 Gion A. Caminada, *The Vrin Project*, una película de 50 minutos de duración dirigida por Christoph Schaub, 1999, citado en «Building in the Mountains: Recent Architecture in Graubunden», *2G*, No. 14, 2000

Bluewater
1 Todas las citas de una conversación con el autor, 21 de agosto de 2000

Edificios agrícolas y cabina telefónica
1 Adolf Loos, «Rules for Those Building in the Mountains», 1913, citado en «Building in the Mountains: Recent Architecture in Graubunden», *2G*, No. 14, 2000
2 «Building in the Mountains: Recent Architecture in Graubunden», *2G*, No. 14, 2000

Viviendas de Britton Street
1 Conversación con el autor, 30 de octubre de 2000
2 Daniel Solomon, «Block, Street and Building», *Charter of the New Urbanism*, 1999

6: Nuevas direcciones del regionalismo

1 Kenneth Frampton, «Toward a Critical Regionalism», *Perspecta* 20, 1982
2 *GA Document Extra* 14, 2000
3 Romi Khosla, «The Conscience of Architecture», *Legacies for the Future: Contemporary Architecture in Islamic Societies*, (Cynthia C. Davidson, ed.), Thames & Hudson, Londres, 1998
4 Conversación con el autor, 2 de marzo de 2000
5 David Lea, «Fake or Real», *Planet: The Welsh Internationalist* 138, diciembre/enero 2000

Casa Segger
1 David Lea, «Fake or Real», *Planet: The Welsh Internationalist* 138, diciembre/enero 2000
2 Conversación con el autor, 2 de marzo de 2000
3 David Lea, «Fake or Real», *Planet: The Welsh Internationalist* 138, diciembre/enero 2000

Centro de Artes Visuales de Santa Fe
1 «The Architecture of Ricardo Legorreta», entrevista con John V. Mutlow, 28 de mayo de 1996
2 Correspondencia con el autor, 3 de marzo de 2000
3 *Ibid.*

Pabellón de Portugal
1 Notas de Álvaro Siza, febrero 1998

Vidhan Bhavan (asamblea estatal)
1 Charles Correa, «Transfers and Transformations», *Charles Correa*, Mimar, 1987
2 Gerd de Bruyn y Gunter Nest, *Domus*, octubre 1999
3 Charles Correa, «Transfers and Transformations», *Charles Correa*, Mimar, 1987

Créditos fotográficos

Luis Ferreira Alves (170–175), cortesía de Stephen Atkinson (36, 37 inferior), Mikko Auerniitty (87–91), Hélène Binet (20–25, 38–43), Peter Blundell-Jones (225–227), Sue Bolsom (12 inferior izquierda), cortesía de Black Dog Publishing Ltd. y Peter Salter (139 superior, 146–151), Richard Bryant/Arcaid (15), Meredith L. Clausen 1996 (13 izquierda), Eleanor Curtis (95), Lucia Degonola (180, 196–203), James Dow (74–79), Peter Durant/arcblue (181 superior, 183, 185 superior), Edifice/Darley (9 superior), Guy Fehn (164–169), Dennis Gilbert/VIEW (18, 45, 47, 48 inferior, 49, 99–103), Jon Gollings (105 superior, 132–137), Jon Gollings/ESTO (140–145), cortesía de Gunnar Birkerts (112–125), Heinrich Helfenstein (205 inferior, 229–231), Hannes Henz (50–55), cortesía de Hans Olav Hesseberg y Sixten Rahlff (62, 81–85), Anthony Hoete (63 inferior, 70–73), Timothy Hursley (2, 19 inferior, 32–33 superior, 35, 37 superior, 138, 139 inferior, 153–157, 158–163), Lourdes Jansana (105 inferior, 106, 108 superior, 110 inferior), Lourdes Legorreta (205 superior, 218–223), Paul M. R. Maeyaert, Mont de L'Enclus (Orroir), Belgium (13 derecha), Duccio Malagamba (204, 208–213), Sue Milton (98), Mags Mogensen (57–61), Grant Mudford (188–191), Newell & Sorrell (16 derecha), Garrick Palmer (10 izquierda), cortesía de Percy Thomas Partnership (112–117), Erhard Pfeiffer (63 superior, 93–94, 96–97), cortesía de PK-Peu Das (192–195), Eugeni Pons (232–237), Ram Rahman/Aga Khan Trust for Culture (215–217) Timothy Soar (48 superior), 1999 Spectrum Colour Library – Digitally Enhanced Image (12 superior), cortesía de Starwood Hotels and Resorts (17), Szanto Tamas (104, 127–131), Hugo Timmerman (64–69), Rauno Traskelin (14 inferior), Philippe Ruault Nantes (27–31), Andrew Southall/arcblue (185 inferior, 186–187), Tripp/BB Goldings BV (16 izquierda), cortesía de Léon Wohlage Wernik (118–121)

Créditos de los proyectos

Arizona, Centro Científico de
Localización: Phoenix, Arizona, Estados Unidos
Arquitecto de diseño: Antoine Predock Architect
Equipo del proyecto: Geoffrey Beebe (asociado), Karen King y Brett Oakes (arquitectos del proyecto), Geoffrey Adams, John Brittingham, Linda Christensen, Mark Donahue, Nancy Napheys, George Newlands
Arquitecto ejecutivo: Cornoyer-Hedrick Inc.
Equipo del proyecto: Stephen Basset (responsable), Dave Lockrow (director del proyecto), Helen Bowling y Buck Yee (jefes del proyecto), Randy McManus (jefe de obra), Kris Floor (arquitecto paisajista), Robert Morris (interiorista), Jim Bolek (diseñador gráfico)
Paisajista: Cornoyer-Hedrick Inc.
Empresas subcontratadas/proveedores: contratista principal: Sundtcorp, ingeniero de estructuras: Robin E. Park Associates, Inc., ingeniero mecánico/eléctrico: Baltes/Valentino E. Associates Ltd., ingenieros civiles: Wood/Patel Associates

Arthur and Yvonne Boyd, Centro Educativo
Localización: Riversdale, Australia
Arquitectos: Glenn Murcutt, Wendy Lewin y Reg Lark

Biblioteca de Teton County
Localización: Jackson, Wyoming, Estados Unidos
Cliente: Teton County, Wyoming
Arquitecto: William P. Bruder-Architect Ltd
Equipo de proyecto: Will Bruder, Wendell Burnette, Tim Christ, Jack DeBartolo III, Ben Nesbitt, Brett Oaks
Contratista general: Continental Construction
Empresas subcontratadas/proveedores: Brieckey, Rudow & Berry (ingenieros de estructuras), Clark Engineering (ingeniería mecánica), C. A. Energy Design (ingeniería eléctrica). Nelson Engineering (ingeniería civil), Bob Rolhf (asesor documental), Floor and Ten Eyck (paisajista)

Biblioteca Nacional de Letonia
Localización: Riga, Letonia
Arquitecto: Gunnar Birkets Architects
Ingeniero de estructuras: Leslie E. Robertson Associates
Asesores mecánicos y eléctricos: Joseph R. Loring

Bluewater
Localización: Dartford, Inglaterra
Arquitectos: Eric Kuhne and Associates
Arquitecto de diseño: EKA
Empresas subcontratadas/proveedores: Waterman Partnership (ingenieros de estructuras), Cyril Sweett & Partners (costes de la construcción), Townsend Landscape (paisajismo), Bluewater Construction Management Team (dirección de la obra), Lend Lease Projects Europe (dirección del proyecto y proveedores), Speiers and Major (iluminación), Battle McCarthy (ingeniería), Roberts & Partners (ingeniería de servicios)

Britton Street, viviendas de
Localización: San Francisco, Estados Unidos
Cliente: Housing Corporation and Development Corp., San Francisco
Arquitecto principal: Michael Willis & Associates, San Francisco
Arquitecto asociado: Solomon E.T.C, San Francisco
Contratista: Bill Johnson, Joe Mazzetti, Nibbi/Lowe
Paisajista: Gary Strang
Ingeniero de estructuras: Steve DeJesse Associates, Inc.

Casa autoconstruida
Localización: Motiti Island, Nueva Zelanda
Cliente: Hoete Whanau O Motiti
Arquitecto: Anthony Hoete
Empresas subcontratadas/proveedores: Contratistas principales: Graham and Kathy Hoete
Asesor de carpintería: Billy Hoete, John Meads (construcción), Kathy Hoete y Delwyn Howe (cátering), Roly Hei Hei (contingencias), Chris Rose Associates (ingenieros de estructuras), Peter Townsend (JTA), Chris Adams y Glenn Watt (Technopolis) (condiciones de la construcción)

Casa de Cultura
Localización: Makó, Hungría
Cliente: Ayuntamiento de Makó
Arquitecto: Makona Kft, Makovecz Imre
Construcción: Pond Kft, Pongor Làszlò, Harsànyi Csaba
Ingenieros mecánicos: Kovàcs Pàl és Tsa Kft, Kovàcs Pàl
Ingenieros eléctricos: Villes Kft, Villànyi Làszló
Técnico escenario: Vajda Ferenc
Mobiliario: Mezei Gàbor

Casa Flawil
Localización: Flawil, Suiza
Arquitecto: Markus Wespi con Jerome de Meuron
Ingeniero: Braunschweiler & Jackli AG
Carpintería: Fritz Alenbach
Construcción: IBE Institute Bau & Energie

Casa Moledo
Localización: Caminha, Portugal
Cliente: António Reis
Arquitecto: Eduardo Souto de Moura
Colaboradores: Manuela Lara, Pedro Reis, Nuno Rodrigues Pereira
Asesores de estructuras: Jose Adriano Cardoso

Casa Segger
Localización: Blaen Camel, Gales
Arquitecto: David Lea, Tom Miller
Ingeniero de estructuras y cálculos: Pat Borer
Contratista principal: CLS Construction
Empresas subcontratadas/proveedores: Alpine Boilers, Cambrian Alarms Ltd (electricidad), Rod Bird (fontanería y calefacción), Cwt y Bugain Slate Quarries, Clive Davies (trabajo en hierro), Wayne Elridge (contratista del tejado), Fiddes & Sons (pigmentos), Farr and Harris Ltd (fontanería), Glenhurst Roofing, Hall & Co., Mick Jones (madera), Stephen Medland, Mid Wales Underfloor Heating, Penycoed Construction, Pren, Ridegway Timber, RMC Concrete, Ty Mawr Lime, Uginox, Ron Valentine, Witney Sawmill.

Casa Zachary
Localización: Zachary, Louisiana, Estados Unidos
Cliente: John and Brenda Atkinson
Arquitecto: Studio Atkinson, Cambridge, Massachusetts
Construcción: John Atkinson y Bill Roe

Casas cerca de Sarzeau
Localización: Sarzeau, Francia
Arquitecto: Eric Gouesnard
Ingeniero: Ingetec Nantes

Centro Cultural Tjibaou
Localización: Nouméa, Nueva Caledonia
Cliente: Agence Pour le Développement de la Culture
Arquitecto: Renzo Piano Building Workshop, P. Vincent, Senior Architect
Equipo de diseño: D. Rat, W. Vassal (arquitectos responsables) con A. El Jerari, A. Gallissan, M. Henry, C. Jackman, P. Keyser, D. Mirallie, G. Molodo, J. B. Mothes, M. Pimmel, S. Purnama, A. H. Temenides, J. P. Allain
Asesores: A. Bensa (etnólogo), Agibat MTI (estructura), GEC Ingenieure (ingeniería y control de costes), CSTB (estudios medioambientales), Scène (escenografía), Peutz & Associés (sonido), Qualiconsult (seguridad), Végétude (plantación), Intégral R. Baur (firma)

Centro de Artes Visuales de Santa Fe
Localización: Santa Fe, Nuevo México, Estados Unidos
Arquitecto: Legorreta and Legorreta
Contratista: Loloyd and Tryck
Interiorista: Legorreta & Legorreta, Lloyd & Tryck
Fotografía: Lourdes Legorreta

Centro Ivar Aasen
Localización: Orsta, Noruega
Cliente: Statsbygg (dirección de la construcción pública y de la propiedad)
Arquitecto: Sverre Fehn
Colaboradores: Henrik Hille, Ervin Strandskogen
Contratista: AS Veidekke
Asesor de estructuras: Terje Orlien

Centro Social
Localización: Riudaura, España
Cliente: Ayuntamiento de Riudaura
Arquitecto: Rafael Aranda, Carmen Pigem, Ramon Vilalta Arquitectos
Diseño: A. Sáez
Ingeniero de estructuras: A. Sáez, A. Blázquez, LL. Guanter
Director de la construcción: RCR/M. Subrias

Edificios agrícolas y cabina telefónica
Localización: Vrin, Suiza
Arquitecto: Gion A. Caminada

Edificios agrícolas
Colaboración: Thomas Settler y Toni Pfister
Contratista: Sociedad Mazalaria Vrin
Constructor: Caminada SA Vrin
Ingeniero: Fanchini/Pérez Bonaduz
Carpintería: Alig & Co. Vrin
Construcción: Betonkonstruktion, Naturtsteinmauerwerk, Holzmassivbau geschichtet

Cabina telefónica
Colaborador: Thomas Settler
Construcción: Holztappelbau
Carpintería: Alig & Co, Vrin

Embajada de la India
Localización: Berlín, Alemania
Cliente: República de la India
Arquitecto: Léon Wohlhage Wernik, Prof. Hilde Leon, Konrad Wohlhage, Siegfried Wernik
Ayudante: Abdullah Motaleb, Anne Kleinlein, Bettina Storch, Johannes Muller Baum, Jochen Menzer

Escuela
Localización: Paspels, Suiza
Arquitecto: Valerio Olgiati
Cliente: Politische Gemeinde Paspels
Planteamiento: Iris Datwyler, Gaudenz Zindel, Raphael Zuber
Contratista: Peter Diggelmann
Ingeniero: Gebhard Decasper

Escuela de Strawberry Vale
Localización: Victoria, British Columbia, Canadá
Cliente: Greater Victoria School District
Arquitecto: Patkau Architects
Equipo de diseño: Grace Cheung, Michael Cunningham, Michale Kothke, Tim Newton, John Patkau, Patricia Patkau, David Shone, Peter Suter, Allan Teramura, John Wall, Jacqueline Wang
Empresas subcontratadas/proveedores: C. Y. Loh Associates (ingenieros de estructuras), D. W. Thompson (ingeniero mecánico), Reid Crowther & Partners (ingeniero eléctrico), Moura Quale/Lenarc (paisajismo), Ray Cole, UBC (materiales para el medio ambiente)

Escuela Primaria
Localización: Turkapally, Andhra Pradesh, India
Cliente: Gobierno de Andhra Pradesh, India
Espónsor: Overseas Development Administration, Reino Unido, British Council Division, British High Commission, India
Arquitecto: PK-Peu Das, Nueva Delhi, India
Contratista: Babiah Marigela
Albañilería: Laxminarayan, Hanumantha

Hotel Miramar
Localización: El Gouna, Egipto
Cliente: Osracom Touristic Establishments
Arquitecto e interiorista: Michael Graves & Associates, Nueva Jersey, Estados Unidos
Arquitectos asociados: Rami El Dahan y Soheir Farid Architects
Diseñador de interiores: Ibrahim Nagi
Paisajista: Hydroscapes Egypt
Ingeniero de estructuras: Hamza Associates
Asesores de ingeniería: Bakry Engineers

Museo Miho
Localización: Prefectura de Shiga, Japón
Cliente: Shunei Cultural Centre, Shinji Shuneika
Arquitecto: I. M. Pei, Nueva York
Equipo del proyecto: I. M. Pei (dirección) Tim Culbert (arquitecto del proyecto), Perry Chin (construcción), Chris Rand (diseño inicial), Carole Averill, Price Harrison, Hubert Poole
ATE: Kibowan International, Tokio. Osamu Sato (responsable), Hiroyasu Toyokawa (administración), Hitoshi Maehara, Fumio Ozaki, Masa Sato, Yasuhiro Sonoki, Miho Toyoda (equipo del proyecto)
Asesor: Fisher Marantz Renfro Stone
Empresas subcontratadas/proveedores: Shimizu Corporation (contratista general), Kohseki y Akenuki Zoen, Noda Kensetu (paisajistas), Leslie E. Robertson Associates, Aoki Structural Engineers, Nakata & Associates, Whole Force Studio P.T. Morimura (ingenieros)

Museo River and Rowing
Localización: Henley-on-Thames, Inglaterra
Cliente: The River and Rowing Museum Foundation
Arquitecto: David Chipperfield Architect
Ingeniero de estructuras: Whitby Bird and Partners
Ingeniero de servicios: Furness Green Partnership
Paisajista: Whitelaw Turkington
Aparejador: Davis Langdon Management
Contratista: Laing
Contratista: Norwest Holst Construction
Diseñador de la exposición: Land Design Studio Ltd.

New Art Gallery
Localización: Walsall, Inglaterra
Cliente: Walsall MBC
Arquitecto: Caruso St. John
Arquitecto del proyecto: Laurie Hallows, Alun Jones
Equipo de diseño: Martin Bradley, Adam Caruso, Andrés Martinez, Peter St. John, Silvia Ullmayer
Contratista: Sir Robert McAlpine
Equipo del proyecto: Ove Arup and Partners (ingenieros de estructuras y servicios), Arup Façade Engineering (asesor de fachadas)
Acceso: David Bonnet Architects, Bruce McCallister (asesor artístico), Michael Nash and Associates, JANE (diseño gráfico), Lynn Kinnear (paisajismo), Richard Wentworth, Catherine Yass (artistas), Citex (dirección del proyecto)

Orfanato
Localización: Chhebetar, Nepal
Cliente: SCH-Chidren's Home y Krishna Ghimre
Arquitecto: Hans Olav Hesseberg y Sixten Rahlaff con Eli Synnevåg
Contratista: Svaviman Construction/Mahendra Shrest
Asesores de ingeniería: Krishna Pokhrel

Pabellón de Portugal
Localización: Lisboa, Portugal
Cliente: Expo '98
Arquitecto: Álvaro Siza
Dirección de obra: Rui Castro
Equipo de proyecto: Daniela Antonucci, Hana Kassem, Luiz Diaz-Maurio, Taichi Tamura, Luis Antas de Barros
Contratista: Abrantina SA
Empresas subcontratadas/proveedores, diseño: Ove Arup & Partners (ingenieros de estructuras), Mike Gilroy (ingenieros eléctricos), Martin Walton (aire acondicionado), Rod Green (sistemas hídricos), Andrew Minson (seguridad), Malcom Wright (sonido)
Fase ejecutiva: STA Lda, Segadaes Tavares, Ana Bartolo (ingenieros de estructuras), Vieira Periera (ingenieros eléctricos), Carlos Palma (aire acondicionado), Carlos Palma (sistemas hídricos), Viera Perieria (seguridad)
Paisajista: Joao Gomes da Silva.

Pabellón en el monte Kamiichi
Localización: Toyama, Japón
Arquitecto: Peter Salter
Equipo del proyecto: Arata Isozaki y Shuichi Fujie: Urban Factory; Alcalde de Inami; Alcalde de Kamiichi; Peter Beard; Tom Henegan y Kazuhiro Ando: Architecture Factory; Toshiki Kato: Kato Associates; Tamura Associates: Site Architects, Kamiichi; Tsune Umene: Asrata Isozaki Associates

Parlamento de Escocia
Localización: Edimburgo, Escocia
Arquitecto: Enric Miralles, Benedetta Tagliabue Associates Architects
Colaboradores: RMJM Scotland Ltd, M. A. H. Duncan, T. B. Stewart, Ove Arup & Partners Scotland, Steve Fischer
Director del proyecto: Joan Callis

Prototipo de viviendas sociales
Localización: Stevenage, Inglaterra
Cliente: William Sutton Trust
Arquitecto: Sergison Bates Architects
Equipo de proyecto: Stephen Bates, Sally Richards, Cornelia Schwaller, Jonathan Sergison, Mark Tuff (proyecto)
Ingeniero de estructuras: Baldock Quick Trust
Asesor de coste: Philip Frank Partnership
Contratista: Willmott Dixon Housing Ltd.

Sheep Field Barn
Localización: Henry Moore Foundation, Perry Green, Inglaterra
Cliente: The Henry Moore Foundation
Arquitecto: Hawkins Brown
Equipo de proyecto: Roger Hawkins, Russell Brown, David Bickle, Seth Rutt, Nicola Chambers, Wayne Glaze, James Gosling, Andrew Groarke
Asesor del proyecto: Adrienne Hill
Aparejador: Stern and Woodford
Ingeniero de estructuras: Price and Myers
Ingeniero mecánico y eléctrico: Michael Popper Associates
Asesor de paisajismo: Dan Pearson
Contratista principal: John Mowlem

Sibelius Hall
Localización: Lahti, Finlandia
Cliente: Ciudad de Lahti
Arquitecto: Hannu Tikka, Kimmo Lintula
Equipo de proyecto: Elina Ahdeoja, Risto Haapoja, Karo Hautalahti, Paula Holstrom, Tony Kajasviita, Rainer Lindeborg, Matias Manninen, Mika Saarikangaas, Juha Salmenpera, Katriina Teravuori
Empresas subcontratadas/proveedores: contratistas: Ncc-Puolimatka, Kaakois- Suomen Tuloskksikkö, Olli-Pekke Teerijoki, Jaako Sainia, Risto Varjola, Antii Saari, Peeke Karpinen, Juha Kosonen, Seppo Viinikainen
Dirección del proyecto: Engel rakennuttamispalvelut Oy.
Interiorista: Markki Liukkonen
Arquitecto de diseño de la estructura: Turun Juva Oy
Estructuras Glu-Lam: Paijat Suunittelu Oy
Diseño eléctrico: YSP Oy

Vidhan Bhavan (asamblea estatal)
Localización: Madhya Pradesh, India
Cliente: Gobierno estatal de Madhya Pradesh
Arquitecto: Charles Correa
Equipo del proyecto: Hema Sankalia, Nidish Majmundur, Satish Madhiwala, Suneel Shelar, Andrew Fernandes, Rahul Mehrota, Viren Ahuja, Mnaoj Shetty
Contratista: M/S Sood
Ingeniero de estructuras: Mahendra Raj
Ingeniero mecánico: S. K. Murthy
Ingeniero acústico: Gautam Suri
Interiorista: Satish Madiwhala
Paisajista: Ksihore Pradhan

Villa S
Localización: Grenoble, Francia
Arquitecto: Herault-Arnod Architects
Contratista: Zephyrin
Empresas subcontratadas/proveedores: BSI (ingeniero de estructuras); Thermibel (ingeniero de fluidos); Acem (pruebas de fachada); SDCC (tejado); Loiodice (carpintería)

Vistet Fritid, casa prototipo
Localización: Malmö, Suecia
Cliente: The Vistet Foundation
Arquitecto: Thomas Sandell
Arquitecto del proyecto: Thomas Sandell y Anders Landstrom
Dirección del proyecto: Bertil Harströmer
Constructor: Mazur

Wales Millennium Centre
Localización: Cardiff, Gales
Cliente: Wales Millennium Centre, Ltd
Arquitecto: Percy Thomas Architects
Arquitecto de proyecto: Jonathan Adams
Director del proyecto: Rob Firman
Estructura, servicios y acústica: Ove Arup and Partners
Asesor teatral: Carr and Angier
QS y dirección del proyecto: Citex

Índice

La *cursiva* hace referencia a las citas; las **negritas** a las entradas principales